SASCHA BUZMANN
*SCHOCKGEFROREN*

Gerda Stefan
28832 ACH'M

Okt. 2012

# SASCHA BUZMANN

In Zusammenarbeit mit Daniel Oliver Bachmann

# *SCHOCK GEFROREN*

## Wie ich 86 Tage in der Gewalt meines Entführers überlebte

Lübbe Ehrenwirth

Dieser Titel ist auch als E-Book erschienen.

*Das Buch beruht auf wahren Begebenheiten.*
*Zum Schutz der Rechte der Personen wurden einige Namen,*
*Orte und Details verändert.*

Originalausgabe

Copyright © 2012 by Bastei Lübbe GmbH & Co. KG, Köln

Textredaktion: Gabriele Ernst, Icking
Umschlaggestaltung: Pauline Schimmelpenninck
Büro für Gestaltung, Berlin
Umschlagmotiv: Sascha Buzmann 2011 bei seiner Rückkehr
an den Tatort. © Andreas Varnhorn, Bad Vilbel
Umschlagmotiv Kinderfoto Sascha Buzmann: © privat
Satz: Dörlemann Satz, Lemförde
Gesetzt aus der DTL Documenta
Druck und Einband: GGP Media GmbH, Pößneck

Printed in Germany
ISBN 978-3-431-03864-4

5   4   3   2

Sie finden uns im Internet unter: www.luebbe.de
Bitte beachten Sie auch: www.lesejury.de

Und ob ich schon wanderte im finstern Tal,
fürchte ich kein Unglück; denn du bist bei mir,
dein Stecken und Stab trösten mich.

*Buch der Psalmen, Psalm 23*

# Inhalt

DIE WELT IST GEFÄHRLICH,
UND ICH WAR NICHT DARAUF
VORBEREITET.

# 1. Entführung

DIE ZEITUNGEN WERDEN SPÄTER SCHREIBEN, dass an diesem 9. Januar 1986 ein Schneesturm tobte. Aber es ist nur für die Erwachsenen ein Schneesturm; für mich, einen kleinen Jungen von neun Jahren, ist es ein Wintermärchen. Schneeflocken, groß wie mein Handteller, fallen vom Himmel. Sie bedecken mich, bedecken die Straße, die Bäume, die Häuser, sie bedecken die ganze Welt. Eben bin ich aus dem Bus ausgestiegen. Von der Haltestelle bis zu meinem Elternhaus sind es keine 200 Meter. Als ich losstapfe, denke ich daran, dass meine Fußstapfen in kurzer Zeit nicht mehr da sein werden. Sie werden vom Schnee bedeckt sein, der alle Spuren beseitigt und alle Geräusche dämpft und die ganze Erde in eine Zauberwelt verwandelt.

Ein Schneemann bleibt, denke ich. Ich sollte einen Schneemann bauen.

Ich knie nieder und sehe meinen Händen zu, wie sie weit ausholen, um genug Schnee für eine große Kugel einzufangen. Mein Schneemann soll so groß sein wie ich, nein, größer will ich ihn, mindestens doppelt so groß. Ich bin 1,33 Meter, und ich überlege mir, wie ich einen Schneemann bauen kann, der doppelt so groß ist. Vielleicht mit einem Stuhl, vielleicht, wenn ich einen Stuhl hole und darauf stehe? Ich bin gefangen in meinem Spiel, bin in einer anderen Welt, in einer unschuldigen Kinderwelt. Ich denke an meinen Schneemann und dass ich eine Möhre für seine Nase möchte und zwei Kohlenstücke für die Augen. Und einen Hut; natürlich, mein Schneemann braucht einen Hut, und in der Hand hält er einen Besen, so wie es sich gehört. Ich denke daran, wie sich meine Schwester freuen wird, wenn sie heimkommt, und meine Eltern und alle Leute, die bei uns im Haus wohnen, sobald sie aus der Tür treten und mein Schneemann sie begrüßt. Ich forme die Schneekugel noch größer und überlege mir, dass ich zwei weitere brauche …

Ich sehe den Mann nicht kommen. Ich höre ihn auch nicht, der Schnee dämpft seine Geräusche. Er packt mich brutal, sein Arm legt sich um meinen Hals. Er würgt mich, ich schnappe nach Luft. Er sagt etwas, aber ich verstehe ihn nicht. Er zerrt mich mit sich. Wie einen Sack zerrt er mich mit sich. Meine Beine sind frei, ich strample, ich wehre mich, aber er ist stärker, er ist so viel stärker als ich. Er schleppt mich zum Gebüsch neben unserm Haus. Schnee dringt unter meine Jacke, während der Mann mich ins Gebüsch schleift, und dann ist er auf mir. Sein Atem stinkt, sein Gesicht ist ganz nahe, zu einer Fratze verzerrt, er versucht, seinen Mund auf meinen zu drücken. Wieder strample ich und schlage nach ihm, aber er legt sich mit seinem ganzen Gewicht auf mich. Es ist, als wolle er mich erdrücken. Ich bekomme keine Luft und öffne panisch den Mund, und da drückt er seinen darauf, und alles, was man von mir hören kann, ist ein ersticktes Gurgeln.

Niemand kann das hören. Niemand kann uns sehen. Es schneit in dicken Winterzauberflocken, und die Erwachsenen sind zuhause, auch meine Eltern sind zuhause, keine zwanzig Meter von mir entfernt, getrennt durch die Hauswand, ein Gebüsch und einen Fremden, der mich jetzt packt und hinter sich herschleppt.

Ich muss sterben, denke ich. Der bringt dich um.

Panik überkommt mich. Meine Beine versagen ihren Dienst, und ich stolpere, aber der Mann reißt mich hoch. Er beschleunigt seine Schritte, sein Griff um meinen Arm ist wie ein kaltes Stück Eisen. Verzweifelt drehe ich den Kopf. Da sehe ich das helle Licht aus dem Küchenfenster unserer Wohnung scheinen, und in dem Lichtkegel steht mein Vater. Ich will schreien, will ihn auf mich aufmerksam machen, aber der Mann zischt: »Kein Wort, oder du bist tot.« Der Schrei erstickt in meiner Kehle. Jetzt sind wir schon dreißig Meter vom Haus entfernt, vierzig Meter, fünfzig Meter, hundert Meter. Vor uns liegt ein weites, schneebedecktes Feld. Es verliert sich am Horizont, wo Erde und Himmel im Schneesturm zu einem unbestimmten Etwas verschmelzen. Darauf läuft der Fremde zu. Mich schleift er mit sich, als sei ich eine leblose Puppe.

Das alles dauert keine fünf Minuten. Es ist der Beginn eines Martyriums, das 86 Tage dauern soll. Es ist der Beginn meines Martyriums. Noch nie musste ein Kind in Deutschland so lange in der Gewalt eines Sexualtäters ausharren. Und auch nach meiner Befreiung ist das Martyrium für mich nicht vorbei. Es dauert bis heute an, auch wenn ich vieles vergessen habe.

Nein, das stimmt nicht. Ich habe nichts vergessen. Es muss heißen: Das Martyrium dauert bis heute an, aber ich habe die Erinnerungen daran, so weit es mir möglich war, verdrängt.

25 Jahre später klingelt es an meiner Tür. Wieder ist Januar, wieder tobt draußen ein Schneesturm. Den Winter von 2010 werden die Menschen so schnell nicht vergessen. Schneereich ist er und eiskalt, und einige sprechen vom Jahrhundertwinter. In meiner gemütlichen Zweizimmerwohnung ist es mollig warm. Mein Blick geht aus dem Fenster hinüber zu den Höhen des Taunus. Dahinter liegen Wiesbaden und Mainz und, keine zehn Kilometer von mir entfernt, der Ort des Verbrechens. Doch daran denke ich nicht. Daran denke ich so gut wie nie. Und wenn ich es doch einmal tue, bringe ich mich ganz schnell auf andere Gedanken. Im Moment beschäftige ich mich mit einem neuen Job. Schon geraume Zeit arbeite ich als Kellner in der gehobenen Gastronomie, und vor mir liegt ein Angebot eines Mehrsternehotels in einem österreichischen Ferienort. Ich denke darüber nach, ob ich es annehmen soll. Die Bezahlung kann sich sehen lassen, sie ist deutlich besser als in vergleichbaren Häusern in Deutschland. Dafür werden die Arbeitsbedingungen hart sein wie immer. Der Beruf eines Kellners ist kein Zuckerschlecken, wir arbeiten, wenn andere ihre Freizeit genießen. In dem Wintersportort werde ich noch mehr Schnee sehen als hier, und eigentlich bin ich kein großer Freund der weißen Pracht. Also, soll ich, soll ich nicht? Ich kann mich nicht entscheiden und überlege mir, ob ich eine Münze werfen oder die Sache einfach ein paar Tage ruhen lassen soll. Es gibt viele Dinge, die ich ruhen lasse,

selten entscheide ich mich schnell. In diesem Augenblick klingelt es. Ich blicke auf meine Uhr. Es ist 9:20 Uhr, das ist keine Zeit für meine Freunde. Von meinen Eltern oder meinen vier Geschwistern, die ganz in der Nähe wohnen, hat sich auch niemand angesagt. Dann wird es wohl der Postbote sein. Ein Päckchen vielleicht, obwohl ich mich nicht erinnern kann, etwas bestellt zu haben. Ich gehe zur Gegensprechanlage und melde mich.

»Spreche ich mit Sascha Buzmann?«, klingt eine männliche Stimme blechern aus dem Lautsprecher.

»Ja«, antworte ich und denke, das steht doch an der Klingel. Mit wem außer Sascha Buzmann sollst du sonst sprechen?

Der Mann sagt: »Ich bin Journalist.« Er nennt den Namen eines bekannten deutschen Nachrichtenmagazins. »Ich würde mich gerne mit Ihnen über Ihre Entführung unterhalten.«

Mir stockt der Atem. Alles habe ich erwartet an diesem Morgen, aber nicht das. Auf gar keinen Fall, schießt es mir durch den Kopf, ganz gewiss werde ich mich nicht mit irgendeinem Fremden über meine Entführung unterhalten. Ich unterhalte mich mit überhaupt niemand über meine Entführung. Ich weiß nichts über meine Entführung, ich kann mich nicht erinnern, ich will mich nicht erinnern, lassen Sie mich in Ruhe!

Ich stehe in einer gebückten, unbequemen Haltung vor der Gegensprechanlage. Jetzt drehe ich mich um. Mein Blick schweift durch meine Wohnung. Sie ist mein kleiner, sicherer Hafen. Schön habe ich es hier, das sagt jeder, der mich besuchen kommt. Ich bin nicht reich, aber habe mir mein Zuhause gut eingerichtet. Es ist sauber. Manche sagen sogar, bei dir ist es peinlich sauber, aber so mag ich es. Sehe ich irgendwo Schmutz, greife ich zum Lappen und putze ihn weg. Leistet er Widerstand, höre ich nicht auf, bis das letzte Fleckchen verschwunden ist. Schmutz ist das Allerletzte, was ich brauchen kann, weil es damals so schmutzig war, weil dieser Mann so schmutzig war, weil ich so schmutzig war ...

»Herr Buzmann? Sind Sie noch da?« Ich zucke zusammen. Für einen Augenblick hatte ich mich im Wohnwagen befunden, der 86 Tage lang mein Verlies gewesen war. Der Wohnwagen des Entführers. »Herr Buzmann?«

Nein, ich antworte nicht. Irgendwann geht der Störenfried bestimmt wieder. Er hat mich für heute schon genug aus der Bahn geworfen. Ich habe mir mein Leben mühsam aufgebaut und muss alles davon fernhalten, was mich aus dem Gleichgewicht bringt. Es gibt vieles, das mich aus dem Gleichgewicht bringen kann. Also, nicht antworten. Doch da ist auch eine Stimme, die etwas anderes sagt. Es ist 25 Jahre her, sagt sie. Ein Vierteljahrhundert. Vielleicht ist es an der Zeit, sich zu erinnern. Vielleicht ist es an der Zeit, sich den Dämonen zu stellen.

Nein! Ganz gewiss werde ich das nicht tun! Ich werde an den Tisch zurückgehen, ich werde den Arbeitsvertrag des österreichischen Hotels unterzeichnen, ich werde meinen Koffer packen, und ich werde sofort abreisen. Ich werde gar nicht erst abwarten, bis meine Arbeit beginnt, ich werde sie gleich antreten. Von mir aus unentgeltlich. Dort wird keiner an meiner Tür klingeln, dort will niemand mit mir über etwas sprechen, das so lange zurückliegt, aber mich noch immer nicht in Ruhe lässt.

Aber ich gehe nicht zurück zum Tisch. Stattdessen drehe ich mich um. Ich beuge mich hinab zur Gegensprechanlage. Ich weiß nicht, wie viel Zeit verstrichen ist. Vielleicht ist der Mann an der Haustür bereits verschwunden. Dann soll es mir auch recht sein.

»Sind Sie noch da?« Meine Stimme klingt belegt. Als ob ich auf einmal erkältet bin, als ob ich ein Reibeisen verschluckt habe.

»Ja«, antwortet er. »Kann ich raufkommen?«

»Nein«, sage ich. »Werfen Sie Ihre Visitenkarte in den Briefkasten. Ich melde mich.«

Später sitze ich lange am Tisch und starre auf den Arbeitsvertrag. Ich spiele mit einem Kugelschreiber in der Hand, aber setze nicht meinen Namen aufs Papier. Ich gehe auch nicht zum Briefkasten, um die Visitenkarte zu holen. Ich bleibe einfach sitzen, wie ich es oft tue. Ich kann stundenlang sitzen und vor mich hin träumen. Ich zünde mir eine Zigarette an, und als ich sie fast aufgeraucht habe, zünde ich an ihrer Glut eine neue an. Irgendwann dämmert es. Es wird Abend, und als ich zur Packung greife, ist sie leer. Ich stehe auf, öffne das Fenster. Aus der Küche hole ich einen feuchten Lappen und wische die Zigarettenkrümel weg. Dann nehme ich den Briefkastenschlüssel. Langsam steige ich die Treppen hinab, jeder Schritt fällt mir schwer. Zwischen Rechnungen und Prospekten finde ich die Visitenkarte. Darauf das Logo des Nachrichtenmagazins, darunter ein Name und eine Telefonnummer. Ich drehe die Karte um. »Bitte rufen Sie mich an«, hat der Mann hinten draufgekritzelt.

Nein, das tue ich nicht.

Ich habe schon jetzt zu viel getan.

Dann greift meine Hand trotzdem zum Telefon. Das macht sie einfach so, ohne mein Mittun. Meine Finger wählen die Nummer auf der Karte, auch das machen sie ohne mein Mittun. Irgendwie hat sich mein Denken verabschiedet, diese Kontrollinstanz, die seit ewiger Zeit dafür sorgt, dass mich die Vergangenheit nicht ständig aufs Neue quält. Als ich heute Morgen aufstand, gab es keinerlei Anzeichen, dass sich das heute ändern soll. Aber so ist es. Ab heute wird alles anders sein.

»Hallo«, sagt der Reporter.

»Hier ist Sascha Buzmann. Wollen Sie mich noch immer sprechen?«

Für einen Augenblick herrscht verblüffte Stille. Dann sagt er: »Ich freue mich, dass Sie es sich anders überlegt haben.«

Habe ich das? Ich weiß es nicht. Ich habe nur einen ersten Schritt getan, der mich aus der Isolierung führen soll. Er wird mich mit meiner Vergangenheit konfrontieren. Hätte ich gewusst, wie schmerzhaft das Erinnern ist, hätte ich es vielleicht nicht getan. Aber davon weiß ich in diesem Augenblick nichts. So wenig, wie ich vor 25 Jahren nichts von der kranken Welt der Erwachsenen wusste.

ER BRINGT DICH ZUM SEE, schießt es mir durch den Kopf. Er wird dich ersäufen!

Im Schneesturm kann ich nicht genau erkennen, wo wir sind. Dort hinten muss der Golfplatz liegen, da gibt es einen kleinen See. Er will mich hinbringen und mich ins Wasser werfen und meinen Kopf runterdrücken, so lange, bis meine Beine und Arme aufhören zu zappeln, bis ich still bin. Das wird er tun, weil ich jetzt nicht still gewesen bin, weil ich etwas gesagt habe, weil ich gesagt habe: »Ich bin doch ein Junge!«

»Ich bin kein Mädchen! Ich bin ein Junge!« Das sagte ich im Gebüsch. Als er seinen Mund auf meinen presste. Als er mich küssen wollte. Dort im Gebüsch wurde mir auf einmal klar, dass ich den Mann schon einmal gesehen habe. Vorhin im Bus. Da hat er mir Blicke zugeworfen. Oder vielleicht auch Katrin. Katrin sitzt neben mir in der Linie 25, weil meine Schwester Jenny es so will. Wir haben die letzten Stunden mit Rollschuhfahren verbracht, in der Rollschuhdisko »Roll On« in Wiesbaden-Biebrich. Da treffen sich Leute, die Hip-Hop machen oder Breakdance oder Graffiti sprühen. Aber auch wir Kleinen dürfen zur Musik unsere Runden drehen. Weil ich ganz vernarrt ins Rollschuhlaufen bin, muss Jenny ein Auge auf mich haben. Obwohl sie mit ihren sechzehn Jahren auch andere Dinge im Kopf hat, tut sie das ganz gewissenhaft. Aber sie darf länger bleiben, während ich nach Hause muss, wenn es am Schönsten ist. Mit Mama und Papa hat Jenny ausgemacht, dass sie mich zu ihrer Freundin Katrin in den Bus setzt. Das haben wir schon häufig so gemacht, daher weiß ich, wenn Katrin in Wallau aussteigt, muss ich noch fünf Stationen weiterfahren. Als wir in den Bus steigen, bemerken wir den Mann. Er sieht verwahrlost aus, wie einer der Bettler, die ich bei einem Ausflug in Wiesbaden am Bahnhof sah. Sein Bart ist lang und struppig, seine Haare fallen in fettigen Strähnen herab. Katrin und ich suchen uns eine freie Sitzbank ein paar Meter von ihm entfernt.

»Guck nur, wie der aussieht«, flüstert Katrin. Dann vergessen wir den Mann. Katrin fragt mich, was ich zu Weihnachten gekriegt habe, und ich schwärme ihr von meinen Geschenken vor. »Masters-of-the-Universe-Figuren«, erzähle ich stolz. »He-Man und Skeletor. Und die Burg.« Katrin lacht. Ich mag sie, weil sie immer fröhlich ist. »Hast du den Typen beim Rollschuhlaufen gesehen?«, fragt sie. »Der sah auch aus wie He-Man.«

Wir überlegen uns, wann wir das nächste Mal ins »Roll On« können. Ich übe Sprünge und Rückwärtsfahren und bin begierig darauf, Fortschritte zu machen. Mit dem Finger zeichne ich He-Man mit Rollschuhen auf die angelaufene Fensterscheibe. Dahinter sehe ich das Wirbeln der Schneeflocken. »Heute schneit es nur einmal«, sagt Katrin. »Ich muss jetzt aussteigen. Mach's gut, Sascha.«

Wir sind in Wallau angekommen. Der Bus hält, Katrin steht auf, und mit ihr steigt eine Handvoll Menschen aus. Als ich mich noch einmal nach ihr umdrehe, sehe ich wieder den Mann mit dem wilden Bart. Er starrt mich an, aber ich achte nicht darauf. Viel mehr denke ich darüber nach, was Mama wohl zum Abendessen macht. Nach dem Rollschuhlaufen komme ich immer mit einem Bärenhunger nach Hause. Die nächsten fünf Haltestellen nehme ich gar nichts mehr wahr. Dann hält der Bus, und ich steige aus, wo ich schon so oft ausgestiegen bin: in Wiesbaden-Delkenheim. Ich gehe vor zum Busfahrer. Aus den Augenwinkeln sehe ich, dass der verwahrloste Mann im Mittelausgang den Bus verlässt, aber mache mir keine Gedanken darüber. Die bunten Lichter des Supermarktes neben der Haltestelle fallen mir auf, weil darin die Schneeflocken so schön tanzen.

Am Laden vorbei führt mein Weg zum Spielplatz. Von dort sind es nur noch ein paar Schritte nach Hause. Als ich losmarschiere, habe ich auf einmal ein seltsames Gefühl. Es ist, als sei ich … als wäre etwas … nein, ich kann es nicht einordnen. Aber das Gefühl zwingt mich, stehen zu bleiben und mich umzudrehen. Da sehe ich den Mann mit dem wirren Bart, wie er ebenfalls stehen bleibt und sich umdreht. Der Busfahrer schließt die Türen und fährt los. Die Leute, die mit uns ausgestiegen sind, sind schon in Richtung Supermarkt verschwunden oder gehen über die Straße in die andere Richtung. Bei diesem Wetter hat es jeder eilig, nach Hause zu kommen. Nur der Mann und ich sind noch in der Nähe der Haltestelle. Ich bücke mich, forme einen Schneeball und werfe ihn in die Luft. Das bringt mich auf andere Gedanken. Kann ich einen Schneeball so hoch werfen, dass er im Himmel verschwindet? Wenn er das tut, wird er dann irgendwann wieder herabfallen? Ich mache den nächsten Schneeball, und während ich loslaufe, werfe ich ihn, so weit ich kann. Schon ist der nächste Schneeball dran. Und der nächste. Als ich den Spielplatz erreiche, habe ich den Fremden vergessen. Rund um den Platz stehen Laternen. Als ich sie erreiche, nehme ich seitlich von mir einen Schatten wahr. Er bewegt sich ganz langsam. Wieder kommt das seltsame Gefühl auf. Auf einmal höre ich eine Stimme in meinem Kopf. Es ist die Stimme meines besten Freundes Thorsten. Er sagt: »Das hat dich!« Ich wirble herum. Der Schatten ist verschwunden.

»Das hat dich!«, höre ich Thorsten noch einmal sagen, und jetzt ist es, als sei er neben mir. Dabei ist es ein halbes Jahr her,

21

als er diese seltsamen Worte sprach. Es war mitten im schönsten Sommer gewesen, wir streunten mit seiner Schwester durch den Sauerkirschhain in der Nähe unserer Siedlung und schwärmten von den Kirschen, die wir uns einverleiben wollten.

»Schau doch, dort!«, sagte Thorsten plötzlich. Vor uns lag ein Kadaver. Er war halb verwest, und es war nicht mehr auszumachen, um was für ein Tier es sich gehandelt hatte. Es könnte ein kleiner Fuchs gewesen sein, einer von denen, die sich immer über die Mülltonnen hermachten. Oder ein Wiesel oder ein Siebenschläfer. Oder eine große Ratte. Das Fell war von Maden überzogen. Die Augen starrten leblos vor sich hin. Ein Fliegenschwarm hockte auf dem Kadaver und stob davon, als wir näher traten.

»Wie eklig!« Thorstens Schwester wandte sich ab, doch wir waren neugierig und kamen noch einen Schritt näher. Auf einmal hob Thorsten den Fuß und trat mit Wucht in den Kadaver. Es gab ein unheimliches Geräusch, als er aufplatzte und überall Gedärm herausspritzte. Es stank fürchterlich. In mir stieg ein Würgereiz auf.

»Das hat dich!«, sagte Thorsten.

Ich bekam es mit der Angst zu tun. »Was meinst du damit?«, fragte ich. »Was hat mich?«

»Das da. Das hat dich!«, wiederholte er. Seine Stimme zitterte. Wir sahen uns an, und dann sagte er: »Ich muss nach Hause.«

Bevor ich antworten konnte, rief er seine Schwester, und die beiden liefen davon. Ich warf einen Blick auf den zerquetschten Kadaver. Die Fliegen ließen sich auf den Innereien nieder, der Gestank wurde immer schlimmer.

»Warum hast du das getan?«, fragte ich leise, aber da war keiner mehr, der die Frage beantworten konnte. Plötzlich hatte ich ebenfalls das Gefühl, weglaufen zu müssen. So schnell ich konnte, rannte ich nach Hause, aber der Satz »Das hat dich!« lief mit. Und jetzt ist er wieder in meinem Kopf. Ich schaue nach links, ich schaue nach rechts, aber der Schatten ist verschwunden. Ich lache über mich. Du bist einfach immer zu ängstlich, sage ich zu mir. Da sehe ich auch schon unser Haus und weiß, dass Mama und Papa auf mich warten. Mein Hunger treibt mich darauf zu. Die Flocken tanzen noch immer so schön, und für einen Moment vergesse ich meinen Mordshunger wieder. Ich vergesse auch den Schatten, vergesse den fremden Mann. Der Schnee fällt jetzt so dicht, dass er meine Fußstapfen in Windeseile verdeckt.

Ein Schneemann bleibt, denke ich. Ich sollte einen Schneemann bauen.

Ich bücke mich, um eine Kugel zu formen. Auf einmal spüre ich einen Arm, der sich fest um meinen Hals legt.

»Schrei nicht!«, droht der Mann, der mich mit sich zieht. »Oder dir passiert was.«

Tränen rinnen mir über das Gesicht, ich kann sie nicht zurückhalten. Ein heißer Sturzbach im eisigen Wintersturm.

»Ich schreie nicht«, presse ich hervor. Wir haben den Golfplatz erreicht, ich kann den See vor mir sehen. Ich muss mich befreien, fährt es mir durch den Kopf, ich muss abhauen, ich muss nach Hause! Die Hand des Mannes umklammert mein Handgelenk. Ungestüm rennt er weiter. Ich stolpere immer wieder, aber er lässt mich nicht los. Er lässt mich niemals los.

»Bitte, lieber Gott«, flüstere ich, »ich will nicht sterben!« Ich versuche meinen Arm zu drehen, vielleicht gelingt es mir so, mich aus der Umklammerung zu befreien. Ich könnte über das Feld davonrennen, im Schneegestöber sieht mich der fremde Mann vielleicht nicht. Wenn ich dorthin zurücklaufe, wo wir hergekommen sind, kann ich in fünf Minuten unser Haus erreichen. Mein Papa wird herauskommen und den fremden Mann davonjagen. Wenn es mir nur gelingt, den Griff zu lösen, diese Finger, die sich in meinen Arm bohren.

Ich stolpere wieder, und der Mann reißt mich brutal auf die Beine. »Weiterlaufen! Los!«, zischt er mich an. »Wehe du schreist, dann ...«

Sein Mund ist ganz nah, sein schlechter Atem bereitet mir Übelkeit. »Hör auf zu heulen«, herrscht er mich an, aber das schaffe ich nicht, das kann ich nicht. Ich kann mitlaufen, ich kann mich auf den Beinen halten, aber ich kann die Tränen nicht stoppen, die mir über die Wangen laufen und im kalten Wind gefrieren. Noch einmal drehe ich meinen Arm, will mich aus dem Klammergriff befreien. Den Schlag sehe ich nicht kommen. Er trifft mich am Kopf, genau überm Ohr. Ein stechender Schmerz durchfährt mich.

»Keine Mätzchen«, sagt der Mann. »Oder es setzt was. Du wirst jetzt schön weiterlaufen.« Der Weg führt hinab zum See. Ich kann sehen, wie der Uferbereich zugefroren ist.

»Das hat dich«, durchfährt mich die Stimme von Thorsten. »Das hat dich, und es wird dich töten!« Wieder bete ich zu Gott. »Bitte, bitte! Ich will nicht sterben!« Auf einmal ist da eine andere Stimme, und sie ist direkt in meinem Kopf. »Er wirft dich nicht in den See«, sagt sie. »Aber wenn du wegläufst, fängt er dich und erschlägt dich mit einem Stein.«

Im selben Augenblick weiß ich, dass es Gott ist, der mit mir spricht. Ich bin neun Jahre alt, ich habe keine Ahnung, wer Gott ist und wo er wohnt, und all die Geschichten aus dem Religionsunterricht waren bisher nur Geschichten. Doch auf einmal weiß ich, dass es ihn gibt, und ich weiß, dass er mit mir spricht. Er kann das tun, ohne die Stimme zu erheben. Sie ist in meinem Kopf, und sie ist klar und deutlich. »Wenn du wegläufst«, sagt sie nochmals, »fängt er dich und erschlägt dich mit einem Stein.«

Ich muss nicht sprechen, um mich mit der Stimme zu verständigen. Ich muss nicht sprechen, um mit Gott zu reden. »Wenn ich nicht abhaue«, fragen meine Gedanken, »komme ich dann wieder nach Hause?« Ich lausche, aber erhalte keine

Antwort. »Komme ich wieder nach Hause???« Jetzt schreie ich innerlich, aber erhalte noch immer keine Antwort.

»Bitte, lieber Gott!!! Gib mir ein Zeichen!!!«

In meinem ganzen Leben habe ich noch nie eine solche Verzweiflung gespürt. Sie lässt sogar meine Tränen versiegen. Wir sind jetzt am See, der Mann bleibt stehen. Ich schaue zu ihm auf, aber etwas über ihm lenkt mich ab. Über ihm wird es hell, und dann sehe ich es: Eine Sternschnuppe saust über den Himmel. Nie zuvor habe ich ein helleres Licht mitten in der Nacht gesehen. Auch der Mann hebt den Kopf. Für einen Augenblick lockert sich sein Griff. Da kommt die Stimme wieder: »Nicht weglaufen! Er kriegt dich und erschlägt dich mit einem Stein.«

Die Sternschnuppe verglüht am Horizont. Es wird wieder dunkel, und es ist, als sei sie nie da gewesen. Doch für mich ist die Schnuppe ein Zeichen. Ein Zeichen, das sagt: »Vertraue mir.«

»Wo geht es nach Hochheim?«, fragt der Mann unvermittelt. »Weißt du es?«

»Ja«, antworte ich. »Ich kenne den Weg.«

Die Welt ist ein seltsamer Ort. Während ich in meiner kleinen Wohnung lebe, meiner Arbeit nachgehe und versuche, die Vergangenheit Vergangenheit sein zu lassen, gibt es da draußen Menschen, die das Gegenteil tun. Sie suchen Geschichten fremder Leute, und wenn sie etwas gefunden haben, machen sie sich auf den Weg. Sie legen weite Strecken zurück und klingeln an fremden Türen. Sie sagen: »Ich würde mich gerne mit Ihnen über Ihre Entführung unterhalten.« Ich weiß nicht, ob sich diese Menschen darüber im Klaren sind, was sie damit auslösen. Sie sagen: »Ihre Geschichte darf man nicht vergessen.« Und wahrscheinlich haben sie recht. Dabei habe ich immer wieder versucht, meine Geschichte zu vergessen, und vielleicht wäre es mir eines Tages auch gelungen. Doch es soll anders kommen. Wie es in meinem Leben immer anders kommt.

Der Reporter des Nachrichtenmagazins schlägt vor, sich zu treffen. Unverbindlich, sagt er, und das müsste mich eigentlich stutzig machen, denn aus welchem Grund sollte etwas für mich verbindlich sein? Wir verabreden uns in einem Café in Wiesbaden. Ich habe kein Auto mehr – auch aus Gründen, weil in meinem Leben immer alles anders kommt, als ich es plane – und fahre seither Zug und Bus. Der Busbahnhof liegt nicht weit von meiner Wohnung entfernt, und während ich dorthin spaziere, sieht man mir nicht an, dass hier einer unterwegs ist, an dessen Geschichte die Leute eines bekannten Nachrichtenmagazins interessiert sind. Keiner kann das sehen. So wie auch ich nicht sehe, wie es um die Menschen steht, die mir auf meinem Weg begegnen. Die mit mir in den Bus steigen und durch den Taunus nach Wiesbaden fahren. Vielleicht haben sie eine ähnliche Geschichte? Vielleicht sind auch sie mit einem Redakteur verabredet? Ich merke, je näher die Verabredung rückt, umso schneller kreiseln die Gedanken in meinem Kopf. Jemand will mit mir über meine Vergangenheit sprechen, und ich habe »Ja« gesagt. Warum um alles in der Welt habe ich das getan? Muss ich jetzt *über alles* sprechen? Ich könnte doch an der nächsten Haltestelle aussteigen und wieder nach Hause fahren. Dort wartet ein Arbeitsvertrag auf mich. In ein paar Stunden kann ich Richtung Österreich unterwegs sein, weit weg von neugierigen Menschen, die sich für meine Entführung interessieren.

Während ich diese Sätze niederschreibe, wird mir klar, dass dieses Treffen einen Wendepunkt in meinem Leben darstellt. Eine Herausforderung, der ich mich gestellt habe. An diesem Tag bin ich nicht weggelaufen, sondern habe damit begonnen, meinem Schicksal ins Gesicht zu sehen. Dem fremden Reporter, der in alten Archiven wühlte und darin auf meine Geschichte stieß, verdanke ich es, dass sich mein Leben nun in eine andere Richtung bewegt. Weil er sich auf den Weg machte und an einer fremden Tür klingelte und es mir gelang, die Herausforderung anzunehmen und mich selbst zu überwinden. Ich stieg nicht aus dem Bus. Ich fuhr nicht nach Hause zurück.

In Wiesbaden treffen wir uns bei Starbucks in der Nähe des Hauptbahnhofs. Der Reporter trägt einen beigen Anorak und bestellt Kaffee. Ob ich Gebäck möchte? Nein, möchte ich nicht. Ich bin zurückhaltend, weiß noch immer nicht, was er von mir will. Es ist schon seltsam. Da lese ich wie Millionen anderer Menschen täglich Zeitungen und Zeitschriften, aber mache mir nie Gedanken darüber, wie diese Artikel zustande kommen. Dass sie erst *gemacht* werden müssen, wird mir heute klar. Denn das ist der Plan des Reporters. Er will einen Artikel schreiben, in dem es um mich geht. Um mich und meine Vergangenheit.

»Es ist schließlich genau 25 Jahre her«, sagt er. Daran habe ich keinen Gedanken verschwendet. Ein Fremder muss kommen und mir berichten, dass vor einem Vierteljahrhundert ein Verbrechen verübt wurde und ich in seinem Mittelpunkt stand.

»Ihr Fall ist einzigartig in der deutschen Kriminalgeschichte«, fährt der Reporter fort. »Nie davor und nie danach war ein Kind in Deutschland so lange in der Gewalt ...« Jetzt stockt er, dann spricht er das Wort aus: »... eines Sexualtäters.«

Wieder wirbeln die Gedanken durch meinen Kopf. Na und, denke ich. Macht mich das zu einer Jahrmarktsattraktion? Wie der Mann mit den zwei Köpfen, der Liliputaner oder der lange Lulatsch? Nein. Es macht mich wieder zu dem kleinen Jungen, der an einem eisigen Wintertag erfährt, dass die Welt gefährlich ist.

Ich nippe am Kaffee und versuche, meiner Gedanken Herr zu werden. »Was wollen Sie denn schreiben?«, frage ich. »Ist doch alles vergangen. Da gibt's nichts mehr.«

Der Mann lächelt. »Nun, es gibt Fotos und Filmaufnahmen. Vor allem aber gibt es Sie.«

»Aufnahmen? Was denn für Aufnahmen?« Plötzlich bin ich aufgeregt.

»RTL hat damals über Ihren Fall berichtet. Während der Suche wurde gefilmt. Die Sonderkommission, die im Einsatz war, die amerikanischen Soldaten, die halfen. Es gibt sogar Aufnahmen vom Wohnwagen. Die hat ein Polizist gemacht.«

Der Wohnwagen. Der dreckige, stinkende Wohnwagen.

Überall lag Müll und Schmutz. Ich habe ihn nicht vergessen, aber möchte mich nicht an ihn erinnern. Doch auf einmal ist es, wie wenn man einen Garten umgräbt und darin auf alte Wurzeln stößt.

»Könnten Sie sich vorstellen, an diesem Artikel mitzuarbeiten?«, fragt der Reporter.

Ich sehe ihn an. Er hat ein ehrliches Gesicht. Er sieht nicht aus wie einer, der mir schaden will. »Ich weiß nicht«, antworte ich. »Ich muss darüber nachdenken.«

»Natürlich. Darf ich Sie in den nächsten Tagen anrufen?«

Ich erwähne, dass ich vielleicht nach Österreich fahre. Wir tauschen Handynummern aus. Dann mache ich mich auf den Rückweg. Im Bus denke ich daran, dass ich vor einem Vierteljahrhundert auch in einem Bus gesessen bin. In der Linie 25, die es heute nicht mehr gibt.

Warum, stelle ich mir die Frage, soll es ausgerechnet darüber einen Artikel geben? Warum soll ich dazu »Ja« sagen? Das geht doch keinen was an. Es gibt eine Antwort, und ich kenne sie. Die Welt ist gefährlich, und ich war nicht darauf vorbereitet. Auch meine Eltern waren nicht darauf vorbereitet und die vielen Helfer, die sich an der Suche beteiligten, ebenfalls nicht. Daran hat sich bis heute nicht viel geändert. Halb Deutschland suchte kürzlich nach einem vermissten Jungen. Die Schlagzeilen am Zeitungskiosk brannten sich in mein Gedächtnis:

»Die Suche nach dem vermissten Mirco aus Grefrath wird vorerst beendet. Die Polizei geht davon aus, dass ein Nachbar der Täter ist.« (*Hamburger Abendblatt*, 16. 9. 2010)

»Polizei findet Mircos Leiche. Nun ist es traurige Gewissheit: Mirco aus Grefrath ist tot.« (*Stern*, 27. 1. 2011)

»Entführer tötete Mirco noch am selben Abend. Fast fünf Monate lang hat die Sonderkommission nach ihm gesucht.« (*Westdeutsche Zeitung*, 28. 1. 2011)

Vor Mirco gab es die Entführungen von Felix Wille, von

Levke Straßheim, von Natascha Kampusch, von Elizabeth Smart, von Madeleine McCann und, und, und. Kindesentführungen gibt es leider sehr viele, und nur wenige der Opfer überleben die Tortur der Gefangenschaft und die krankhaften Neigungen ihrer Entführer. Zu diesen Wenigen gehöre ich. Darf ich da länger schweigen? Habe ich nicht die Pflicht, dafür zu sorgen, dass wir alle aufmerksamer werden? Damit Erwachsene genauer hinschauen, wenn ein Mann sich anschickt, ein Kind zu verfolgen? Dass sie ihre Kinder noch besser schulen? Damit diese nicht in das fremde Auto steigen, weil der Mann sagt, komm mit, ich bringe dich zu deinen Eltern, die hatten einen Unfall. So, wie der Mörder Marc Hoffmann den achtjährigen Felix in seinen Wagen lockte. Wir denken ja oft, was können wir schon tun? All die schrecklichen Ereignisse auf der Welt – für ein paar Tage machen sie Schlagzeilen, dann dreht sich die Welt weiter, und keiner erinnert sich mehr. Das habe auch ich gedacht. Doch heute erfahre ich, dass es nicht stimmt. Dass es Menschen gibt, die sich selbst nach 25 Jahren noch erinnern. Vielleicht kann ein Artikel in dem Nachrichtenmagazin nicht viel ausrichten, denke ich, aber verdammt nochmal, ich sollte es wenigstens versuchen!

Als ich in meine Wohnung zurückkehre, kontrolliere ich, ob alles in Ordnung ist. Ich lebe unterm Dach und habe ständig Angst, dass jemand durchs Fenster steigt. Diese Angst kann ich nicht ablegen, daher habe ich alles mit Ketten verriegelt. Doch niemand ist eingebrochen, die Wohnung ist so, wie ich sie vor wenigen Stunden verlassen habe. Und doch ist alles anders. Ich bin anders. Ich habe einen Entschluss gefasst. Ich greife zum Telefon und wähle die Nummer des Reporters. Als er sich meldet, sage ich: »Ich habe es mir überlegt. Ich mache mit.«

Wir reden einige Minuten miteinander. Er fragt, ob er mit meinen Eltern sprechen darf. Vorausgesetzt natürlich, sie wollen mit ihm sprechen. Ich gebe mein Okay, bitte ihn aber zu warten, bis ich mit ihnen geredet habe. Es wird mir klar, der kleine Satz »Ich mache mit« bedeutet mehr, als sich einmal mit einem Reporter zu unterhalten.

ICH HABE JEDES GEFÜHL FÜR DIE ZEIT VERLOREN. Der Mann umklammert mein Handgelenk, ich kann kaum Schritt halten, aber ich gebe mir alle Mühe. Denn ich habe furchtbare Angst davor, dass er mich wieder schlägt, wenn ich stolpere oder erneut weinen muss. Manchmal schluchze und schniefe ich, das kann ich nicht unterdrücken, und dann ziehe ich schnell den Kopf ein. Ich habe den Eindruck, der Mann hat keine Ahnung, wo wir sind und wo er hin will. Hier gibt es endlose Felder, Kiesgruben, kleine Seen, Golfplätze und Auen. Ich weiß, dass irgendwo in der Gegend der Main in den Rhein mündet.

Dort wechseln sich Industrieanlagen mit kleineren und größeren Siedlungen ab, dazwischen liegen Gleisanlagen, Kleingärtnerkolonien und Brachflächen. Die Städte Mainz, Wiesbaden, Rüsselsheim und Hofheim bilden die Eckpunkte eines Quadrats, in dem wir in dieser Nacht herumirren. Immer wieder höre ich Verkehrslärm, immer wieder fliegen Flugzeuge über uns hinweg. Der Frankfurter Flughafen ist nicht weit entfernt, im Norden liegt das Wiesbaden Army Airfield. Manchmal tauchen Straßen auf, doch der Mann vermeidet es, gesehen zu werden. Immer warten wir, bis sich weit und breit kein Autolicht mehr zeigt, erst dann überqueren wir die Straße. Kommen Häuser in unser Blickfeld, schlagen wir uns um sie herum. Wie der kurvenreiche Verlauf eines Baches mäandern wir über die Felder. Meist ist die Erde tief verschneit und gefroren, in der Nähe von Gewässern bleiben wir fast im Matsch stecken.

Ich bin müde und kann mich kaum mehr auf den Beinen halten. Wo mich der Schlag getroffen hat, brennt die Haut wie Feuer. Seit der Frage »Wo geht es nach Hochheim? Weißt du es?« hat der Mann kein Wort mehr gesagt. Ich zermartere mir den Kopf, was er von mir will. Die Gedanken an Flucht habe ich aufgegeben. Ich weiß, er wird mich einholen und mit einem Stein erschlagen. Aber wohin laufen wir? Und wenn wir dort sind, an diesem unbekannten Ort, was wird dann passieren?

Ständig denke ich an meine Mama, meinen Papa, an Jenny. Ich frage mich, ob sie nach mir suchen. Zu diesem Zeitpunkt weiß ich nicht, wie zuhause bereits alles in heller Aufregung ist. Ich weiß nicht, dass mein Papa die ganze Zeit auf dem Balkon gestanden hat, bis ihn der Schneesturm kurz vor Ankunft des Busses ins Haus trieb. Ich weiß nicht, dass Jenny um halb elf nach Hause kommt, im Glauben, dass ich schon lange im Bett liege. Ich weiß nicht, dass Papa sie fragt: »Wo um alles in der Welt ist Sascha?« Ich weiß nicht, wie allen der Schreck in die Glieder fährt. Und sie sich aufmachen, um die Nachbarn abzuklappern. Von diesen Dingen weiß ich nichts, während ich mit dem fremden Mann über die Felder haste, als würden wir von einer Armee verfolgt. Auf einmal schießt mir ein schrecklicher Gedanke durch den Kopf: Was ist, wenn ich meine Eltern und meine Geschwister nie wiedersehe? Dieses »nie wieder« breitet sich in meinem Kopf aus wie ein schwarzes Loch. Es verdrängt alle anderen Gedanken. Es wird so übermächtig, dass ich nicht mehr weitergehen kann. Ich stolpere und falle auf die Knie. Der fremde Mann bleibt stehen.

»Weiter!«, drängt er. Ich schüttle den Kopf. Ich kann nicht mehr. Ich will nicht mehr. Er soll mich gehen lassen. Ich möchte nach Hause. Das kann ich aber nicht sagen, denn ich kriege kein Wort über die Lippen. Ich sehe, wie der Mann sich umdreht. Lässt er mich jetzt in Ruhe? Kapiert er, dass ich nicht zu ihm gehöre, dass ich nichts, aber auch gar nichts, mit ihm zu tun haben will? Geht er seines Weges und lässt mich hier zurück? Auch das macht mir Angst, denn mittlerweile weiß ich überhaupt nicht mehr, wo wir sind. Bis Hochheim kannte ich mich aus, doch auch diesen Ort haben wir in großem Bogen umgangen. Hier war ich noch nie. Aber egal. Alles ist besser, als mit diesem schrecklichen Kerl mitgehen zu müssen. Irgendwie finde ich schon nach Hause. Wenn es hell wird, werde ich einen Weg finden, der mich zu einer Straße führt, und dort sind dann Leute, die Papa anrufen. An das denke ich, und so etwas wie Hoffnung keimt in mir auf. Noch immer starrt der Mann in die entgegengesetzte Richtung. Dann packt er mich am Arm.

»Da geht's lang«, sagt er. Er reißt mich hoch, und ich stehe wackelig auf den Beinen. »Wenn du schreist, passiert was«, droht er.

Wieder durchzuckt mich der Gedanke, dass ich sterben muss. Vielleicht hier auf dem Feld, vielleicht in den nächsten Minuten? Oh Gott, was habe ich bloß getan? Ich habe doch gar nichts getan! Fieberhaft denke ich darüber nach, ob ich in letzter Zeit etwas ausgefressen habe. Habe ich jemand einen schlimmen Streich gespielt, und das ist jetzt die Strafe dafür? Aber ich kann mich an nichts erinnern. Da war nichts, da war wirklich nichts, das musst du mir glauben, lieber Gott! Auf einmal muss ich wieder weinen, auch wenn ich weiß, dass der fremde Mann das nicht leiden kann. Aber es geht nicht anders. Tränen strömen aus mir heraus. Auch als er mich anherrscht, ich soll endlich aufhören damit, schaffe ich es nicht. Auch wenn er mich schlägt, auch wenn er mich mit einem Stein erschlägt, auch wenn ich jetzt sterben muss, ich kann einfach nicht aufhören.

Doch dieses Mal schlägt der Mann nicht zu. Er fängt an zu laufen. Er umklammert meinen Arm und marschiert mit großen Schritten los. Er ist stark, und wenn ich nicht will, dass er mich wie einen Sack hinter sich herschleift, muss ich mich auf den Beinen halten. Ich muss vier Schritte machen, wenn er bloß einen macht, und ich weiß nicht, ob ihm aufgefallen ist, dass ich ein Kind bin! Ein Kind! Auf einmal merke ich, wie ein trotziges Gefühl in mir aufsteigt und ich ihn anschreien will: Ich bin ein Kind! Lass mich nach Hause gehen, du hässliches, stinkendes Ungetüm! Wieder bleibt er stehen, und ich stoße gegen ihn. Mit beiden Händen packt er mich. Hat er meine Gedanken erraten? Er beugt sich zu mir hinab, und sein struppiger Bart kratzt über mein Gesicht.

»Geh weiter«, sagt er. »Oder es setzt was.« Das sagt er ganz leise. Ich habe auf einmal furchtbare Angst. Diese Angst ist eiskalt und macht sich in meinem Körper breit. Ich fange an zu zittern. »Es setzt was«, wiederholt der Mann. »Ist das klar?«

Auf einmal weiß ich, dass sich in diesem Moment alles entscheidet. Gelingt es mir nicht, mich zusammenzureißen, wird er mich umbringen. Gleich hier, gleich auf dem Feld. Ich bin erst neun Jahre alt, aber in diesem Augenblick weiß ich, dass mein Leben im nächsten Moment zu Ende sein kann.

Die Zeit ist zum Stillstand gekommen. Das gab es bei mir schon lange nicht mehr, dass ich zuhause sitze und *nachdenke*. In den letzten Jahren bin ich rastlos von Job zu Job gehastet. Die Arbeit im Service macht mir Spaß, ich halte mich gerne in Hotels der gehobenen Klasse auf. Sie entsprechen meinem Anspruch an Sauberkeit und Gediegenheit, sie vermitteln mir das Gefühl, zuhause zu sein, ohne mich binden zu müssen. Dort treffe ich Menschen, die ebenso viel Zeit in Hotels verbringen oder gleich dort wohnen. Udo Lindenberg macht das; vielleicht, weil er wie ich von Beruf Kellner ist; vielleicht auch, weil er sich ebenfalls nicht binden will. Mich an etwas oder an jemanden binden, fällt mir unendlich schwer. Egal, ob es sich um einen Job oder eine Freundin dreht: Nach spätestens drei Monaten werde ich unruhig und ziehe meines Weges. Auf diese Weise komme ich ganz schön rum.

Doch jetzt ist alles anders. Ich sitze zuhause und warte darauf, dass sich der Reporter meldet. Auf einmal beginnt bei mir, was ich sonst meide wie die Pest: das Nachdenken. Das Grübeln. Es ist 25 Jahre her, ein Vierteljahrhundert, es ist alles schon nicht mehr wahr. Ich habe die ganze Sache so schön vergessen, und auf einmal sollen alte Wunden aufgerissen werden. Sollte ich mich nicht doch schleunigst nach Österreich aufmachen? Das Telefon reißt mich aus den Gedanken. Der Reporter ist dran. Er will sich mit mir unterhalten. Fragen

36

möchte er stellen. Ob das bei mir zuhause geht? Er will wissen, ob er vorbeikommen darf. Ich bin mir nicht sicher, ob ich seine Fragen beantworten möchte. Ich bin mir überhaupt nicht mehr sicher, ob es eine gute Entscheidung war, »Ja« zu diesem Artikel zu sagen.

»Was für Fragen haben Sie denn?«, will ich wissen.

»Fragen zur Entführung. Wie alles war. Was danach geschah.«

»Ich kann mich an kaum etwas erinnern«, sage ich. »Ich war neun Jahre alt. An was erinnern Sie sich aus dieser Zeit?«

Für einen Moment herrscht Stille in der Leitung. Dann sagt er: »An wenig. Aber ich habe Fotos. Vielleicht hilft das. Ich würde auch gerne mit Ihnen zum Ort des Geschehens fahren.«

Zum Ort des Geschehens. Das ist der allerletzte Platz auf dieser Welt, an den ich zurückkehren möchte. Dabei ist der Ort des Geschehens gar nicht weit entfernt; er liegt hinter dem nächsten Höhenzug Richtung Rhein. Mit dem Auto ist man in zwanzig Minuten dort. Doch in meinem Kopf ist dieser Ort so weit weg, als befände er sich in einer anderen Welt. Und so ist es auch. Alles, was damals geschehen ist, stammt aus einer anderen Welt. Ich habe sie von meiner heutigen Existenz abgespalten. Wie hätte ich sonst weiterleben können?

Doch da ist noch etwas anderes: die Gewissheit, dass es auf die Dauer so nicht weitergehen kann. Tief in mir spüre ich, wie die Vergangenheit rumort und ich mich ihr früher oder später stellen muss. Ich kann nicht länger so tun, als sei nichts geschehen. Vielleicht hat der Reporter recht? Vielleicht kommen einige Erinnerungen zurück, wenn ich mir ein paar alte Fotos ansehe? Vielleicht bringt es sogar etwas, an den Ort des Geschehens zurückzukehren? Noch während ich darüber nachgrüble, erscheint ein Bild in meinem Kopf. Die Kiste. Ich habe die Kiste vergessen, doch auf einmal ist sie da. Die Kiste, in die er mich sperrte, wenn er wegging. Ich spüre, wie meine Handflächen feucht werden.

»Haben Sie auch Fotos von der Kiste?«, frage ich unvermittelt ins Telefon. Ich warte die Antwort nicht ab. »Bringen Sie alles mit, was Sie haben. Ich bin zuhause. Ich warte.«

DIE WILDE HATZ GEHT WEITER. Der fremde Mann stürmt voran und zerrt mich mit sich. Ihm scheint die Kraft nie auszugehen, aber ich weiß nicht, wie lange ich mich noch auf den Beinen halten kann. Mein Bauch tut weh vor Hunger, mein Gaumen ist völlig ausgedörrt. Ich habe so großen Durst, dass ich versuche, Schneeflocken mit dem Mund aufzufangen. Es gelingt mir nicht, weil ich nicht stehen bleiben darf. Mittlerweile ist es noch kälter geworden, und über mein Gesicht zieht sich eine Eisschicht aus gefrorenen Tränen. Während ich vorwärtsstolpere, sehe ich am Horizont einen orangefarbenen Schein. Ich weiß nicht, ob es der anbrechende Morgen ist oder die Lichter einer Stadt. Wir scheinen uns einer Gegend zu nähern, in der Menschen wohnen. Schwach flammt in mir neue Hoffnung auf. Vielleicht sieht uns ein Erwachsener und stellt den fremden Mann zur Rede. Aber ich habe kaum mehr die Kraft, mich an diesen Gedanken zu klammern.

Vor uns liegt eine Straße. Wir verharren im Straßengraben. Der Mann zieht den Kopf ein, als ein Auto vorbeifährt. Mich drückt er fest an sich. Er schaut nach links, nach rechts, springt auf, zieht mich mit auf die andere Seite. Dort geht es weiter über ein Feld, doch nur ein kurzes Stück. Auf einmal liegt ein Pfad vor uns. Dahinter kann ich Gebüsche und Bäume erkennen und etwas, das ein kleines Haus sein kann. Ein hoher Zaun aus Maschendraht trennt uns von diesem Grundstück.

»Wir sind da!«, sagt der Mann.

Wir gehen am Zaun entlang und kommen zu einem Tor. Es ist abgeschlossen, und der Mann fingert in den Taschen nach einem Schlüssel. Als er ihn nicht findet, fängt er an, vor sich hin zu schimpfen, ohne dass ich ihn verstehe. Eine Weile steht er unschlüssig vor dem Tor. Dann sagt er: »Du musst drüberklettern.«

Das dürfen wir sicher nicht, denke ich, das ist doch nicht dein Grundstück! Da packt er mich schon und hievt mich gleich neben dem Tor über den Zaun. Ich wiege dreißig Kilogramm, und mir fällt ein, wie stolz ich vor ein paar Tagen darauf war, als Mama mich wog und keine »2« mehr auf der Skala auftauchte. Dreißig Kilogramm erschienen mir wie ein enormes Gewicht, doch für den fremden Mann scheint es gar nichts zu sein. Mühelos hebt er mich hoch. Als ich mich oben am Zaun festklammere, reiße ich mir am Stacheldraht die Hand auf. Ich schreie, der Mann schubst mich, ich falle auf die andere Seite hinab. Als ich mich aufrapple, sehe ich, wie er mich durch den Maschendraht anstarrt. Auf einmal denke ich, hau ab, lauf davon, das ist deine letzte Chance! Lauf, so schnell du kannst! Vielleicht kannst du dich verstecken! Gerade will ich den Gedanken in die Tat umsetzen, da sagt der Mann: »Alles ist eingezäunt. Du kommst da nicht raus.«

Mit einem Satz ist er oben am Zaun. Er zieht sich hoch und schwingt ein Bein darüber. Einen Moment später landet er neben mir im Gras. Sofort packt er mich an der Schulter, dreht mich um, stößt mich vor sich her.

»Da lang«, sagt er. Wir schlagen die Richtung zu dem ein, was ich für ein kleines Haus gehalten habe. Es ist kein Haus. Es ist eine Art Wohnwagen, aber nicht so, wie ich Wohnwagen kenne. Dieser hier sieht vergammelt aus. Ich kann keine Räder erkennen, weil alles mit Brettern vernagelt ist. An der Seite lehnt ein schiefer Holzschopf. Das Dach des Wohnwagens ist gewölbt wie bei einer Tonne, und irgendwie erinnert mich das ganze Ding daran: an eine überdimensionale Mülltonne, die jemand umgestoßen hat, um dort, wo die Öffnung ist, eine Tür anzubringen.

Vor dieser Tür stehen wir. Wieder fummelt der Mann in seinen Taschen herum. Sein Mund verzieht sich zu einem Grinsen, als er einen Schlüssel herausholt. Während er mich mit einer Hand festhält, versucht er mit der anderen, den Schlüssel ins Schloss zu stecken und umzudrehen. Ich höre ein kratzendes Geräusch. Die Tür klemmt, der Mann stößt mit dem Fuß dagegen. Auf einmal geht sie auf. Ich starre in ein dunkles Loch, aus dem ein übler Gestank von Fäulnis und Moder dringt.

Nein!

Ich will da nicht rein!

Auf keinen Fall will ich da rein!

Der Mann gibt mir einen Stoß, ich stolpere vorwärts. Hinter mir kracht die Tür zu. Schwärze umgibt mich. Ich bleibe wie angewurzelt stehen, unfähig, auch nur einen Schritt zu tun. Bin ich alleine? Ist der Mann draußen geblieben? Hat er mich nur eingesperrt?

Aus der Dunkelheit ertönt seine Stimme: »So«, sagt er. »Und jetzt ziehst du dich aus.«

»Was für Fragen möchten Sie denn stellen?«, hatte ich den Reporter gefragt, und die Antwort war gewesen: »Zur Entführung. Wie das alles war. Und was danach geschah.« Als er kurze Zeit später bei mir eintrifft, schlägt mir das Herz bis zum Hals. Es geht mir gar nicht darum, wie unglaublich schamvoll und schmerzhaft es sein wird, Fragen, »wie das alles war«, zu beantworten. Vielmehr quält mich, dass ich mich an vieles nicht erinnern kann. Was ist, wenn ich immer wieder sagen muss: Keine Ahnung, es ist, als sei ich nicht dabei gewesen? Wird er dann irgendwann sauer werden? Ich weiß ja nicht, wie Journalisten arbeiten. Ich weiß nichts über den Reporter. Unser erstes Treffen war nur kurz gewesen. Erst später bekomme ich mit, dass der Mann 1994 beim Internationalen Publizistikwettbewerb der Stadt Klagenfurt den Preis des Landes Kärnten erhalten hat. Und seither zu den Besten seines Fachs gehört. Was ich ebenfalls nicht weiß: Er stammt aus derselben Stadt wie ich, aus Wiesbaden.

Als es an der Tür klingelt, öffne ich und bitte meinen Gast herein. Der Reporter sieht sich aufmerksam um. Dann setzt er sich. Wir plaudern ein wenig. Er sagt, dass er es sich gut vorstellen kann, welch ein großer Schritt das für mich ist. Ich denke, er meint es ehrlich. Ich schätze ihn auf Mitte 50 – tatsächlich ist er zum Zeitpunkt seines Besuches schon 65 Jahre alt. Er wirkt auf mich, als kenne er das Leben. Jetzt fragt er, ob er mir ein paar Bilder zeigen darf, und ich nicke. Er fängt behutsam an: Fotos von meinen Eltern, aufgenommen während und nach der Entführung. Wie jung sie noch waren! Andere Bilder zeigen unser Haus. Auf einmal liegt ein Foto vor mir, auf dem der Wohnwagen zu sehen ist. Ich starre darauf, und langsam, wie aus einem Schleier, formt sich eine Erinnerung in meinem Kopf. Mein Entführer und ich stehen vor dem Zaun. Er schubst mich darüber. Er öffnet eine Tür. Ich stehe vor einem schwarzen Loch.

»Ich hatte so eine Scheißangst«, sage ich zum Reporter. Für eine Zeit lang herrscht Stille in meiner kleinen Wohnung. Nach einer Weile fragt er: »Ich würde gerne ein bisschen mehr wissen. Darf ich unser Gespräch aufnehmen?«

In diesem Augenblick kommt es mir vor, als ob ich wieder vor diesem schwarzen Loch stehe. Meine Stimme klingt fremd in meinen Ohren, als ich antworte: »Warum nicht? Nehmen Sie ruhig alles auf.«

NOCH IMMER STEHE ICH WIE ANGEWURZELT IM DUN-
KELN. Auf einmal flammt Licht auf. Unwillkürlich presse ich
die Augen zusammen. Der Mann versetzt mir einen Stoß in
den Rücken, ich stolpere vorwärts, reiße die Augen auf, um
nicht zu fallen. Ich befinde mich in einem schmalen Flur.
Rechts von mir ist eine Schiebetür. Der Mann greift über mich
und zieht sie auf. Vor mir liegt ein Raum, in dem es aussieht,
als habe darin ein Sturm geherrscht. Noch weiß ich nicht,
dass dieser Raum mein Gefängnis sein wird. Vielleicht ist es
gut, dass ich nichts davon weiß.

Der Mann schubst mich vorwärts und schließt die Schie-
betür hinter uns. Es ist nicht viel Platz. Ich sehe ein Bett, eine
Kommode, einen alten Ofen. Überall steht Gerümpel herum.
Kleider und Lumpen liegen verstreut auf dem Boden. Ein paar
mit Essensresten verschmierte Teller. Bierdosen, Flaschen,
Konservenbüchsen. Es stinkt.

Hier soll ich bleiben?, denke ich. Ich kann nicht hier bleiben!
Ich kann unmöglich hier bleiben, ich will nicht hier bleiben!

Auf einmal fällt mir etwas ein, was die letzte Kraft aus meinem Körper zieht. Meine Eltern sehen sich immer die Sendung »Aktenzeichen XY ... ungelöst« an, und einmal habe ich
heimlich mitgeschaut. Womöglich ist dieser Mann einer von
denen, die in dieser Sendung gesucht werden?

Ich nehme meinen ganzen Mut zusammen, drehe mich
um und sage: »Meine Eltern haben kein Geld für Lösegeld.«

Sein Anblick erschreckt mich zutiefst. Der Mann starrt mich aus kleinen Augen an, die tief in den Höhlen liegen. Seine Haare sind durch den Schnee nass und kleben am Kopf. Eiszapfen hängen in seinem wirren Bart. Er hat die Hände tief in die Taschen des Mantels gesteckt; dort bewegt er sie hin und her, als würde er etwas suchen. Wasser tropft vom Saum seines Kittels auf den Boden. Seine Hose ist alt und schmutzig, die Füße stecken in derben Latschen. Er schweigt, und ich merke, wie unheimlich still es hier ist. Unentwegt starrt er mich an, als würde er über etwas nachdenken. Als sei ich ein Problem, das er lösen kann, indem er mich nicht aus den Augen lässt.

»Ich bin ein Junge«, sage ich noch einmal. Die Worte fallen einfach aus meinem Mund. Irgendwie kommt es mir so vor, als ob dieser Satz etwas mit seinem starrenden Blick zu tun haben könnte. Natürlich weiß er, dass ich ein Junge bin, das weiß er seit dem Augenblick, als er unter dem Gebüsch vor dem Haus meiner Eltern versucht hat, seinen Mund auf meinen zu pressen. Aber wenn ich es ihm noch einmal sage, lässt er mich vielleicht gehen. Ich habe das Gefühl, dass er enttäuscht ist. Vielleicht geht es gar nicht um Lösegeld. Doch um was soll es dann gehen?

»Ich bin ein …«, beginne ich, doch das letzte Wort will nicht mehr über meine Lippen. Das Wort stirbt unterwegs. Wenn es nicht darum geht, Geld von meinen Eltern zu bekommen, warum bin ich dann hier? Eine schreckliche Ahnung steigt in mir hoch. Hat es damit zu tun, dass der fremde Mann mich küssen wollte? Er steht schweigend vor mir und dünstet einen säuerlichen Geruch aus. Sein Blick ist prüfend, wie der eines Lehrers, wenn man an die Tafel muss, um eine schwierige Rechenaufgabe zu lösen. So komme ich mir vor: Ich weiß, dass ich etwas lösen muss, aber ich weiß nicht, was es ist. Ich weiß, dass der Mann etwas von mir erwartet, aber ich kann nicht sagen, um was es sich dreht. Warum will er, dass ich mich ausziehe? Es ist viel zu kalt hier drin, um sich auszuziehen. Allein der Gedanke daran lässt Übelkeit in mir aufsteigen. Wieder spüre ich meinen brennenden Durst und den leeren Magen. Ich fange an zu zittern, und ich kämpfe vergeblich gegen die Tränen an, die in mir hochsteigen.

»Zieh dich aus«, wiederholt der fremde Mann.

Ich rühre mich nicht von der Stelle. Auch er bewegt sich nicht, keinen Zentimeter. Er schaut auf mich herab, und ich komme mir noch kleiner vor. Dabei bin ich doch 1,33 Meter; bis vor Kurzem war ich stolz darauf, so groß zu sein. Jetzt bin ich es nicht mehr. Es kommt mir vor, als würde der Mann wachsen und ich schrumpfen.

»Zieh dich aus!«

Ich schüttle den Kopf. Meine Kleidung ist klitschnass, und ich würde mich gerne ausziehen, um in etwas Warmes und Trockenes zu schlüpfen. Aber nicht vor diesem Mann. Nicht unter seinem stechenden Blick. Nicht, solange er seine Hände in den Taschen versteckt und mit ihnen dort herumspielt.

»Los!«, befiehlt er. »Ich sag's nicht noch mal.« Er wird laut, seine Stimme klingt bedrohlich. Aber ich verharre regungslos, und auch er steht da wie angewachsen. Nur sein übler Geruch scheint sich zu verstärken. Als ob er schwitzt, obwohl es so kalt ist. Als ob er mich mit diesem Gestank einhüllen will. Er löst ein Gefühl der Ohnmacht in mir aus. Ganz hinten in meinem Kopf spukt noch immer der Satz herum: Hau ab, lauf davon. Aber viel lauter ist, was der Mann gesagt hat: »Du kommst da nicht raus!« Und ich weiß, dass er recht hat. Ich weiß, dass ich hier nicht rauskomme. Der Fremde steht vor der Schiebetür, ich kann keine andere Öffnung sehen, nur ein kleines Fenster, das von außen mit Brettern verrammelt ist.

»Jetzt reicht's!«, sagt der Mann plötzlich. Er macht einen Satz nach vorne, packt mich mit beiden Händen, hebt mich hoch. Ich schreie auf. Der Mann ist stark. Er presst seine Hände um meine Hüften, und ich schreie wieder. Spielend leicht stemmt er mich in die Luft, und für einen Augenblick ist mein Gesicht auf einer Höhe mit seinem. Ich rieche seinen stinkenden Atem, ich sehe seine weit aufgerissenen Augen. Er stößt mich von sich, mit aller Kraft, und ich fliege durch den Raum, pralle mit Wucht gegen die Wand. Ich schreie, während ich zu Boden stürze. Es tut schrecklich weh, und nun kann ich die Tränen erst recht nicht mehr zurückhalten. Ich fange an zu heulen, schluchze hysterisch, aber die Stimme des Mannes bleibt kalt.

»Du machst, was ich will«, sagt er. »Oder ich schlage dich tot.«

Der Reporter stellt Frage um Frage. Schon bald wird mir klar, dass ich tatsächlich auf vieles keine Antwort habe. Doch irgendwo ganz hinten in meinem Kopf sind noch ein paar Bilder und Worte gespeichert, die in mein Bewusstsein drängen. »Wie kann es sein«, frage ich, »dass sie all die Jahre weg waren?« Die Frage stelle ich mir selbst, ich murmle sie vor mich hin, doch der Reporter hat gute Ohren. Er meint, er ist kein Psychiater, aber das sei normal bei Menschen, die traumatisiert sind.

Menschen, die traumatisiert sind, die Übles erlebten, ein Trauma erfuhren. Ich habe darüber gelesen und dabei versucht, mir einzubläuen: Zu diesen Menschen zähle ich nicht! Traumatisiert zu sein klingt wie ein Stigma; es ist eine Brandwunde, die dich zum Außenseiter abstempelt. Doch ich will das Gegenteil sein! Ich will ein Mensch wie jeder andere sein, jemand Normales mit einem normalen Leben, in dem normale Dinge geschehen. Wobei in meinem Leben ständig Dinge passieren, die überhaupt nicht normal sind. Doch am Tag, als mich der Reporter besucht, bin ich meilenweit davon entfernt zu akzeptieren, dass es für mich so ein Leben gar nicht geben kann. Ich bin auch weit davon entfernt, den Schock zu realisieren, der kommt, wenn man der Erinnerung erlaubt, ihren angestammten Platz einzunehmen.

Der Reporter schiebt ein Foto über den Tisch. Es ist ein Polaroidfoto, eines von denen, die man in den 8oer-Jahren mit Kameras anfertigte, die Fotos selbst entwickeln konnten. Eine Stimme in mir sagt, niemand kann von dir erwarten, dass du dir dieses Foto anschaust. Niemand kann dich dazu zwingen. Schmeiß den Mann raus. Und mit ihm den ganzen Plunder der Vergangenheit. Du kannst weiterleben wie bisher!

Aber die zweite Stimme ist stärker: Das will ich gar nicht, erklärt sie einfach. Ich will nicht länger davonlaufen! Und so nehme ich das Foto in die Hand und sehe es mir an. Es ist in einem Büro aufgenommen. Im rechten Bildausschnitt ist ein Schreibtischstuhl mit blauem Bezug zu erkennen. Daneben steht ein kleiner Junge verloren vor einer großen Landkarte. Wer das Foto gemacht hat, verschwendete keinen Gedanken daran, dass sich der Blitz in der Karte spiegeln wird. Er machte das Foto eilig, als ob der Junge in Kürze verschwinden könnte. Der Junge trägt einen grünen Pullover, der ihm um einige Nummern zu groß ist. Dazu etwas, was mir auf den ersten Blick wie ein Rock vorkommt oder ein Teil einer schmutzigen Küchenschürze. Aus ihr lugt eine schwarze Strumpfhose hervor, die ebenfalls viel zu groß ist. In ihr sehen die Füße des Jungen aus, als habe er Schuhgröße 46. Sein Gesicht ist traurig, müde, verwirrt und unschuldig. Das sind die ersten Worte, die mir einfallen. Es ist das Gesicht eines traurigen, müden, verwirrten und unschuldigen Jungen.

Es ist mein Gesicht.

»Das Foto wurde kurz nach Ihrer Befreiung gemacht«, sagt der Reporter.

Ich blicke auf das Bild, und es ist, als ob es zum Leben erwacht: »Kannst du dich ein wenig zur Kamera drehen«, sagt eine Stimme. Ich wende mich der Kamera zu, hebe meine rechte Hand und mache eine Faust. Der Zeigefinger deutet in die Richtung des Schreibtischstuhls. Ist es so recht, fragt diese kleine Geste, denn ich will ja nichts falsch machen. Da wo ich herkomme, kann ein Fehler das Leben kosten. In diesem Augenblick betätigt der Polizist den Auslöser. Für alle Ewigkeiten festgehalten oder so lange, bis dieses Polaroidfoto verblasst ist: Sascha Buzmann, neun Jahre alt, nach 86 Tagen aus der Hand seines Entführers befreit.

Der Reporter hat ein weiteres Foto parat. Dieses Mal ist es eine Schwarz-Weiß-Aufnahme. Darauf ist meine Mama zu sehen. Sofort fällt mir auf, wie ähnlich unsere Gesichtszüge sind. Und unsere Körperhaltung. Wer ihr Foto anfertigte, wahrscheinlich ein Journalist einer Zeitung, bat sie in mein Kinderzimmer. Hinter Mama hängt ein Poster an der Wand, darauf sieht man einen schnittigen Sportwagen, einen Porsche 959, der damals mein großer Traum gewesen war. Darunter sieht man mein Bett, rechts davon meinen Schreibtisch, darüber jede Menge Bücherregale. Darin habe ich fein säuberlich alle meine Masters-of-the-Universe-Figuren aufgestellt. Sie stehen in Reih und Glied, als warteten sie auf ihren Einsatz. Eine der Figuren, ein muskelbepackter Krieger auf einem Pferd, hält Mama in der rechten Hand. Der Journalist hat sie gebeten, sich der Kamera zuzuwenden. Mama hat dunkle Schatten um die Augen, man sieht ihr an, dass sie nächtelang nicht geschlafen hat. Sie präsentiert dem unbekannten Journalisten das Spielzeug, als wolle sie sagen: Das ist alles, was mir von meinem Jungen geblieben ist.

Der Reporter meint, dass dieses Foto in vielen Zeitungen veröffentlicht wurde. Man bat die Bevölkerung um Aufmerksamkeit. Man wollte den Entführer aufschrecken.

Auf einmal fällt mir der Ordner ein, den meine Eltern unten im Büfett verwahrten. Darin gab es noch mehr Zeitungsausschnitte, Fotos, Dokumente, Schriftzeugs. Ich habe ihn mir nie angesehen.

»Stammen die Bilder von meinen Eltern?«, frage ich. Der Reporter sagt, einige davon. Andere habe er in Archiven gefunden. 1986 war noch die Zeit vor dem Internet. Heute wäre das alles im Netz.

Allein beim Gedanken daran durchströmt mich Eiseskälte. Wie hätte ich vergessen können, wenn ein Mausklick genügt, um die Erinnerungen aus dem elektronischen Gedächtnis zu holen? Eine Büfettschublade lässt sich einfacher verschließen.

»Ihre Mutter meint«, fährt der Reporter fort, »als Sie wieder nach Hause kamen ... sie sagte, es wäre ihr vorgekommen, als ob Sie nie weg gewesen wären. So hätten Sie sich nach der Entführung verhalten: als ob nichts passiert sei.«

Wir sitzen noch immer am Tisch, vor uns die Fotos. Ich stehe auf, gehe in die Küche und werfe die Kaffeemaschine an. Die Minuten, die es braucht, bis der Kaffee durchgelaufen ist, tun mir gut. Erst dann kehre ich zum Reporter zurück. »Ja«, sage ich. »Ich glaube, so wollte ich es: Als ob nichts passiert wäre.«

Ich nehme das Foto des kleinen Jungen in die Hand. Das Foto von mir. Wie lang meine Haare sind! Beinahe fallen sie mir auf die Schultern. Kein Wunder, dass mich der Kerl für ein Mädchen hielt. Und wie schmutzig mein Gesicht ist. Wie ängstlich meine Augen ...

Auf einmal fällt mir etwas ein. »Ich weiß nicht, ob es noch am selben Tag passierte oder irgendwann später«, sage ich. »Aber ich erinnere mich an ein Protokoll. Ich musste es unterschreiben.«

Der Reporter sieht mich aufmerksam an. Dann wühlt er in seiner Aktentasche und zieht ein Papier hervor. »Wahrscheinlich wurden Sie gleich auf dem Revier befragt«, vermutet er. »Später noch einmal von einer Beamtin. Was Sie aber meinen, wurde zwei Tage nach Ihrer Befreiung angefertigt.« Er reicht mir das Papier. Amtsgericht Wiesbaden steht darauf. »Nachdem der Zeuge mit dem Gegenstand des Verfahrens bekanntgemacht worden war«, lese ich laut, »erklärte er nach eindringlicher Wahrheitsermahnung folgendes.«

»Der Zeuge sind Sie«, erklärt der Reporter. »Die ›eindringliche Wahrheitsermahnung‹ erging an Sie.«

Ich schüttle den Kopf. Ich kann mich nicht daran erinnern, dass ich *eindringlich* zur Wahrheit ermahnt worden war. Wie um alles in der Welt kann man so was tun? Ein neunjähriges Kind zwei Tage nach seinem Martyrium auf die Folgen »einer vorsätzlichen oder fahrlässigen falschen und unvollständigen eidlichen Aussage« hinzuweisen? Doch in diesen Worten steht das hier. Geschrieben im wackligen Schriftsatz einer altersschwachen Schreibmaschine.

»Das waren nicht nur die Zeiten vor dem Internet«, sage ich. »Es waren die Zeiten vor dem Computer.« Der Reporter lacht leise. Es ist das erste Lachen, seit er gekommen ist. Für einen Moment fällt die Anspannung von mir ab. Doch der Augenblick währt nur kurz. Dann lese ich meine Aussage:

›Ich kann mich an die ganze Zeit noch gut erinnern‹, steht da. ›Ich bin an der Endhaltestelle ausgestiegen. Ich bin den Weg nach Hause gegangen, der hier vom Wohnzimmerfenster aus links an dem gelben Haus vorbeiläuft.‹

»Diese Befragung muss bei uns zuhause stattgefunden haben«, sage ich. »Wie sonst könnte ich das so formulieren?« Der Reporter nickt zustimmend. Ich lese weiter: ›Ich habe zuerst noch mit Cäsar gespielt. Wie der Mann heißt, dem der Hund gehört, weiß ich nicht.‹

»Komisch«, sage ich. »An einen Hund kann ich mich nicht erinnern. Aber an den Schneemann. Den wollte ich bauen. Von dem ist hier aber nicht die Rede.«

Da haben meine Augen schon die nächsten Zeilen überflogen. ›Das letzte Stück‹, steht da, ›dort an dem grünen Baum, bin ich schräg über die Wiese gerannt. Ich wollte schnell nach Hause. Ich soll um 8 Uhr zu Hause sein. Es war ja schon viel später. Von dem Mann habe ich erst etwas gemerkt, als er mich unten an dem Gebüsch an unserer Hausecke mit dem Arm um den Hals gefasst hat. Er hat mich in der Armbeuge richtig hochgehoben.‹

Unwirsch schüttle ich den Kopf. »Das stimmt nicht. Ich

habe ihn bereits im Bus gesehen. Ich habe gesehen, wie er ausstieg. Ich habe den Schatten gesehen. Warum steht davon nichts im Protokoll?«

»Wahrscheinlich hat man Ihnen eine bestimme Art von Fragen gestellt«, höre ich den Reporter. »Fragen wie: Kannst du dich an das erinnern? Kannst du dich an jenes erinnern? War es so, oder war es anders? Damit sind die Antworten schon vorgegeben. An Ihrer Stelle würde ich der eigenen Erinnerung mehr vertrauen als dem Protokoll. Vergessen Sie nicht: Polizei und Gerichte hatten damals kaum Erfahrung mit Kindesentführungen, bei denen das Opfer mit dem Leben davonkam. Ich bezweifle, dass sich speziell geschultes Personal um Sie gekümmert hat. Das Protokoll liest sich, als ob die Fragen von jemand gestellt wurden, der keine Ahnung hat von Kindern, die missbraucht wurden.«

Was der Reporter sagt, klingt wie eine Warnung: Sei auf der Hut, wenn du weiterliest. Denk daran: Vielleicht wurde vieles, was da steht, dir in den Mund gelegt. Vielleicht führten Suggestivfragen zu diesen Antworten. Vielleicht solltest du nicht weiterlesen. Ich tue es trotzdem: ›Vor Schreck habe ich nicht gerufen. Er ist dann mit mir weggegangen. Bis an die Autobahn kannte ich die Gegend. Dann nicht mehr. Das mit dem Arschficken ist ungefähr jede Woche einmal vorgekommen …‹

Der Übergang kommt so abrupt, dass ich nicht darauf vorbereitet bin. In meinen Schläfen beginnt es zu pochen. Ich merke, wie mein Mund auf einen Schlag austrocknet. Dann beginnt die Schrift vor meinen Augen zu tanzen. Meine Hand tastet nach der Serviette, dabei stoße ich die Kaffeetasse vom Tisch. Ich höre nicht, wie sie auf dem Fußboden zerschellt. Mit fahrigen Bewegungen wische ich mit der Serviette über mein Gesicht. Die Schreibmaschinenschrift wird wieder klarer. Ich zwinge mich weiterzulesen: ›Erst ging das nicht. Nach ungefähr einer Woche und danach hat der Mann seinen Pimmel bei mir in den Popo bekommen. Ganz ausziehen musste ich mich nur manchmal. Es war ja kalt. Aber jeden Tag, oder fast jeden Tag, machte der Mann seine Hose auf. Ich musste dann an seinem Pimmel reiben, bis was rauskam. Ich musste seinen Pimmel dann noch in den Mund nehmen. Der Mann hat mich auch …‹

Auf einmal stoße ich das Papier weg, als sei es elektrisch aufgeladen. Wieder schießen mir Tränen in die Augen. Ich wische sie weg, und da entdecke ich die zersprungene Kaffeetasse. Ein brauner Fleck breitet sich auf dem Teppich aus. Oh, wie ich es hasse, wenn es schmutzig wird! Da gebe ich mir Tag für Tag Mühe, alles sauber und ordentlich und rein zu halten, und dann genügt eine Tasse, und die ganze Anstrengung ist umsonst. Wie so vieles umsonst ist: eine behütete Kindheit, die einen nicht darauf vorbereitet, wie gefährlich die Welt ist; ein Kinderzimmerregal voller muskelbepackter Krieger, die einem dann auch nicht mehr helfen können; Polizisten, die ins Haus kommen und wissen wollen, was ein Mann mit seinem Pimmel macht, wenn er einen kleinen Jungen in seiner Gewalt hat. Die den kleinen Jungen dazu zwingen, das Protokoll des Unsagbaren mit einem Satz abzuschließen, der mich in helle Wut versetzt:

*Selbst gelesen, genehmigt und unterschrieben. Sascha Buzmann.*

Ja, das ist meine Unterschrift. Es ist die Unterschrift eines neunjährigen Jungen, der sich auch nach 86 Tagen Arschficken noch darum bemüht, schön zu schreiben. Auf einmal will ich schreien vor Zorn, aber ich kann nicht. Stattdessen sage ich ganz ruhig: »Ich war wie gefroren. Ich war schockgefroren. Ich glaube, ich bin es noch immer.«

ICH LIEGE WEINEND AUF DEM BODEN, und der Mann beugt sich über mich. Er packt mich, zieht mich hoch, versetzt mir ein paar schallende Ohrfeigen.

»Ich kann dich auch die ganze Nacht weiterschlagen«, sagt er, »oder wir tun jetzt, was ich will.«

Seine Worte verwirren mich. Was soll das heißen, die ganze Nacht? Wir waren doch die ganze Nacht unterwegs gewesen, sind über die Felder geirrt. Ist die Nacht denn nicht vorbei? Oder wird die Nacht nie zu Ende gehen? Und was meint der Mann mit »Wir tun jetzt, was ich will?« Was will er denn? Ich soll mich ausziehen, aber wieso? Ich glaube nicht länger daran, dass er mir trockene Kleider geben wird. Hier sieht es überhaupt nicht so aus, als ob es trockene Kleider gibt. Ich war noch nie an einem derart schmutzigen Ort. Alles ist feucht, klamm, riecht modrig. Außerdem ist es schrecklich kalt. Ich habe Angst. Ich habe furchtbare Angst! Wieder holt der Mann mit dem Arm aus. Er ist schnell. Er ist stark. Seine Hand trifft mich ins Gesicht, wieder falle ich zu Boden. Dieses Mal bleibe ich nicht liegen. Ich springe auf. Ich schreie, versuche, den Mann mit beiden Armen wegzustoßen. Worte kommen aus meinem Mund, die ich nicht verstehen kann. Ich stemme mich gegen den Mann, doch er bleibt stehen wie ein Fels. Ich kann ihn nicht bewegen. Er lacht. Er umklammert meine Handgelenke wie eiserne Fesseln. Er zieht mich in die Höhe. Ich verliere den Boden unter den Füßen. Ich zapple, versuche ihn zu treten. Er lacht noch lauter. »Du willst also kämpfen«, sagt er. »Na schön.«

Er lässt mich los. Er lässt mich einfach los, und ich falle, komme ungeschickt auf dem Fuß auf, ein Schmerz durchzuckt mich. Wieder liege ich am Boden. Jetzt springe ich nicht mehr auf, jetzt will ich nicht mehr kämpfen. Ich rolle mich zusammen, mache mich ganz klein, verdecke mein Gesicht mit den Armen. Wenn ich ihn nicht sehen kann, kann er vielleicht auch mich nicht sehen. Der Mann stößt mich mit dem Fuß an.

»Schluss mit den Mätzchen«, ruft er. »Sonst knallt's.« Doch das tut es nicht. Im Gegenteil, er entfernt sich. Ich höre ihn im Wohnwagen rumoren. Er beginnt vor sich hin zu brabbeln, unzusammenhängendes Zeugs. Immer wieder taucht der Satz auf »die können das nicht mit mir machen, das können die nicht mit mir machen, mit mir können die das nicht machen«, in allen Variationen. Plötzlich steht er wieder neben mir.

»Los jetzt«, sagt er, »aufstehen, keine Mätzchen, zieh die Klamotten aus.«

Ich folge nicht. Ich bleibe liegen. Ich bin in einer anderen Welt. In dieser Welt gibt es mein Zimmer und meine Masters-of-the-Universe-Figuren, da gibt es He-Man und Skeletor. Es gibt meine Mama und meinen Papa, der wird spielend leicht mit dem fremden Mann fertig. Es gibt meine Schwester Jenny, mit der ich Rollschuh laufen gehe, es gibt meinen Schulranzen, der gepackt werden will für die Schule morgen. Es gibt meinen Freund Thorsten, und es gibt einen halb verwesten Kadaver, und es gibt einen Schuh, der da hineintritt, dass Gedärme spritzen. Es gibt Thorstens Stimme, die ruft: Das hat dich! Das hat dich! Und es gibt meine entsetzte Frage: Was? Was hat mich?

Die Hand des fremden Mannes packt mich am Kragen. Sein Gesicht taucht vor meinem auf, ich blicke in seine Augen. Die sind kalt und ohne Glanz. Der Mann presst seinen Mund auf meinen. Seine Zunge versucht, sich einen Weg zwischen meine Lippen zu bahnen. Vor Entsetzen muss ich würgen. Er lässt von mir ab, lacht. Warum lacht er? Warum tut er das? Warum bin ich mitgegangen, warum habe ich nicht geschrien, warum habe ich der Stimme vertraut, die sagte, wenn du wegläufst, fängt er dich und erschlägt dich mit einem Stein? Warum vertraute ich darauf, dass es Gott war, der mit mir sprach? Was ist, wenn es der Teufel war, der mich getäuscht hat? Was ist, wenn dieser Mann der Teufel ist? Wer anders als der Teufel könnte er sein? Lässt Gott mich allein? Warum habe ich ihm vertraut, wo ich ihn noch nie gesehen habe? Aber den Teufel sehe ich, ich sehe ihn vor mir, er hat die Gestalt dieses Mannes angenommen, er umklammert meinen Körper und küsst mich, und dieses Mal lässt er auch nicht von mir ab, als es mich würgt. Immer tiefer dringt seine Zunge in meinen Mund, während er versucht, mir die Kleider vom Leib zu reißen. Noch einmal wehre ich mich, zapple und trete um mich, aber es ist aussichtslos. Ich bin so klein, und er ist so groß; ich bin so schwach, und er ist so stark; ich bin ein neunjähriger Junge, und er ist der Teufel. Das war es, was Thorsten meinte – das hat dich, das hat dich –, im Kadaver hat er es gesehen. Auf einmal wird mir klar, dass ich verdammt bin. Auf einmal weiß ich, dass ich keine Chance habe. Wie kann ich mich gegen den Teufel wehren? Alle Kraft weicht aus mir, ich höre auf zu strampeln. Ich werde ganz schlaff, und für einen Augenblick scheint der fremde Mann überrascht zu sein. Er nimmt seinen Mund von meinem, er sieht mich mit seinen kalten, glanzlosen Augen an und sagt: »Na also. Wirst du endlich vernünftig.«

Dann lässt er mich wieder zu Boden fallen.

Der Reporter meint, mein Verschwinden habe die größte Suchaktion aller Zeiten ausgelöst. Er reicht mir einen Packen Zeitungsausschnitte. »Wo ist der kleine Sascha?«, prangt mir eine Überschrift entgegen. Auf einmal spüre ich eine entsetzliche Müdigkeit. Obwohl ich mindestens fünf Tassen Kaffee getrunken habe, seit mein Gast hier ist, kann ich kaum noch die Augen offen halten. Der Reporter merkt, dass es mir zu viel wird. »Ich lasse Ihnen alles da«, sagt er. »Wir sprechen später weiter.«

Ich antworte nicht. Ich weiß nicht, ob ich die Schlagzeilen aus der Vergangenheit in meiner Wohnung haben will. Ich weiß auch nicht, ob ich mich weiter mit dem Reporter unterhalten möchte. Ich bin erschöpft. Dann höre ich, wie ich »Ist gut« sage. Dabei ist gar nichts gut. Aber ich reiche dem Reporter die Hand und begleite ihn zur Tür. Wir vereinbaren, dass wir telefonieren. Dann bin ich allein. Auf einmal überkommt mich Panik. Ich schließe die Tür zwei Mal ab, gehe zu allen Fenstern und kontrolliere, ob sie ebenfalls fest verschlossen sind. Um den Packen Zeitungsausschnitte schlage ich einen großen Bogen. Doch sie ziehen mich an wie ein Magnet. Auf einmal stehe ich vor ihnen, nehme sie mit spitzen Fingern, trage sie zum Schrank. Dort, in der untersten Schublade, ist ihr Platz, dort stecke ich sie rein. Wie Mama das getan hat, denke ich. Ins Büfett, in die unterste Schublade! Ich wende mich um. Meine Wohnung liegt vor mir, und außer dem

Kaffeefleck auf dem Teppich zeugt nichts davon, dass etwas anders sein könnte als vor zwei Stunden. Aber alles ist anders. Dinge sind in Bewegung geraten. Ich spüre, wie daraus eine Lawine entstehen kann. Ich muss vorsichtig sein, denke ich. Ich muss behutsam sein und achtsam. Die Welt ist gefährlich. Die Vergangenheit ist gefährlich. Gefährliche Dinge sollte man ruhen lassen. Ich setze mich aufs Sofa und schalte den Fernseher an. Mit der Fernbedienung in der Hand klicke ich mich durch die Programme. Ein paar Hundert Programme hinauf, ein paar Hundert Programme hinunter. Ich sehe nicht, was läuft, ich höre nicht, was gesagt wird. Ein Fußballspiel. Eine Rate-Show. Ein Spielfilm. Irgendwann bleibe ich bei einem Verkaufssender hängen. Eine Moderatorin bietet Kochtöpfe an. Ich könnte ein paar Kochtöpfe kaufen, denke ich, ich koche gerne, und wer gerne kocht, braucht Kochtöpfe. Ich besitze zwar schon alle Arten von Töpfen, aber warum sollte ich mir nicht mal was gönnen, ein neues Set Kochtöpfe zum Beispiel?

»Rufen Sie jetzt an«, sagt die Moderatorin, und es ist der erste Satz, der in mein Ohr dringt. Dazu müsste ich aber zum Telefon greifen, und um das zu tun, müsste ich aufstehen. Ich bin viel zu müde, um aufzustehen. Ich würde auch gerne rauchen, doch die Zigaretten liegen auf dem Tisch. Ich bin zu müde, um zum Tisch zu gehen. Ich könnte Playstation spielen, anstatt mir eine blöde Verkaufsshow über Kochtöpfe anzusehen, doch dazu müsste ich die Konsole mit dem Fernsehgerät verbinden. Ich kann das nicht. Das Sofa und ich, wir verschmelzen miteinander, wir sind eine Einheit.

Das Sofa hat mich. Es hat mich und wird mich nie wieder loslassen.

IMMER WIEDER KÜSST MICH DER MANN auf den Mund. Er hat mir die Kleider herabgerissen, doch ich spüre die Kälte im Wohnwagen nicht. Ich spüre gar nichts mehr. Nein, das stimmt nicht, ich spüre, wie er meine Hand nimmt und auf seine Hose legt. Er will, dass ich etwas mit seiner Hose mache, ich verstehe das nicht. Er wird ungeduldig, er schreit mich an, doch die Worte dringen nur dumpf in mein Ohr. Er nimmt meine Hand weg, reißt selbst an seiner Hose herum. Er drückt meinen Kopf hinab. Er zieht seine Hose herunter, er zieht seine Unterhose herunter. Ich sehe seinen Penis vor mir, aber ich weiß noch nicht, dass dieses Ding Penis heißt. Für mich heißt es Pimmel; so sagen meine Freunde und ich dazu und lachen verlegen. Hier lacht keiner. Ich sehe, wie der Mann den Pimmel in die Hand nimmt, er macht ein paar schnelle Bewegungen, und der Pimmel wird größer. Er versucht, meinen Kopf gegen den Pimmel zu drücken, aber jetzt wehre ich mich wieder, ich wehre mich noch einmal mit aller Kraft. Vorhin hatte ich keine Kraft mehr, jetzt habe ich wieder welche, und der Mann hat Schwierigkeiten mit dem, was er vorhat. Was immer es ist. Er haut mir mit der Hand auf den Kopf, einmal, zweimal, viele Male. Er drückt mich gegen den Pimmel, aber es gelingt mir, das Gesicht wegzudrehen. Auf einmal lässt er mich los. Für einen Augenblick glaube ich, er gibt auf. Dann packt er mich mit der anderen Hand. Er presst mich gegen den Fußboden, und das macht er so fest, dass mir die

Luft wegbleibt. Seine Hand spreizt meine Pobacken. Wieder versuche ich zu zappeln, aber der Mann verstärkt sein Gewicht. Es kommt mir vor, als ob er meinen Brustkorb eindrückt. Ich kann nicht sehen, was er tut, aber ich merke, wie etwas gegen meine Pobacken reibt. Auf einmal durchzuckt mich ein greller Schmerz, wie ein elektrischer Schlag. Ich verkrampfe alle Muskeln und heule auf. Der Mann flucht, schlägt auf mich ein. Plötzlich lässt der Druck auf meinem Brustkorb nach. Ich versuche wegzukrabbeln, aus seiner Reichweite zu kommen, doch seine Hand gräbt sich in meine Haare. Er reißt mich zurück. Erneut lastet sein Gewicht auf mir, als er noch einmal versucht, etwas in meinen Po zu schieben. Wieder klappt es nicht. Er verlagert sein Gewicht, dreht mich um und drückt seinen Mund auf meinen. Seine Hand umfasst meinen Pimmel. Er bewegt die Hand grob hin und her, es tut schrecklich weh. Ich will schreien, aber sein Mund erstickt jeden Laut. Auf einmal packt er meinen Kopf mit beiden Händen, zieht ihn so schnell nach unten, dass ich keine Möglichkeit habe, mich zu wehren. Erneut habe ich seinen Pimmel vor mir. Er versucht ihn mir in den Mund zu stecken, aber ich verschließe fest die Lippen. Mit zwei Fingern will er sie auseinanderziehen, doch in diesem Augenblick kommt was aus seinem Pimmel heraus. Der Mann stöhnt, das Zeugs aus seinem Pimmel läuft an mir herab, und ich bin so angeekelt, dass ich würge. Der Mann sagt: »Wenn du kotzt, setzt es was.«

Dann steht er auf. Ich sehe, wie er im hinteren Teil des Wohnwagens verschwindet. Ich weiß nicht, was sich dort befindet. Zum Glück weiß ich es nicht. Doch ich werde es herausfinden müssen.

Ich kann nicht sagen, wie es dazu kommt, doch auf einmal habe ich ein Blatt Papier vor mir. Im Fernseher läuft eine andere Verkaufsshow. Dieses Mal werden keine Kochtöpfe angeboten, sondern Armreifen, Fingerringe und Halsketten. Die Moderatorin lobt die Sachen in den höchsten Tönen. Sie sagt: »Im Dreier-Set nur für kurze Zeit. Rufen Sie jetzt an.«

Ich schalte den Fernseher aus. Neben mir auf dem Sofa liegt ein Packen Zeitungen, und die Headline prangt mir entgegen: »Wo ist der kleine Sascha Buzmann?« Wie kam der Packen hierher? Er war doch im Büfett, ganz unten? Ich starre auf das Papier, das vor mir liegt. Da steht:

Er hat mir Gewalt angetan.

Er wusste, was er tat.

Er hat das alles in Pornos gesehen.

Er hieß …

Das steht da in meiner Schrift, und ich kann mich nicht erinnern, wann ich es aufgeschrieben habe. Ich kann mich nicht mal daran erinnern, wie es mir gelungen ist, aufzustehen, um Papier zu holen. Und den Packen Zeitungen. Aber ich habe es geschafft, und jetzt sehe ich, dass ich mich noch immer darum bemühe, schön zu schreiben. Auch wenn das, was ich schreibe, nicht schön ist.

Er hat mir Gewalt angetan.

Er wusste, was er tat.

Er hat das alles in Pornos gesehen.

Er hieß …

Nein, ich habe seinen Namen nicht vergessen.

Er hat ihn mir zwar nie gesagt, doch ich fand ihn selbst heraus. Das war ein Wendepunkt gewesen, einer von vielen kleinen Wendepunkten, die mein Überleben sicherten.

Er hieß …

Ich nehme den Stift und forme ein schönes A. Dann lege ich den Stift weg. Ich bin noch nicht bereit, diesen Namen aufzuschreiben.

ICH LIEGE WACH. Ich denke und grüble, ich grüble und denke. Wieso bin ich hier, wo sind meine Mama und mein Papa, wieso ist das alles passiert, wo sind meine Mama und mein Papa, wieso bin ich hier, wieso ist das alles passiert? Neben mir liegt der fremde Mann. Er schnarcht. Dort, wo das Fenster ist, dringt Tageslicht durch die Bretter.

Es ist die erste Nacht in deinem Leben, in der du nicht geschlafen hast, denke ich.

Der Satz reißt mich aus dem Gedankenkreisel. Ich will mich aufrichten, aber ich schaffe es nicht. Die Schmerzen sind überall. Sie sind in meinem Kopf, auf meinem Gesicht. Sie sind in meinen Armen, meiner Brust und meinem Rücken. Mein Popo schmerzt, und da vorne, wo er mich angefasst hat, tut es sehr weh. Meine Beine schmerzen, und ich glaube nicht, jemals wieder auf meinen Füßen stehen zu können. Überall habe ich blaue Flecken. Im Augenblick wage ich nicht, mich zu bewegen. Ich habe schreckliche, furchtbare, herzzerreißende Angst davor, der fremde Mann könnte aufwachen und wieder das tun, was er gestern getan hat. Ich merke, wie Tränen aufsteigen, und schlucke sie hinab. Das tut auch schrecklich weh. Mein Hals fühlt sich an wie damals, als ich krank war und eine Woche im Bett verbringen musste. Außerdem habe ich höllischen Durst. Neben mir regt sich der Mann, und ein widerlicher Gestank steigt von ihm auf. Ich versuche, weiter von ihm abzurücken, doch das Bett ist nicht breit genug. Er hat eine Decke um sich geschlungen, sie trennt unsere Körper. Ich bin froh, dass die Decke da ist, obwohl auch sie völlig verschmutzt ist.

Schläft ein Teufel?, frage ich mich plötzlich. Tut er nur so? Ich probiere es nochmals und richte mich langsam auf. Ich trotze den Schmerzen, doch muss ich mir auf die Lippen beißen, um nicht aufzuschreien. Ich darf nicht schreien, sonst wacht der Teufel auf, packt mich und drückt seinen widerlichen, ekligen Mund auf meinen. Ich bewege mich wie eine Schnecke, Zentimeter um Zentimeter, bis ich, auf den Unterarmen aufgestützt, das Zimmer überschaue. Mitten unter Lumpen, Kartons, zerrissenen Kleidern – meinen zerrissenen Kleidern –, leeren Dosen, Bierflaschen und alten Schuhen liegt ein Messer. Doch etwas stimmt mit meinen Augen nicht. Das Zimmer verschwimmt vor meinem Blick, alles läuft ineinander, was richtig war, wird falsch, das Falsche richtig. Aber das Messer. Es ist für mich unter all dem Unförmigen deutlich zu erkennen. Die Zacken sehen spitz aus, man kann damit Brot und Wurst zerschneiden. Vielleicht auch einen Teufel? Der Gedanke füllt meinen Kopf aus, er ist ganz deutlich und ganz klar, er erschreckt mich. Da ist der Mann, der mich furchtbar quält, da ist das Zimmer, aus dem ich nicht fliehen kann, da ist das Messer: Ich muss nur unbemerkt aus dem Bett kommen, muss es in die Hände kriegen, und dann …

Dann …

Dann habe ich keine Ahnung, wie es weitergehen soll. Ich werde viel Kraft brauchen, aber ich weiß nicht, wo am Körper die beste Stelle für das Messer ist. Ich erinnere mich, wie ich mir selbst beim Schneiden einer Haselnussstaude einmal in den Finger geschnitten habe. Es wollte nicht aufhören zu bluten, aber reicht das? Wird der Mann es nicht schnell merken, wenn ich ihm in den Finger schneide? Wird er ein Pflaster draufkleben oder einen Verband darumwickeln? Und dann? Dann wird er sich rächen.

Ganz gewiss wird er sich rächen.

Er ist der Teufel, und der Teufel rächt sich immer.

Aber das Messer. Ich kann den Blick nicht davon abwenden. Ich bin neun Jahre alt, ich habe nicht so viel Kraft wie der Mann, ich kann mich nicht mit ihm messen. Er wirft mich auf den Boden, wie es ihm gefällt, und wenn ich nach ihm trete, lacht er nur. Er wird meine Hand festhalten, die Hand mit dem Messer wird er lachend festhalten, er wird es mir entreißen, und er wird sich rächen.

Ganz gewiss wird er sich rächen.

Ich merke, wie mich der Mut verlässt. Ich kann das nicht. Das Messer ist keine zwei Meter von mir entfernt, aber ich werde es niemals erreichen. Und falls ich es schaffe, kann ich ihn nicht damit stechen. Und es wird nicht einmal daran liegen, dass ich nicht genug Kraft habe. Sondern weil ich keinen Menschen absichtlich stechen will. Nicht einmal einen Menschen in Teufelsgestalt.

Ich spüre eine Bewegung neben mir. Der Mann wälzt sich herum, grunzt, schlägt die Augen auf. Ich lasse mich zurücksinken und stelle mich schlafend. Vielleicht lässt er mich dann in Ruhe. Vielleicht passiert auch ein Wunder. Wenn ich einschlafe, wenn ich endlich schlafen kann, wache ich zuhause wieder auf. Dann merke ich, dass alles nur ein Traum war. Ein unheimlicher Traum, ein schrecklicher Alptraum, aber am Ende bloß ein Traum. Ich werde aufwachen, nehme ich mir vor, und in meinem eigenen Bett liegen. Wenn ich dann die Augen aufschlage, sehe ich das Poster mit dem Porsche über mir, das Bücherregal mit meinen Masters-of-the-Universe-Figuren. Die Tür wird aufgehen, und Mama fragt, was ich zum Frühstück will. Vielleicht werde ich kurz weinen, weil ich so schlimm geträumt habe. Doch sobald ich aufgestanden bin, wird der Traum verblassen, und bald ist er nur noch eine undeutliche Erinnerung, die irgendwann weg sein wird.

Ich werde einschlafen, ich werde aufwachen, und alles ist vorbei.

Neben mir setzt sich der Mann auf. Er packt mich, presst seinen Mund auf meinen, seine Zunge schiebt sich tief in meinen Rachen. Mit einer Hand greift er nach meinem Pimmel. Er drückt mich tief in die Matratze, wälzt sich auf mich. Ich kann seinen Pimmel auf meinem Bauch spüren. Hart ist er und groß.

Bitte, lieber Gott, bitte, mach ..., denke ich noch. Dann wird mir schwarz vor Augen.

Vor mir liegt das Blatt Papier, auf dem die drei Sätze stehen: Er hat mir Gewalt angetan. Er wusste, was er tat. Er hat das alles in Pornos gesehen. Und dann die beiden Worte: Er hieß … Dahinter habe ich das A geschrieben. Jetzt macht sich meine Hand selbstständig. Sie schreibt nicht den Namen aus. Sie malt etwas. Sie malt einen Fisch. Einen großen Fisch mit einem noch größeren Maul. Darin sind viele spitze Zähne. Ich kenne den Fisch. Es ist ein Hai. Er will mich fressen.

Ich bin sechs Jahre alt, wir sind in Urlaub in Spanien, in einem Ort namens Calpe. Es ist schön hier, das Meer ganz nahe, wir sind jeden Tag am Strand. Meine Familie ist mitgekommen, mein Bruder, meine Schwestern, sogar Petra, die Älteste von uns. Sie will mich davon überzeugen, dass Gott im Himmel lebt und alles sieht. »Egal, was du tust«, sagt sie zu mir, »Gott sieht es. Gott weiß es. Ihm kannst du nichts vormachen.«

Ich bin überzeugt davon, dass sie recht hat. Gott sieht alles. Gott weiß alles. Ihm kann man nichts vormachen. Da oben im Himmel wohnt er, im Himmel über Calpe, der sich riesengroß über mir ausbreitet. Von dort, wo er das Meer berührt, erstreckt er sich im hohen Bogen über mich und endet erst weit dahinten im Inneren des Landes. Ich stehe am Strand, den Kopf im Nacken, und drehe mich unter diesem Himmel wie ein Kreisel. Immer schneller und schneller drehe ich mich, bis mir ganz schwindelig wird und ich lachend in den warmen Sand falle. Vor mir schwappen kleine Wellen ans Land, das Meer glitzert wie ein Diamant. Auf einmal höre ich eine Stimme.

»Lass dich nicht täuschen«, sagt sie. »Das Meer ist gefährlich. Nimm dich in Acht.«

Verwirrt blicke ich mich um. Weit entfernt kann ich meinen Bruder sehen, wie er mit einem Fußball spielt. Dort sind auch meine Eltern, sie haben es sich auf Liegen bequem gemacht. Der Sonnenschirm ist aufgespannt. Von meinen Schwestern ist nichts zu entdecken. Auch sonst ist kein Mensch in meiner Nähe.

»Hallo«, sage ich. »Bist du Gott?«

Ich lausche, aber bekomme keine Antwort. Langsam erhebe ich mich und gehe zu meinen Eltern. Ich gehe rückwärts, denn ich will meine Fußspuren beobachten. Unter dem Sonnenschirm wartet meine Luftmatratze auf mich. Die werde ich mir schnappen und hinab zum Wasser gehen. Das ist hier ganz flach, ich kann richtig weit rein. Ich kann schon schwimmen, ich habe bereits den Freischwimmer und werde bald den Fahrtenschwimmer machen. Mama sagt trotzdem: »Geh nicht weiter rein, als du stehen kannst.« Und ich habe auch nicht vor, ins tiefe Wasser zu gehen. Aber ich bin auch nicht ängstlich. Ich habe ja die Luftmatratze, auf der will ich mich ein wenig von den Wellen treiben lassen. Ich werfe mich bäuchlings auf sie drauf und paddle los. Ich paddle mit beiden Armen und komme gut voran. Irgendwann schaue ich auf und merke, dass das Ufer schon weit entfernt ist. Die Sonne brennt heiß auf mich herab, und ich denke, ich sollte umdrehen. Wenn ich auf den Wellen mitreite, muss ich auch nicht mehr paddeln und werde wie von selbst an den Strand getragen. In diesem Augenblick taucht die Flosse vor mir auf. Sie ist fünf Meter von mir entfernt, ragt aus dem Wasser wie ein Dreieck, kommt schnell auf mich zu. Dann ist sie auf einmal verschwunden, und im nächsten Augenblick stößt etwas mit Wucht gegen die Luftmatratze. Neben mir taucht ein Maul mit riesigen Zähnen darin auf. Ich schreie wie am Spieß, rutsche von der Matratze, und im selben Moment hat der Hai sie im Maul. Er schüttelt sie hin und her, und eine Luftkammer platzt mit lautem Knall. Das Wasser schäumt, ich schlage in Panik um mich. Auf einmal halte ich die Matratze in beiden Händen. Zwei Kammern sind noch ganz. Ich ziehe mich hoch, fange an zu paddeln. Wie wild paddle ich, und gleichzeitig schreie ich mir die Lunge aus dem Leib. Als ich den Strand erreiche, kommen Mama und Papa angelaufen.

»Was ist denn los, was hast du?«

»Ein Hai! Ein Hai! Er will mich fressen!«

Ich rutsche von der Matratze, und meine Mama hält sie hoch. Der obere Teil ist zerfetzt.

»Was hast du denn da angestellt?«, fragt sie. »Bist du gegen einen Stein gestoßen?«

»Kein Stein, ein Hai! Ein riesiger Hai!«

Ich kann nicht verstehen, wie meine Eltern so ruhig bleiben können, wo da draußen ein Monster lauert, das mich fressen will. Das möchte ich ihnen klarmachen, doch meine Mama schneidet mir das Wort ab. »Du spinnst«, sagt sie. »Oder hast du einen Sonnenstich?« Sie hält mir ihre Hand an die Stirn. »Der Junge glüht ja. Wo hast du nur deine Mütze gelassen?«

Aber die Matratze, will ich rufen, ein Stein kann doch eine Matratze nicht so kaputt machen! Etwas hält mich zurück. Die Erwachsenen glauben mir nicht. In ihrer Welt gibt es keine Haie, zumindest nicht am Strand von Calpe. Ich sage nichts. Doch ich weiß: Da draußen ist etwas. Es ist hinter mir her. Und eines Tages wird es mich erwischen.

Ich schaue auf die krakelige Zeichnung mit dem Hai. Unwillkürlich muss ich lachen. Ich hatte mir damals tatsächlich eingebildet, dass … obwohl … war es nicht so gewesen? Warum habe ich so lange nicht mehr daran gedacht? Und warum kommt diese Erinnerung jetzt zurück, nachdem mich ein Reporter aufsuchte, um über meine Entführung zu reden? Ich sollte das wirklich mal aufschreiben, denke ich. Ich sollte mich an die Arbeit machen und alles aufschreiben. Die Erinnerung spielt manchen Schabernack, doch wer sie aufs Papier bringt, kann dahinterblicken. Da ist aber auch schon wieder eine andere Stimme, die nölt: Wozu die Mühe? Wieso sich dieser Arbeit aussetzen? Ein Hai, der an einem flachen Mittelmeerstrand deine Luftmatratze zerfetzt hat, vergiss das besser! Ab mit dem Hai in die unterste Schublade. Doch so einfach ist das nicht, nachdem diese nun aufgesprungen ist. So schnell lässt sie sich nicht wieder schließen. Auf einmal will ich es wissen. Gibt es überhaupt Haie im Mittelmeer? Google wird es wissen. Ich gehe ins Schlafzimmer, wo mein Notebook steht. Ich fahre den Computer hoch, gebe »Haiattacke« und »Mittelmeer« ein. Innerhalb weniger Sekunden habe ich Ergebnisse: 123 Haie wurden seit 1878 im Mittelmeer gesichtet, acht Haiunfälle seit 1958 registriert. Ein Satz fällt mir ins Auge: »Die Gefahr, vom Blitz getroffen zu werden, ist höher, als von einem Hai angegriffen zu werden.«

Doch die Gefahr, vom Blitz getroffen zu werden, ist auch höher als die Gefahr, als Neunjähriger entführt zu werden. Sie ist sogar sehr viel höher. Trotzdem ist es mir passiert.

Wenn ich schon mal am Computer sitze, könnte ich das Ganze doch aufschreiben, denke ich. Sofort meldet sich der alte Nörgler in mir zu Wort: Du sitzt häufig am Computer und schreibst nichts auf. All die Nächte, in denen du nicht schlafen kannst, in denen du um drei Uhr morgens oder vier Uhr morgens oder fünf Uhr morgens auf Facebook rumhängst, da willst du auch nichts aufschreiben. Komm, schalte den Fernseher an. Kauf dir ein paar Töpfe. Gönn dir was. Und vergiss die Sache.

Aber heute kann die Stimme plärren, so laut sie will. Der

Hai, der Zweifel meiner Eltern und meine Gewissheit, etwas ist hinter mir her, geben den Ausschlag. Ich öffne eine Datei und nenne sie schlicht und einfach »Meine Erinnerung«. Dort schreibe ich hinein: Ich bin sechs Jahre alt, wir sind in Urlaub in Spanien, in einem Ort namens Calpe ...

ICH ERWACHE AUS TIEFEM SCHLAF. Oder war ich bewusstlos? Es spielt keine Rolle, weil sich nichts geändert hat. Ich bin nicht zuhause aufgewacht, es ist kein Alptraum. Ich bin immer noch im Wohnwagen, ich bin nackt, der Mann ist da, ich habe furchtbaren Durst und schrecklichen Hunger, es ist kalt und schmutzig. Der Mann sieht, dass ich wach bin, er kommt rüber, öffnet seine Hose. Ich soll seinen Pimmel reiben, ich soll ihn in den Mund nehmen, er versucht immer wieder, den Pimmel in meinen Po zu stecken. Ich tue, was er will. Ich lasse alles mit mir geschehen. Ab und zu weine ich, obwohl ich weiß, das sollte ich bleiben lassen. Wenn ich weine, glaubt er, alles mit mir machen zu können. Aber ich kann nicht länger dagegen ankämpfen. Ich kann gegen gar nichts mehr ankämpfen. Ich habe es versucht, und ich habe verloren. Der Mann ist größer als ich, er ist stärker als ich, er hat mich. Er hat mich, und er wird mich nicht mehr gehen lassen. Ich werde hierbleiben, bis ich sterbe. Meine Eltern haben mich längst vergessen. Ich stelle mir vor, wie sie zuhause sitzen und Witze reißen. Ich weiß nicht, weshalb ich mir das vorstelle, aber ich sehe sie vor mir: Mein Papa hockt auf der Couch, meine Mama sitzt am Tisch. Ständig erzählen sie sich Witze:
»Herr Meier kauft sich eine Pizza am Stand«, sagt Papa. »Fragt der Verkäufer: ›Soll ich sie in acht oder zwölf Stücke schneiden?‹ Meint Herr Meier: ›Besser in acht. Zwölf schaffe ich nicht.‹«

Meine Mama fällt fast vom Stuhl vor Lachen. »Wie transportiert man vier Elefanten in einem VW Käfer?«, fragt sie. »Ganz einfach: zwei vorne, zwei hinten.« Papa hält sich auf dem Sofa den Bauch.

Als ich das sehe, muss ich weinen. Der Mann wird laut. Er schreit herum, ich bekomme noch mehr Angst. Vor lauter Angst muss ich Pipi, der Mann reicht mir eine Dose. »Da rein«, sagt er. Dann ist er schon wieder neben mir und spielt mit seinem Pimmel herum. »Nimm ihn in den Mund, oder es setzt was.«

Was anderes kennt er nicht: Entweder. Oder.

»Schluss mit den Mätzchen, sonst knallt's.«

»Nimm ihn in die Hand, sonst haue ich dir eine rein.«

Er haut mir auch so eine rein. Dann noch eine und noch eine.

»Es klatscht«, sagt der Mann. »Aber es ist kein Beifall.«

Ich kann es kaum glauben, als ich auf die Uhr sehe, doch ich muss den halben Tag verschlafen haben. Und das mir, wo ich normalerweise kaum mehr als ein paar Stunden Schlaf finde, um danach hellwach durch die Wohnung zu tigern, vor dem Computer zu hocken, vor dem Fernseher, vor der Playstation. Oder mit einem Buch in der Hand in der Küche zu sitzen. Zu meiner Lieblingslektüre gehört die Bibel. Ich habe sie schon dreimal durchgelesen. Jetzt nehme ich mir den Koran vor. Mich interessieren die alten archaischen Geschichten von Gut und Böse, Schuld und Sühne, Verbrechen und Vergebung. Die Entführung hat mich zum Glauben gebracht, meine Schwester Petra mich zur Religion. Da mein Vater evangelisch und meine Mutter katholisch ist, einigten sie sich darauf, dass ich selbst entscheiden soll, welcher Glaubensrichtung ich angehören will. So kam es, dass ich ungetauft war, als wir in der Schule Religionsunterricht bekamen. In welchen Unterricht willst du gehen, wurde ich gefragt, und ich antwortete: in den evangelischen. Dort stellte ich viele Fragen: Warum ist das Heilige Land heilig? Was ist an Jerusalem so besonders? Weshalb will jeder diese Stadt haben? Kaum eine Frage wurde zu meiner Zufriedenheit beantwortet. Vielleicht sollte ich eines Tages alles selbst herausfinden? Ich würde gerne nach Jerusalem reisen. Ich würde die Stadt gerne mal sehen.

Ich verdränge die Gedanken an Jerusalem und Religion

und nicht beantwortete Fragen und gehe duschen. Danach könnte ich einen Kaffee vertragen. Auf dem Weg in die Küche werfe ich einen Blick auf den Computer. Die Datei ist noch offen. Da steht: Ich bin sechs Jahre alt, wir sind in Urlaub in Spanien, in einem Ort namens Calpe. Und: Es ist schön hier, das Meer ist ganz nah, wir sind jeden Tag am Strand. Meine ganze Familie ist mitgekommen, mein Bruder, meine Schwestern, sogar Petra, die Älteste von uns. Sie will mich davon überzeugen, dass Gott im Himmel lebt und alles sieht.

Kein Wunder, musste ich ständig an Religion und das Heilige Land und Jerusalem denken! Anstatt mich mit wichtigeren Dingen zu beschäftigen, zum Beispiel meinem neuen Arbeitsvertrag. Das Tophotel in Kaprun wartet, und ich wäre von allen guten Geistern verlassen, wenn ich ihn nicht unterschreibe.

»Wir machen Ihnen ein Angebot, das Sie nicht ausschlagen können«, sage ich laut und erschrecke über meine eigene Stimme. Es ist immer so still in meinem Leben, aber normalerweise macht mir das nichts aus. Heute tut es das. Ich schalte rasch das Radio an. Auf den Autobahnen rund um Frankfurt, Wiesbaden und Mainz stauen sich die Autos. Ich bin dankbar für die Verkehrsnachrichten. Sie helfen mir, mich auf die Gegenwart zu konzentrieren und an meine Zukunft zu denken, anstatt ständig in die Vergangenheit abzutauchen. Ich nehme mir noch einmal den Brief vor, den das Hotel schickte: Sie bieten mir einen Saisonvertrag als Chef de Rang an. Obwohl ich viel herumkomme, in Kaprun war ich bisher noch nicht gewesen. Ich weiß von Kollegen, dass es einen exzellenten Ruf als Urlaubsort hat, in dem man das ganze Jahr über Ski fahren kann. Es gibt ein Thermalbad, es gibt einen Nationalpark, es gibt zwei Millionen Übernachtungen pro Jahr. Anders gesagt: Dort wartet jede Menge Arbeit auf mich. Und es gibt ein paar Stauseen, in denen sicher keine Haie herumschwimmen. Das sage ich zu mir selbst, halb im Spaß, halb im Ernst. Momentan scheint sich die Vergangenheit, wann immer ihr danach ist, in den Vordergrund zu drängeln. Umso wichtiger, Nägel mit Köpfen zu machen. Ich nehme einen Stift und setze meinen Namen unter den Arbeitsvertrag. Selbst gelesen, genehmigt und unterschrieben von Sascha Buzmann.

»Verdammt nochmal«, schimpfe ich. »Hör auf damit! Es ist vorbei. Hast du das nicht kapiert? Vorbei!«

Aber ich weiß, dass ich mir damit etwas in die Tasche lüge. Es ist nicht vorbei, weil es gerade erst anfängt. Als kurz darauf das Telefon klingelt und sich der Reporter meldet, bin ich fast erleichtert. Es ist einfacher, wenn er mir Fragen stellt. Ich sage ihm, er kann vorbeikommen, wann immer er will. Ich sage ihm, ich bin hellwach. Ich sage, ich habe so lange geschlafen wie schon seit ewiger Zeit nicht mehr, und ich werde dieses Mal gewiss nicht vor Müdigkeit beinahe vom Sofa fallen.

»Ich bin bereit«, sage ich.

Als er auftaucht, bringt er Hunderte von Fragen mit. So kommt es mir jedenfalls vor. Ich beantworte sie alle, soweit ich in der Lage bin. Manchmal kann ich mich nicht erinnern. Manchmal will ich nicht darüber sprechen. Manchmal denke ich, dass dort, wo die Erinnerungen sind, bei mir nur ein großes Loch ist.

Der Reporter sieht das anders. Er findet es großartig, wie gut ich mich erinnern kann. Ich zeige ihm, was ich aufgeschrieben habe, und er lobt mich dafür. Er fragt, ob ich mich in der Lage fühle, mit ihm und einem Fotografen dorthin zurückzukehren, wo der Wohnwagen stand.

»Ich habe es Ihnen gesagt«, antworte ich. »Ich bin bereit. Selbst dazu.«

Meine Stimme klingt selbstbewusst. Dabei kann ich mir dessen gar nicht sicher sein. Ich habe den Ort, wo der Wohnwagen stand, nie aufgesucht. Nicht in meiner Jugend, nicht als Erwachsener. Wozu auch? Nun aber gibt es einen praktischen Grund: Der Reporter will Fotos machen. Sie sollen zusammen mit seinem Artikel im Nachrichtenmagazin erscheinen.

»Wann geht's los?«, frage ich. Meine Stimme klingt, als ob wir vereinbart hätten, ins Kino zu gehen oder um die Ecke einen Schluck trinken. So kennt man mich: immer gut gelaunt, immer höflich, immer zuvorkommend, immer aufmerksam und liebenswürdig. Jemand will mit mir Fotos machen? Alles klar. Am Ort, an dem ich auf brutalste Weise vergewaltigt wurde? Sicher doch, wann geht's los? Keiner sieht mir an, welche Stürme in mir toben. Keiner sieht, wie es mir tatsächlich geht. Weil ich das nicht will. Ich will nicht, dass man mit Fingern auf mich zeigt und sagt: Du Armer! Was du durchgemacht hast! Deshalb habe ich eine Mauer um mich errichtet, nicht hart und abweisend, sondern gut gelaunt, höflich, zuvorkommend, aufmerksam und liebenswürdig.

Es ist trotzdem eine Mauer. Sie schützt mich.

»Warum nicht gleich?«, sagt der Reporter. »Ich habe einen Kollegen vor Ort, der kann zu uns stoßen.«

Ich schrecke auf. Für einen Moment habe ich fast vergessen, wer bei mir ist. Doch schon bin ich wieder ich selbst. Schon bin ich wieder höflich und zuvorkommend. Ich springe auf.

»Dann hole ich meine Jacke«, sage ich. »Bei der Kälte können Handschuhe sicher auch nicht schaden.«

Wir brauchen zwanzig Minuten mit dem Auto, und ich glaube, der Reporter merkt nicht, dass es lange zwanzig Minuten für mich sind. Oder bemerkt er es doch? Ich habe auf dem Beifahrersitz Platz genommen, und er schaut immer wieder zu mir rüber. Er kennt den Weg. Er sagt, er sei schon dort gewesen. Warum bin ich nicht überrascht? Natürlich ist er dort gewesen. Er ist ein Reporter. Er hat sich vorbereitet. Er kam zu dir mit deiner eigenen Geschichte. Er weiß mehr darüber als du selbst.

Der Ort liegt in Mainz-Kastel, dem Stadtteil der rheinlandpfälzischen Landeshauptstadt auf der anderen Seite des Rheins. In alten Zeiten wollten die Mainzer beide Ufer beherrschen, also bauten sie eine Wehranlage ans gegenüberliegende Ufer. Das Kastell. Irgendwann verschwand das eine »l« aus dem Namen. Es stimmt also nicht, wenn Leute behaupten, auf der einen Seite des Rheins liegt Mainz, auf der anderen Wiesbaden. Mainz liegt auf beiden Seiten. Im restlichen Deutschland ist das vielleicht nicht so wichtig, doch hier, an der Grenze zweier Bundesländer, legt man einigen Wert darauf. Ich bin in Wiesbaden entführt worden, aber in Mainz gefangen gehalten. Den Fluss musste ich dazu nicht überqueren.

Mit solchen Gedankenspielchen lenke ich mich ab. Wie einer, der zum Zahnarzt muss und weiß, dass es wehtun wird. Weil der Zahnarzt bohren will. Weil er so tief bohren will, dass er die Nerven berührt. Da ist es gut, wenn man sich ablenken kann. Hier Mainz, dort Wiesbaden. Und das »l« verschwand aus dem Namen.

Auf einmal geht alles ganz flott. Wir biegen von einer vielbefahrenen Straße ab, landen auf einem ungeteerten Weg. Heute ist das alles ganz einfach, das Navi macht's möglich. Kein Umherirren mehr über Felder. Keine Frage, wo geht es denn nach Hochheim. Einfach ins Auto setzen, Motor anmachen, schon ist man da. Jetzt kann ich mich nicht länger ablenken. Aber ich kann noch immer gut gelaunt, höflich und liebenswürdig sein.

»Da wären wir«, sage ich, öffne die Beifahrertür und steige aus. Ein Mann kommt auf uns zu. Der Reporter stellt ihn als Kollegen vor, verantwortlich für die Fotos. Wir schütteln uns die Hand. Dann gehe ich langsam ein paar Schritte vom Auto weg. Das ist, als verlasse ich eine rettende Insel und steige in tiefes Wasser. In dem Haie lauern können, wie ich weiß.

Vor mir wildes Gestrüpp. Darin verstreut Kisten, Schrott,

Müllsäcke, die Reste eines Zauns. Nein, die Reste *des* Zauns. Eine Stimme, die sagt: »Alles ist eingezäunt. Du kommst da nicht raus.« Diese Stimme kann nur ich hören, sie ist nicht für die Ohren des Reporters bestimmt.

»Erkennen Sie etwas wieder?«, will er wissen. »Hier stand der Wohnwagen«, antworte ich. Das ist nicht schwer zu erraten. Verkohlte Teile liegen herum. Überreste eines Reifens, eine halbe Achse. »Ist nicht mehr viel übrig.«

Während der Fotograf Bilder macht, will der Reporter wissen, ob ich enttäuscht sei? »Ja«, antworte ich. »Schon ein wenig. Ich dachte, ich würde mehr von früher entdecken.«

So wird es später im Artikel stehen. Auf einem Foto sieht man mich, inmitten von Gestrüpp, Dornen, Büschen. Das Foto könnte überall aufgenommen worden sein, nichts weist auf die Vergangenheit hin. Ich trage eine blaue Jeans, eine schwarze Lederjacke und schwarze Handschuhe aus Vlies. Unter dem Bild steht: Ich dachte, ich würde hier noch mehr entdecken.

Erst später wird mir klar, dass ich an diesem Tag nichts erwartet habe. Schon gar nicht, Spuren von früher zu entdecken. Obwohl ich bisher nie an den Ort des Geschehens zurückkehrte, weiß ich, dass da nichts sein kann. Im Artikel und in anderen, die kommen werden, wird man lesen können, dass nach meiner Befreiung wütende Bürger den Wohnwagen niederbrannten. Das ist nicht ganz richtig. Es waren keine wütenden Bürger gewesen, sondern Freunde aus meiner Jugendzeit. Freunde aus einer Zeit, als auch dem Letzten klar wurde, dass mit mir einiges nicht stimmt. Dass mein Leben aus den Gleisen gesprungen ist. Auch über diese Zeit wird der Reporter berichten. Er wird schreiben, nach gelegentlichen Hochs stürzt Sascha Buzmann immer wieder ab. Er wird schreiben, Sascha nimmt Drogen, wird mit Cannabis am Steuer erwischt, verliert für Jahre den Führerschein. Er wird schreiben, mehrere Beziehungen zu meist älteren

Frauen scheitern. Er wird schreiben, dass ich enttäuscht bin, weil ich dachte, ich würde noch mehr von früher entdecken. Das ist alles nicht verkehrt. Doch da ist noch sehr viel mehr. Der Reporter hat die Tür zum Verlies meiner Erinnerungen geöffnet. Er hat die Tür einen Spalt weit aufgemacht, und was er dabei sah, genügte für seinen Artikel. Vielleicht hätte auch ich es dabei bewenden lassen können und den Rest der Erinnerungen für immer im Verlies bewahren.

Aber es sollte anders kommen.

Bei mir kommt es immer anders.

Nachdem ich die Fragen des Reporters beantwortet habe und der Fotograf seine Bilder geschossen hat, kehren wir zum Auto zurück. Der Reporter bringt mich nach Hause. Er sagt, er habe genug Informationen für seinen Artikel. Ob er mich anrufen darf, sollten noch weitere Fragen auftauchen? »Klar«, sage ich. »Jederzeit.« Ich fühle mich gut, weil der Zahnarzt nicht so tief gebohrt hat, wie ich befürchtet habe. Die blanken Nerven hat er verschont.

Als ich die Tür meiner Wohnung hinter mir schließe, verfalle ich in eine merkwürdige Aktivität. Es ist Zeit, den Koffer zu packen! Es ist Zeit, nach Kaprun zu reisen! Es ist Zeit, sich in die Arbeit zu stürzen und nur noch an die Gegenwart zu denken! Doch kaum bin ich eine Woche in Österreich, als das Telefon klingelt. Der Reporter ist dran. »Gibt's noch Fragen?«, will ich wissen. »Kann ich weiterhelfen?« Natürlich bin ich gut gelaunt, höflich, zuvorkommend, aufmerksam und liebenswürdig. Ich bin schließlich Sascha Buzmann, der seinen Namen immer schön schreibt.

Der Reporter meint, der Text sei in trockenen Tüchern. Er nennt mir das Erscheinungsdatum des Magazins. Aber da gäbe es eine Kollegin. Sie arbeitet für einen Fernsehsender, der ebenfalls zum Nachrichtenmagazin gehört, und sei sehr interessiert an dieser Geschichte. Sie könnte sich vorstellen, einen Film darüber zu drehen. Er fragt mich, was ich davon halte.

Vor mir erheben sich die schneebedeckten Gipfel des Kitzsteinhorns. Dort oben liegt der Speichersee Wasserfallboden. Möglicherweise leben doch Haie darin. Der Reporter stieß die Tür zum Verlies meiner Erinnerungen einen Spalt weit auf. Jetzt fragt er, ob wir sie nicht ganz öffnen wollen. Seit dem Tag, an dem ich die Geschichte von Calpe aufs Papier brachte, habe ich kein weiteres Wort darüber verloren. Ich war mir sicher, so würde das bleiben. Doch das einzig Sichere an der Sicherheit ist, dass es sie nicht gibt.

ICH BIN IN EINER ZWISCHENWELT. Sie ist nicht mehr ganz Leben, noch nicht völlig Tod. In dieser Welt ist alles gedämpft: die Farben, die Temperatur, der Hunger, der Durst, der Teufel. Was er mir antut, ist gedämpft. Was er sagt, ist gedämpft. Er hat mir etwas zu trinken gegeben, aber er gibt mir nichts zu essen. Manchmal weine ich, aber auch das nehme ich nur gedämpft wahr. Ich weiß nicht, wie viel Zeit vergangen ist, seit der Teufel mich schnappte. Vielleicht ist es seither vier Mal hell geworden, vielleicht fünf Mal oder mehr. Manchmal verlässt der Teufel den Wohnwagen. Nie lange, für ein paar Minuten vielleicht. Außerdem redet er immer häufiger mit sich selbst. Manchmal schreit er herum, doch auch das dringt nur gedämpft an mein Ohr. Dann stürmt er auf mich zu und schlägt mich, aber ich spüre die Schläge nicht gleich. Seine Hände treffen auf meinen Körper, doch bis der Schmerz in meinem Kopf ankommt, vergeht die Zeit. Immer und immer und immer wieder will er was mit seinem Pimmel machen. Da möchte er dieses und jenes, doch meine Welt ist gedämpft, ist weit weg, selbst dann, wenn er mich auf den Bauch dreht und sich auf mich kniet. Er hat endlich geschafft, was er seit Tagen versucht hat; es gelingt ihm jetzt, seinen Pimmel in meinen Po zu stecken. Das tut sehr weh, selbst in meiner gedämpften Welt. Ich blute, ihm ist es egal. Er redet mit sich selbst. Er schimpft. Er trinkt aus Flaschen. Er stinkt. Er schläft. Er schnarcht. Er öffnet die Hose. Nimm den Pimmel. In die Hand. In den Mund. Leg dich auf den Bauch. Stell dich nicht so an. Hör auf zu heulen, sonst setzt es was. Entweder – oder. Es klatscht. Es ist kein Beifall.

Meine Welt wird immer verschwommener. Sie verliert alle Farben. Sie ist nur noch schwarz und weiß. Ich bin allein in dieser Welt. Meine Eltern sind daraus verschwunden, es gibt keinen mehr, der Witze reißt. Ich weiß, dass ich sterben werde. Ich weiß, dass es nicht mehr lange dauern wird. Der Teufel merkt es auch. Er glaubt, dass ich zu ihm zurückkehre, wenn er mich härter schlägt. Wenn er seinen Pimmel tiefer in mich rammt. Das Gegenteil passiert. Ich gehe noch weiter von ihm weg. Ich gehe dorthin, wo Schatten sind und kein Licht mehr.

Da kommt er mit den Zwiebeln.

Er geht raus aus dem Wohnwagen. Der kalte Luftzug, der meine nackte Haut berührt, bringt mich für einen Moment zurück. Dann steht er wieder da. Er hält etwas in seinen Händen. Es sind Zwiebeln. »Die gibt's zum Essen«, sagt er.

Er macht sich am Ofen zu schaffen. Er hat sich schon ein paar Mal am Ofen zu schaffen gemacht, aber der funktioniert nicht. Jetzt probiert er es wieder, und tatsächlich wird es nach einiger Zeit wärmer. Der Ofen raucht und qualmt, aber was soll's, wenn es endlich nicht mehr so kalt ist. Der Mann legt die Zwiebeln auf den Ofen, so, wie sie sind. Ganz. Ungeschält. Der Ofen zischt. Das Feuer droht auszugehen. Der Mann arbeitet am Ofen, in mir kämpfen zwei Welten. Die eine ist voller Schatten und still und friedlich. Ich soll zu ihr kommen, sagt diese Welt, dann wird alles gut. Die andere hat nur Zwiebeln zu bieten, und ich hasse Zwiebeln. Ich esse alles, was Mama kocht, nur keine Zwiebeln. Aber in dieser Welt gibt es Zwiebeln und auf einmal auch wieder Mama. Es ist das erste Mal seit geraumer Zeit, dass ich ihr Bild vor mir sehe. Wenn ich sie sehen kann, schmecken vielleicht sogar Zwiebeln gar nicht so schlecht, selbst wenn sie außen verbrannt und innen roh sind, selbst wenn ich sie mitsamt den Schalen hinabschlinge.

Ich schlinge sie mitsamt den Schalen hinab, dazu braucht es kein »Entweder-oder«, kein »Das isst du, sonst setzt es was«. Die Zwiebeln sind hervorragend, ich könnte noch mehr davon essen, aber mehr gibt es nicht. Stattdessen gibt es fürchterliche Bauchschmerzen. Stattdessen muss ich furchtbar pupsen, und das tut ärger weh als je zuvor. Stattdessen muss ich mal, ich muss sogar ganz dringend, aber hier gibt es kein Klo. Es gibt kein Klo und keine Dusche, es gibt nicht mal ein richtiges Waschbecken. Das kann auch Vorteile haben, denn der Mann sagt, wenn du scheißen musst, dann draußen. Er packt mich am Arm, drückt grob auf die vielen blauen Flecken, die ich habe. Ich stolpere hinter ihm her, wir verlassen den Wohnwagen.

Wir verlassen den Wohnwagen!

Eben dachte ich, dass ich sterben muss, und jetzt verlassen wir den Wohnwagen!

Die Luft draußen ist eiskalt und köstlich. Die Erde ist matschig, aber nie habe ich Schöneres gesehen. Der Mann schubst mich zum Bretterverschlag, der an den Wohnwagen angebaut ist.

»Da machst du hin«, sagt er. Ich versuche es. Es geht nicht. Trotz der Magenkrämpfe. Trotz des Bedürfnisses. Der Mann schaut zu, wie ich mich abmühe, dann sagt er: »Wirst dich schon noch dran gewöhnen.«

Ja, ich bin gut gelaunt, höflich, zuvorkommend, aufmerksam und liebenswürdig, und das macht mich zu einem guten Chef de Rang. Die Gäste wissen es zu schätzen, und meine Arbeitgeber wissen es ebenfalls zu schätzen. Es ist nicht zu übersehen: Ich mag meine Arbeit. Gerne lese ich den Gästen ihre Wünsche von den Augen ab und freue mich, wenn sie lobende Worte finden. Wenn sie sagen, wir kommen wieder. Vielleicht kommen sie sogar einmal in mein eigenes Restaurant, denn davon träume ich. Oder in mein Bistro. Ich stelle mir vor, wo es sich befindet: an einem belebten Platz einer großen Stadt; vielleicht am Frankfurter Römer oder am Wiesbadener Marktplatz. Fremde bleiben davor stehen und sagen, das sieht doch gut aus, lass uns mal reingehen. Ich habe bereits alles schön eingedeckt. Auf den Tischen liegt feinste Tischwäsche. Die habe ich so ausgebreitet, wie es meine Art ist, mit viel Wert auf den Bruch. So nennt man das Lichtspiel, das nur dann entstehen kann, wenn alle Deckservietten im Falz zum Fenster ausgerichtet sind. Ich weiß, dass eine heimelige Atmosphäre durch kleine, aber wichtige Details entsteht, und in dieser Hinsicht bin ich ganz schön pingelig. Weil ich will, dass meine Gäste als Fremde kommen und als Freunde gehen. Das habe ich in den besten Häusern gelernt, im Kempinski, im Hyatt, im Sheraton, im Dorint.

Es gibt zwei Besonderheiten in meiner Vita: Ich arbeite in den besten Hotels. Ich bleibe nirgends länger als ein paar Monate. Das fällt aber nicht weiter auf. Mein Beruf ist ein Saison-beruf. Viele meiner Kollegen sind wie Nomaden. Sie ziehen durch die Welt, sie arbeiten international, mal hier, mal dort. Doch meine Gründe weiterzuziehen unterscheiden sich von ihren. Ich sage, ich will lernen, lernen, lernen, und wenn ich nichts mehr lernen kann, packe ich mein Bündel und suche mir was Neues. Das ist aber nur eine Seite der Medaille. Die andere ist nicht so glänzend: Es gibt immer einen Boss über mir. Egal, ob ich als Chef de Rang oder Restaurantleiter einge-stellt werde, ständig sagt mir einer, wo's langgeht. Gibt mir Befehle. Weiß alles besser. Das kann ich nicht ausstehen. Klar herrschen in unserer Branche raue Töne. Das bringt der Kon-kurrenzdruck mit sich, der Wettbewerb um die Gäste, die hohen Kosten, die unangenehmen Arbeitszeiten. Damit kann ich umgehen. Es ist das Entweder-oder-Prinzip, das ich nicht leiden kann.

Entweder Sie machen das so. Oder es gibt Ärger.

Ich hasse das Entweder-oder-Prinzip. Damit stehe ich auf Kriegsfuß.

Sagt also ein Vorgesetzter zu mir, Herr Buzmann, Sie machen das, wie ich es will, da gibt es keine Alternative, packe ich meine Sachen und gehe.

Wie auch beim letzten Mal. Vor Kaprun. Da arbeitete ich in einem Hotel in Weissach, in der Nähe von Stuttgart. Der Sportwagen, der früher als Poster mein Kinderzimmer zierte, wird hier konstruiert. In diesem Hotel gibt es anspruchsvolle Gäste. Eigentlich sind alle mit meiner Arbeit zufrieden. Ei-gentlich bin auch ich zufrieden. In Weissach kann man es aus-halten. Es gibt schlimmere Orte. Es gibt wesentlich schlim-mere Orte, zum Beispiel eingezäunte Grundstücke mit einem Wohnwagen in Mainz-Kastel. Auch mit der Bezahlung kann ich zufrieden sein. Und mit den Kollegen. Sogar mit den Vor-gesetzten. Die Welt ist also in Ordnung. Nur einer sieht die Dinge etwas anders. Er sagt zu mir: »Herr Buzmann, entweder Sie machen es, wie ich es will, oder wir haben ein Treffen beim Chef.«

Wir könnten gerne zum Chef gehen. Wahrscheinlich ist der Chef ohnehin der Ansicht, dass meine Methode besser ist. Aber *wie* er es sagt, bringt mich auf die Palme. Es ist das Entweder-oder-Prinzip. Das sitzt in mir wie ein Stachel im Fleisch.

Also packe ich meine Sachen. Die Kollegen sind der Ansicht, dass ich aus einer Mücke einen Elefanten mache. Sie haben recht, die Kollegen. Ich kann verstehen, wenn sie sich wundern, weil der gut gelaunte, höfliche, zuvorkommende, aufmerksame und liebenswürdige Sascha Buzmann auf einmal so überempfindlich reagiert.

Sie ahnen ja nichts.

Nun bin ich in Kaprun. Hier kann man es ebenfalls aushalten. Ist kein schlimmer Ort. Und im Stausee Wasserfallboden gibt es keine Haie, ich habe jedenfalls keine gesichtet. Auch die Kollegen sind in Ordnung. Die Bezahlung ist besser als in Deutschland. Und noch kam kein Vorgesetzter und sagte: entweder – oder. Ich arbeite hart und denke kaum an die Vergangenheit. Ich denke an die Zukunft. Ich denke an mein Bistro, in Frankfurt, Wiesbaden oder sonst wo. Als der Artikel erscheint, schenke ich ihm kaum Beachtung. Natürlich gibt es das Magazin auch in Kaprun, und einige meiner Kollegen stoßen darauf. Direkt zu fragen trauen sie sich nicht, also tun sie es auf die umständliche Art: Könnte es sein, dass ... Oder: Ich hab was gelesen, bin mir aber nicht sicher ... Sag mal, ist das über dich?

Ja, *das* ist über mich. Ja, *das* ist meine Vergangenheit. Doch jetzt lebe ich in der Gegenwart und freue mich auf die Zukunft. Also, lasst es gut sein, Leute. So würde ich gerne antworten. Aber so antworte ich nicht. Ich bin schließlich zuvorkommend und liebenswert, solange man mir nicht mit entweder – oder kommt. Und das tun die Kollegen nicht. Sie sind ehrlich betroffen. Sie halten mich für mutig, so offen damit umzugehen. Da erst bemerke ich: Ich habe völlig aus den Augen verloren, weshalb ich mein »Ja« zum Artikel gegeben habe. Weil die Welt gefährlich ist, weil viele Eltern nicht darauf vorbereitet sind, weil es immer welche gibt, die Kinder in fremde Autos locken oder auf andere Art in ihre Gewalt bringen wollen. Ich muss zugeben, ich habe nicht mehr daran gedacht, doch als jetzt einige Kollegen emotional reagieren, denke ich: Vielleicht bringt der Artikel ja doch was. Wenn nur eine Handvoll Eltern von nun an noch achtsamer auf ihre Kinder aufpasst, wenn von nun an nur ein paar Leute mehr genauer hinsehen, dann hat sich die ganze Mühe gelohnt. Und während ich darüber nachdenke, zwischen Tischen, die aufgedeckt werden müssen, und Geschirr und Gläsern, die abgeräumt sein möchten, zwischen einem »Herzlich willkommen in unserem Haus« und einem »Ich hoffe, Sie hatten einen angenehmen Abend, beehren Sie uns wieder«, komme ich zum Schluss, dass meine Entscheidung doch richtig gewesen ist: diesem Reporter den Teil meiner Geschichte anzuvertrauen, der mir damals zur Verfügung stand.

Doch ich habe etwas vergessen: dass er von einer Kollegin sprach, die Filme dreht. Als ich eine Schicht beende und meine erste Feierabendzigarette rauche, klingelt das Handy, und diese Kollegin ist dran. Sie will tatsächlich einen Film drehen. Wieder stellt sich die Frage: Sage ich dazu »Ja« oder »Nein«? Es ist eine Entweder-oder-Frage, ob ich zulasse, das Verlies zu meinen Erinnerungen weiter aufzustoßen.

Und das mir.

ICH BIN NEUN JAHRE ALT UND WEISS, GOTT HAT MIR EIN ANGEBOT GEMACHT: Es gibt die Welt der Schatten, die gedämpfte Welt, und wenn ich will, kann ich dort hingehen. Und es gibt die Welt der Zwiebeln, des Teufels in Männergestalt, wo Schmerzen und Kälte und Hunger und Durst sind. Und der Pimmel. Beide Welten stehen mir offen. Weshalb fällt es so schwer, mich zu entscheiden? Weshalb fällt es mir schwer, in die Welt der Schatten hinüberzugleiten? Etwas in mir wehrt sich dagegen. Dabei hat die Welt der Zwiebeln nichts, was mich lockt. Außer das eine. Außer die Hoffnung.

Außer die Hoffnung.

Etwas in mir glaubt noch immer daran, dass alles nur ein Alptraum ist. Der irgendwann zu Ende gehen muss. Irgendetwas glaubt noch immer daran, dass ich zuhause aufwachen werde, bei Mama und Papa, meinen Schwestern, meinem Bruder; dass ich wieder zur Schule gehe und Geburtstag habe und Geschenke bekomme. Ich merke, wie mir allein beim Gedanken daran Tränen über die Wangen laufen. Von weit weg dringt die Stimme an mein Ohr, die verlangt, dass ich verdammt nochmal mit Heulen aufhören soll, sonst ...

In diesem Augenblick wird es hell im Wohnwagen. Etwas kommt herein, und es kommt nicht durch die Tür. Es dringt nicht durch die Wand, es ist einfach da. Es schimmert und strahlt, aber ich bin nicht geblendet, muss die Augen nicht schließen; es ist ganz anders, als wenn man in die Sonne schaut, auch wenn es ebenso hell ist. Es ist eine hohe Gestalt mit scharfen Umrissen. Ihre Stimme habe ich schon einmal gehört, einmal in Calpe und einmal auf dem Feld. Und jetzt wieder.

»Hör auf zu weinen«, sagt die Stimme. Sie ist gleichzeitig hoch und tief und alles dazwischen. Sie ist in meinem Kopf.

Ich sage, ich kann das nicht, es passiert einfach, ich kann nicht aufhören mit Weinen. Ich sage, vielleicht lässt der Mann mich gehen, wenn ich weine.

»Das tut er nicht«, antwortet die Stimme. »Es gefällt ihm, wenn du weinst. Es macht ihn härter. Es gibt ihm Macht.«

Ich weine auch jetzt, spüre Tränen über meine Wangen laufen. Ich frage: Bist du ein Engel?

»Ich bin alles«, sagt die Stimme. Ich kann sehen, wie mich die Gestalt berührt. An der Stelle beginnt mein Körper zu schimmern. Ein seltsames Gefühl durchströmt mich, wie ich es noch nie hatte und für das ich keine Worte finde. Unvermittelt höre ich auf zu weinen.

»Du musst erwachsen werden«, sagt das Wesen. »Und dich wie ein großer Junge benehmen.«

Ich weiß nicht, ob ich das hinkriege, antworte ich, und das Wesen sagt: »Doch. Du schaffst das.«

Dann verschwindet das Licht. Es ist, wie wenn ich langsam die Augen schließe, und vielleicht tue ich das auch. Jedenfalls wache ich auf einmal auf. Ich merke, dass ich allein im Bett bin, nicht zuhause, sondern im Wohnwagen. Ich setze mich auf. Ich sehe den Mann am Ofen stehen.

»Guten Morgen«, sage ich.

Er fährt herum. Für eine Weile starrt er mich aus kalten, glanzlosen Augen an. Es arbeitet in ihm, er braucht lange, bis er antwortet.

Dann sagt er: »Was ist los mit dir? Du heulst ja gar nicht.«

# 2. Überleben

ICH BIN AUF DER HUT. Der Mann ist wie ausgewechselt, und es scheinen zwei Worte gewesen zu sein, die diese Änderung hervorriefen: Guten Morgen.

Wie konnte ich wissen, dass nie jemand »Guten Morgen« zu ihm gesagt hat? Wie konnte ich wissen, dass Kinderweinen eine Abwehrhaltung in ihm auslöst, der er nur mit Schlägen begegnen kann? Nein, ich konnte das nicht wissen, ich war neun Jahre alt. Aber ich konnte es *fühlen*. Der Engel, der ins Zimmer getreten war – für mich besteht kein Zweifel daran, dass es ein Engel war –, gab mir den Auftrag, erwachsen zu werden. Wie wird man als Neunjähriger erwachsen, und das von heute auf morgen, von jetzt auf nachher? Wie wird man zum großen Jungen, wenn man 1,33 Meter misst und täglich vergewaltigt wird? Darauf gibt es keine Antwort, die in Büchern steht. Dafür gibt es keine Schulen. Es gibt keine Lehrer und keine Ratgeber dafür. Es gibt nur das Selbst. Und dieses Selbst weiß, dass ich es schaffen muss, erwachsen zu werden, wie auch immer, sonst werde ich sterben.

Also frage ich mich: Wie stelle ich es an? Indem ich nachdenke, so wie es meine Lehrer verlangen: »Denk doch erst mal nach«, sagen sie, wenn ich eine falsche Antwort gebe. Oder wie es mein Papa und meine Mama sagen: »Mensch Sascha, denk doch erst mal nach und handle dann.« Das tun die Erwachsenen, zumindest behaupten sie das. Immer erst denken und dann handeln. Soll ich das tun? Kann ich denken wie ein

Erwachsener? Als ich »Guten Morgen« sagte, habe ich doch gar nicht nachgedacht. Ich habe es einfach getan. Ich habe *gefühlt*, dass es richtig ist. Ich glaube nicht, dass Nachdenken mich hier lebend rausbringt. Aber das will ich. Das will ich unbedingt. Das will ich mehr als alles andere. Ich will leben, ich will nicht sterben, das sage ich mir jeden Tag zehnmal, hundertmal, tausendmal. Lieber Gott, lieber Engel, mach, dass ich nicht sterben muss! Mach, dass ich leben kann! Und manchmal kommt es mir vor, als weht ein schwaches Echo zu mir zurück: Wenn du wirklich willst, wird es geschehen.

Also geht es darum? Dass ich es wirklich will? Hat Gott mir das als *Prüfung* aufgegeben? Gott ist dauernd in meinem Kopf, weil ich mich frage, warum ich? Was ist an mir anders, dass der Mann mich geschnappt hat? Wieso hat er sich mich ausgesucht?

Der Mann starrt mich noch immer an. »Du heulst nicht«, wiederholt er, als spräche er von einem Wunder. »Nein«, antworte ich. »Ich heule nicht.«

Ich stehe auf, obwohl mir alles wehtut. Aber ich zeige es nicht. Kein Heulen mehr! Erwachsen sein! Ich bin noch kein Mal aufgestanden, seit ich hier bin, es sei denn, der fremde Mann hat mich mit sich gezerrt. Er steht am Ofen und sieht mir zu, irgendwie scheint er nicht zu wissen, was er damit anfangen soll. Ich tappe auf unsicheren Beinen durch den Wohnwagen, als sähe ich alles zum ersten Mal, und in gewisser Weise ist es auch so. Da steht ein Tisch auf wackligen Beinen, darauf liegt eine Menge Papier. Es sind Briefe. Es sind Rechnungen. Bei uns zuhause liegen diese Dinge auf dem Wohnzimmertisch herum, bis Papa dazu kommt, sich darum zu kümmern, und die Sachen in einen Ordner steckt. Hier steckt nichts in einem Ordner. Hier liegt alles auf dem Tisch und auf dem Boden. Ich schaue mir die Rechnungen an. Ich lese einen Namen, ich lese immer wieder denselben Namen. Der Name des Mannes. Der Name meines Entführers. Der Name des Teufels.

Der Name des Teufels lautet Adam Geist.

Die Ironie darin wird mir erst viel später auffallen. Dass der Teufel den Namen des Erbsünders trägt, bleibt mir als Kind verborgen. Dass sein Nachname sein Verhalten widerspiegelt, ebenfalls.

Ich denke nichts, ich weiß nichts, ich fühle nur. Deshalb sage ich: »Bist du Adam G.? Ist das dein Name?« Wieder reagiert der Mann seltsam. Er, der stundenlang vor sich hinbrabbeln kann, verstummt völlig. Er, der mit großer Ausdauer die Wände seines Wohnwagens anbrüllen kann, sich selbst und mich dazu, schweigt. Habe ich mich getäuscht? Heißt er nicht Adam G.? Ist er verwirrt und fragt sich, wer wohl dieser Adam G. ist? Dessen Briefe und Rechnungen auf seinem Tisch liegen?

Nein, es ist anders, aber davon ahne ich nichts. Es ist dasselbe wie bei meinem »Guten Morgen«. Es ist lange, lange her, dass ihn jemand mit seinem Namen angesprochen hat. In seinem Kopf muss die alte Erinnerung daran erst zurückkehren. Da war doch mal was. Ja, da war was, Adam G., das bin ich.

Jetzt lächelt der Mann sogar ein wenig. Ein Zucken um den Mundwinkel. So etwas gab es auch noch nicht. Bisher gab es nur Schläge, seinen Pimmel und verkohlte Zwiebeln. Jetzt gibt es auf einmal ein Lächeln. Der Mann holt Luft. Er sagt: »Du kannst Adi zu mir sagen. Ja, sag Adi zu mir.«

Die Frau am Telefon ist nett. Sie sind alle nett, diese Journalisten, die sich auf einmal für mein Leben interessieren. Ich sage, ich bin mir nicht sicher, ob ich mich in einem Film sehen will, und sie antwortet, das kann sie gut verstehen. Die Journalisten können alles gut verstehen. Doch sie wissen auch, was sie wollen, und die Frau am Telefon will einen Film. Sie erklärt mir, wie sie ihn sich vorstellt und welche Fragen sie darin klären möchte. Die Sache scheint sich nicht allzu sehr von der Arbeit am Artikel zu unterscheiden, mit der Ausnahme, dass ich vor einer Kamera agieren muss. Ich stand noch nie vor einer Kamera und weiß nicht, ob ich das kann. Die Regisseurin beruhigt mich. Das kriegen wir schon hin, meint sie, wir können alles so lange wiederholen, bis wir zufrieden sind.

»Ich bin in Kaprun«, sage ich, als ob sie es nicht wüsste. Auch das ist kein Problem. Das Filmteam reist nach Kaprun, und wenn es meinem Chef nichts ausmacht, wenn sie im Hotel drehen, würden sie dort gerne ein paar Bilder meines normalen Lebens einfangen.

Vor ein paar Wochen wäre mir der Ausdruck »meines normalen Lebens« nicht aufgefallen. Jetzt, wo die Tür zum Verlies geöffnet ist, wenn auch erst einen Spalt, liegen die Dinge anders. Ich habe kein normales Leben, deshalb kommen Reporter und Filmteams, aber sie wollen trotzdem mein normales Leben sehen. So ist das mit uns Menschen. Wir leben in Widersprüchen.

»Ich kann nachfragen, ob es möglich ist«, höre ich mich sagen. »Das heißt also, Sie sind dabei?«

Tatsächlich, Sascha, frage ich mich. Heißt es das? Hast du die Entweder-oder-Frage, die du so sehr hasst, schon beantwortet? Du willst also erfahren, welche Erinnerungen noch im Verlies sind? Du willst es wirklich wissen? Ich halte meine Feierabendzigarette in der Hand, die Glut berührt mittlerweile fast die Finger. Ich schnippe sie weg. Manchmal verstehe ich selbst nicht, weshalb ich mich für etwas entscheide.

»Ja«, sage ich, »das bin ich.«

»Ich habe Hunger, Adi, aber ich mag keine Zwiebeln.« Ich brauche vielleicht noch eine Stunde, dann ist der Satz draußen. Die Worte lagen in meinem Mund, ich habe darauf herumgekaut, und manchmal war es fast so weit. Dann traute ich mich doch nicht. Wenn ich aber nichts zu essen kriege, werde ich verhungern, also muss ich es sagen. Wobei ich gar kein richtiges Hungergefühl spüre, sondern eher eine schmerzhafte Leere. Diese riesige Lust zu essen, was Mama gekocht hat, die ist weg. Ständig krampft sich mein Magen zusammen. Mein Bauch ist aufgeschwollen und fühlt sich hart an. Aber der Engel hat gesagt, du musst erwachsen werden, und als Erwachsener weiß man, dass man essen muss. Der Satz eines Onkels geht mir nicht mehr aus dem Kopf: »Ich esse alles, was auf den Tisch kommt.« Das tun Erwachsene, also muss ich es auch tun. Ich muss den Geist dazu bringen, etwas auf den Tisch zu bringen. Warum isst er selbst so wenig? Weil er der Teufel ist? Weil Teufel nichts essen müssen? Nein, manchmal sehe ich, wie er etwas aus einer Dose mampft. Im Augenblick hat er wieder einen seiner Anfälle und redet mit sich selbst. Wie immer geht es darum, dass man das mit ihm nicht machen kann. Mein Satz lässt ihn verstummen. Er starrt mich an.

»Was willst du?«, fragt er.

Ich weiß nicht, weshalb, aber ich habe keine Antwort auf die Frage. Normalerweise könnte ich hundert Dinge nennen, die ich essen will, ja, mir würden Tausende einfallen! Aber jetzt kam die Frage so plötzlich, so unvermittelt. Mir fällt nur etwas Blödes darauf ein, der Witz meines Papas, in dem Herr Meier den Verkäufer bittet, die Pizza nicht in zwölf Stücke zu schneiden, sondern in acht, damit er auch alles schafft. Der Witz saust durch meinen Kopf, von vorne nach hinten und wieder zurück; soll ich die Pizza in acht oder zwölf Stücke schneiden, na los, sag schon, mach den Mund auf, aber ich schaff es nicht, der Teufel hat mich wieder aus der Bahn geworfen.

Da setzt er sich in Bewegung, und ich ducke mich, weil ich glaube, jetzt ist es wieder so weit, er schlägt mich oder hebt mich hoch und lässt mich fallen, eines seiner Lieblingsspiele, oder der Pimmel ist dran oder etwas, das ich noch nicht kenne. Aber er stürmt an mir vorbei, als ob ich nicht da bin, als ob ihn eine Idee wegtreibt, und schon ist er draußen, und ich bin alleine im Wohnwagen. Und schon ist er wieder zurück.

»Hau ja nicht ab«, droht er. »Sonst bring ich dich um.«

Ich bin in den letzten beiden Stunden schon erwachsener geworden, und außerdem habe ich ein paar Jahre auf dem Buckel, und manchmal bin ich neunmalklug. Hau ja nicht ab, sonst bringe ich dich um – das klappt nicht. Das kann nicht funktionieren. Wenn ich erst mal abgehauen bin, bin ich weg, dann bringt mich keiner mehr um, auch der Teufel nicht. Das muss er auch gemerkt haben, denn er packt mich wieder und zerrt mich hinter sich her. Wieder geht es nach draußen. Wieder ist es dort so kalt und so schön. Der Geist hält mich an der Hand, und offenbar wird ihm klar, dass sein Plan nicht klappen wird. Er bringt mich zurück in den Wohnwagen. Dort macht er sich an dem Gerümpel zu schaffen, das aufgeschichtet in einer Ecke liegt. Darunter kommt eine Kiste zum Vorschein. Irgendwas wird drin sein, denke ich. Mehr nicht, vor allem nicht, dass sie für mich bestimmt sein könnte. Dass nicht »irgendwas« drin sein wird, sondern ich. Daran denke

ich nicht, weil die Kiste auch viel zu klein ist. Als er mich anherrscht »Geh da rein«, schaue ich ihn nur entgeistert an. Er
denkt, ich will nicht. Er weiß, was er tun muss, wenn ich
nicht will. Er muss mich nur ohrfeigen. Er muss mich hochheben und fallen lassen. Spätestens dann will ich. Spätestens
dann tue ich alles, was er sagt. Also ohrfeigt er mich. Also hält
er mich hoch und lässt mich fallen.

»In die Kiste!«, befiehlt er.

Ich weine. Ich habe mir so fest vorgenommen, nicht mehr
zu weinen, aber jetzt tue ich es doch. Ich will nicht in die
Kiste. Ich will auch nicht mehr erwachsen sein. Alles begann
so vielversprechend seit meinem »Guten Morgen«, aber jetzt
ist alles wieder beim Alten. Nein, schlimmer. Ich soll in eine
Kiste, die viel zu klein ist. Wenn ich es nicht tue, wird er mich
totschlagen. Er braucht nicht mal einen Stein dazu, er kann
mich hochheben und gegen die Wand werfen. Das fällt ihm
nicht schwer. Er kann mir mit der Faust auf den Kopf hauen.
Das fällt ihm noch leichter. Er kann mich auf jede erdenkliche
Weise dazu zwingen, in die Kiste zu kriechen.

»Rein mit dir«, sagt er. »Ich muss weg.«

Ich weine und krieche in die Kiste. Ich muss die Beine an-
ziehen. Ich muss die Arme anwinkeln. Mein Kopf stößt gegen
die Bretter. Meine Knie drücken gegen Holz. Meine Ellbogen
drücken dagegen. Meine Arme liegen eng an meiner Brust. Es
wird dunkel um mich. Er schließt die Kiste. Ich höre, wie er
etwas Schweres drauflegt. Noch etwas. Noch etwas. Er baut
einen Turm darauf. Ich weine noch mehr.

»Heul nicht«, ruft er. »Du verbrauchst nur deine Luft.«

Ich weine noch mehr.

»Wenn du nicht aufhörst«, sagt er, »schlag ich dich grün
und blau.«

Entweder.

Oder.

Ich kann aber nicht aufhören. Weil ich so laut weinen

muss, höre ich nicht, wie er den Wohnwagen verlässt. Als mein Weinen endlich nachlässt, ist es unheimlich still.

Ich rufe: »Hallo?« Ich rufe: »Ist jemand da?«

Keiner antwortet. Jetzt schreie ich ganz laut, nein, das stimmt nicht, ich setze nur dazu an, ganz laut zu schreien. Aber ich traue mich nicht. Ich bin schließlich erwachsen. Weil ich erwachsen bin, denke ich daran, dass er mir vielleicht eine Falle gestellt hat. Was ist, wenn er draußen steht und lauscht? Wenn er nur darauf wartet, bis ich schreie, damit er mich grün und blau schlagen kann? Der Schrei erstirbt in meinem Mund. Ein kurzes Krächzen, und ich bin stumm. Ich bin stumm wie ein Fisch, weil ich weiß, dass ich in der Kiste nicht schreien und heulen darf. Nur ganz leise vor mich hinweinen, was man draußen nicht hören kann. Das tue ich. Ich weine leise vor mich hin. Um mich herum ist es dunkel, und dann kommt es mir so vor, als ob es noch dunkler wird. Geht das? Kann es dunkler als dunkel werden? Ja, das geht. In einer Kiste geht das.

Ich liege im Dunkeln und lausche, ob er zurückkehrt, um mich grün und blau zu schlagen.

Ich fahre kein Ski, weil ich Höhenangst habe. Mich von den Gipfeln der Großglocknergruppe, vom Kitzsteinhorn oder dem Maiskogel auf steilen Abfahrten in die Tiefe stürzen? Nein, danke! Seit ich in Kaprun bin, war ich einmal am Stausee Wasserfallboden, um nach den Haien zu sehen, die es dort nicht gibt, und allein das war für mich schon ein gewagtes Unternehmen. Der Ort selbst liegt knapp 800 Meter über dem Meeresspiegel im Tal der Kapruner Ache, und diese Höhe genügt mir völlig. Als daher das Filmteam auftaucht und fragt, wo wir drehen können, sage ich, überall, nur nicht dort oben. Also drehen wir auch nicht dort oben, selbst wenn der Kameramann immer wieder sehnsuchtsvolle Blicke auf die schneebedeckten Berge wirft. Wir drehen im Hotel. Die Regisseurin meint, ich solle einfach tun, was ich immer tue, und dabei so sein, wie ich immer bin. Das ist gar nicht so einfach, wenn eine Kamera auf einen gerichtet wird. Ich fühle mich beobachtet, wie Adam G. mich beobachtete: mit diesem starren, unerbittlichen Blick. Die Kamera folgt jeder meiner Bewegungen, wie er es auch tat. Wie kann ich da so sein, wie ich bin? Vor allem, wie bin ich eigentlich? Diese Frage stellt man sich, wenn einen jemand dazu auffordert, so zu sein, wie man immer ist.

Aber ich gebe mir Mühe. Ich bin schließlich der höfliche und zuvorkommende Sascha Buzmann. Für die Dreharbeiten ziehe ich ein frisches Hemd an. Darüber die schwarze Samtweste mit dem Logo des Hotels, wobei sich die Regisseurin nicht sicher ist, ob sie dieses Zeichen im Bild haben will. Die rote Krawatte knote ich mit einem Windsor-Knoten, dessen zahlreiche Windungen ich im Schlaf beherrsche. Drunten in der Gaststube sitzt eine lustige Männergruppe, die auffallend still wird, als das Filmteam eintritt. Sie sollen so sein, wie sie immer sind, fordert die Regisseurin die Männer auf, aber sie werden trotzdem nicht lebhafter. Der Kameramann begleitet mich hinter die Theke, wo ich Wein hole. Meine üblichen Handhabungen wie das Entkorken und das Kostenlassen schenken wir uns. Dafür ist keine Zeit im Film. Der Kameramann filmt, wie ich serviere. Das tue ich gewandt wie immer, wie es sich gehört, von der rechten Seite kommend, wobei meine linke Hand auf dem Rücken ruht und meine rechte die Flasche umgreift, die in einem Tuch liegt. Na bitte, geht doch: Ich bin ganz so, wie ich immer bin. Die Regisseurin lobt mich. Nun will sie draußen drehen. Also gehe ich an der Kapruner Ache entlang, in meiner braunen Lederjacke mit dem warmen Veloursbesatz, die mir hier im Winter gute Dienste erweist. Ich trage die schwarzen Handschuhe, die auch schon auf den Fotos im Magazin auftauchen. In der rechten Hand verstecke ich meine Zigarette, die soll nicht im Bild sein. Zu diesen Filmbildern wird eine Sprecherin später sagen, dass ich Pläne für die Zukunft schmiede. Dass ich Restaurantmanager werden will. Und eine Familie gründen.

Das habe ich auch gesagt, als die Regisseurin ein Interview mit mir führt und wissen will, was ich in Zukunft tun möchte. »Ich will Restaurantmanager werden«, sagte ich. »Ich will eine Familie gründen.«

Ich spreche nicht davon, was ich nicht möchte: weiterhin von Haien angegriffen werden. Auf einer ganz normalen Treppe stehen und Höhenangst bekommen. Meine Tür und meine Fenster immerzu mit Ketten sichern müssen. Und mich auf die Fahrerseite eines Autos setzen. Weil ich weiß, was dort alles passieren kann. Ach ja, meine Unfälle. All die Autounfälle, die ich hatte. Von denen weiß die Regisseurin nichts, deshalb stellt sie mir dazu keine Fragen.

»Für mich ist es sehr wichtig, dass man die Vergangenheit verschließen soll, am besten mit einem eisernen Vorhang, damit da nichts rauskommt«, erkläre ich im Interview. Und denke gleichzeitig, aber was du gerade tust, Sascha Buzmann, ist das krasse Gegenteil davon. Erst stehst du einem Reporter Rede und Antwort. Jetzt lässt du einen Film über dich drehen. Auf deinem Computer gibt es eine Datei mit dem Titel »Meine Erinnerung«. Auch wenn du schon einige Zeit nichts mehr geschrieben hast, ist sie immer da: »Ich warte auf dich«, sagt sie. »Wenn du dazu bereit bist, wirst du weiterschreiben. Eines Tages wird es so weit sein.«

Vor der Kamera rede ich davon, die Vergangenheit zu verschließen, aber ich tue das Gegenteil: Ich rüttle am eisernen Vorhang und sorge dafür, dass eine Menge Vergangenheit ans Tageslicht kommt. Ich unterbreche die Regisseurin und stelle selbst Fragen.

»Wie war das damals bei der Suche nach mir?«, will ich wissen. Die Regisseurin hat ihre Hausaufgaben gemacht. Sie hat recherchiert und weiß bestens Bescheid. Bereitwillig gibt sie mir Auskunft:

»Nach allgemeiner Überzeugung konnten Sie nicht weiter als sieben Kilometer vom Wohnort entfernt sein«, erzählt sie. »Also suchte in diesem Umkreis eine Sonderkommission nach Ihnen. Die Polizisten gaben sich alle Mühe. Sie drehten jeden Stein um. Sie tauchten in Seen und Fischweiher. Sie hatten Hunde und Pferde. Eine Kompanie US-Soldaten beteiligte sich, die Feuerwehren der Region waren auch dabei. Man setzte Flugzeuge ein. Polizisten fuhren mit der Linie 25 und befragten Fahrgäste. Sie verteilten Flugblätter. Alles ohne Erfolg.«

Weil schon die erste Überlegung falsch gewesen war:

Sascha Buzmann ist neun Jahre alt und hat sich sicherlich nicht weit von der Stelle entfernt, an der er zuletzt gesehen worden ist. Alle Polizisten, Soldaten und Feuerwehrleute wären ausgesprochen entsetzt gewesen, hätten sie gewusst, dass ich viel weiter von diesem Gebiet entfernt war, auf das sie sich konzentrierten.

Und dass ich dort in einer Kiste steckte, die nur 111 Zentimeter lang, 56 Zentimeter breit und 46 Zentimeter hoch war.

In der es so dunkel und unheimlich und kalt und einsam und stickig und eng und beklemmend und entsetzlich furchtbar schrecklich war ... Ich atme tief durch. Für einen Augenblick will die Erinnerung mit mir durchgehen. Das darf auf keinen Fall geschehen. Sascha Buzmann ist dafür bekannt, höflich, zuvorkommend, aufmerksam und liebenswürdig zu sein, auch dann, wenn er gefilmt wird. Auch dann, wenn er sagt, dass er die Vergangenheit verschließen will, damit da nichts rauskommt, aber genau das Gegenteil tut.

»Adam G. hat die Kiste mit zwanzig Steinen beschwert, damit Sie nicht rauskommen«, sagt die Regisseurin plötzlich, als könne sie alle Gedanken in meinem Kopf lesen.

Ich weiß nicht, dass es zwanzig Steine waren. Ich weiß nur, irgendetwas lastete schwer auf dem Deckel, denn es wollte mir einfach nicht gelingen, die verdammte Kiste aufzudrücken. Sosehr ich mich abmühte, sosehr ich es versuchte, das verdammte Scheißding ging und ging nicht auf.

Ich weine und heule und schreie und heiße die Kiste und mich und den Geist und meine Eltern und die ganze Welt alle Schimpfworte, die ich kenne, während ich mit den Knien gegen das Holz drücke. Ich verliere die Nerven, und es ist mir auf einmal scheißegal, ob die Drecksau da draußen steht und lauscht. Die Drecksau soll mich grün und blau schlagen, sie soll mich gegen die Wand schmeißen, sie soll mich hochheben und fallen lassen, sie soll mich umbringen, es ist mir gleichgültig. Alles ist mir gleichgültig, wenn ich nur hier rauskomme! Was habe ich getan, was habe ich nur getan? Was habe ich verbrochen? Ich zermartere mir den Kopf. Rotz läuft mir aus der Nase und verklebt mein Gesicht, und ich will hier raus! Raus, raus, raus! Ich versuche, meine Beine so zu drehen, dass ich sie gegen den Deckel der Kiste stemmen kann, aber das Einzige, was passiert, ist ein Muskelkrampf. Ich heule noch mehr. Warum hört mich keiner? Warum ist da niemand, warum holt mich keiner raus? Warum bin ich allein? O Gott, o Gott, o Gott, wo bist du, wo ist der Engel? Ich schreie, ich will nicht mehr erwachsen sein, ich will hier raus, ich will so sehr hier raus hier raus hier raus hier raus …

Irgendwann habe ich keine Luft mehr zum Schreien. Auch meine Tränen versiegen. Mein Kopf dröhnt, meine Augen sind geschwollen. Da höre ich Schritte. Jemand nähert sich. Ich weiß nicht, ob ich rufen soll oder lieber nicht? Wer ist das? Der Teufel, der zurückkommt, oder jemand anders, der mir helfen kann? Schreien oder nicht? Entweder – oder? Etwas kratzt an der Kiste. Ein Stöhnen dringt aus meiner Brust. Die Kiste zittert, als sich jemand an ihr zu schaffen macht. Dann fällt Licht herein. Geblendet schließe ich die Augen. Als ich sie wieder aufmache, sehe ich den Teufel, in seiner Faust baumelt ein Hase. Seltsam schlaff hängen die Pfoten herab. Das Gesicht des Teufels verzieht sich zu einem Grinsen.

»Raus da«, sagt er. »Oder hast du keinen Hunger?«

Der Computer sieht mich an, als sage er »Na Alter, willst du es nicht mit mir probieren?« Das Filmteam ist nach Hause gefahren, doch die Dreharbeiten sind nicht vorbei. Wenn mein Arbeitsvertrag in Kaprun beendet ist, will die Regisseurin mit mir dorthin fahren, wo der Wohnwagen stand. Warum bin ich nicht überrascht? Dort wollen alle hin, der Ort zieht sie magisch an, als ob es außer Gestrüpp und Gerümpel doch noch etwas gibt, das man der Welt zeigen kann. Doch alles, was man der Welt zeigen könnte, befindet sich drinnen in meinem Kopf. Leider kann dort kein Kameramann reinfilmen. Nur ich kann reinsehen; nur ich kann ans Tageslicht befördern, was im Verlies liegt. Deshalb sieht mich der Computer so herausfordernd an. Er weiß, dass ich nicht schlafen kann, die alte Schlaflosigkeit hat mich wieder, obwohl die Dreharbeiten anstrengend sind und meine Schicht danach nicht weniger. Jetzt bin ich schlaflos und hätte hier in Kaprun eine Menge Möglichkeiten, um mich auf andere Gedanken zu bringen. Es gibt Diskotheken, Kneipen, Restaurants, es gibt meine Kollegen, die noch einen trinken wollen. Aber ich schütze Müdigkeit vor, dabei bin ich hellwach. Etwas geistert durch meinen Kopf; es fiel mir ein, als die Regisseurin von der Kiste sprach. Als sie erzählte, wie Adam G. zwanzig Steine draufpackte, damit ich nicht rauskonnte. Damit weckte sie eine Erinnerung, und ich weiß, ich sollte sie aufschreiben, aber ich traue mich nicht. Diese Erinnerung war über zwanzig

Jahre lang verschüttet, aber jetzt ist sie wieder da. Ich will sie nicht verlieren, obwohl mir auch das nicht unlieb wäre.

Immer wieder entweder – oder.

Immer wieder die Gegensätze.

Die sind manchmal nicht leicht zu ertragen. Ich zünde mir eine Zigarette an, setze mich an den Computer und setze den Cursor auf das Facebook-Icon. Plötzlich gebe ich mir einen Ruck, und der Cursor bewegt sich auf die Datei »Meine Erinnerung«. Ich klicke sie an, sie öffnet sich, und meine Hände auf der Tastatur bewegen sich wie von selbst. Ich bin zwölf Jahre alt, schreiben meine Hände. Es ist drei Jahre nach der Entführung. Im Schuljahr meiner Befreiung bin ich sitzen geblieben, weil ich ein paar Monate verpasst habe. Jetzt bin ich in einer Gesamtschule und habe einen Freund, der Michael heißt. Michael und ich sind Ninjas, tapfere japanische Krieger, die sich so schnell bewegen können, dass man ihre Schatten nicht sieht. Wir haben uns Wurfsterne gekauft, wie Ninjas sie tragen, und wo immer wir sind, werfen wir sie gegen Holzwände und Bäume. Wir übertrumpfen uns in der Treffsicherheit. Da wir so schnell sein wollen wie Ninjas, gehen wir niemals, sondern rennen. Wir rennen überallhin, weil wir in unserer Fantasie ständig verfolgt werden. Ninjas werden immer verfolgt, das wissen wir, wir haben alle Comics. Wir sind Ninjas, sind draußen beim Spielen, aber jetzt muss ich nach Hause. Da sagt Michael: »Pass auf, wenn du heimgehst.«

Ich bin ein furchtloser Kämpfer, doch auf einmal ist mir unheimlich zumute. Ich frage: »Warum sagst du das? Willst du mir Angst machen?«

»Pass auf«, wiederholt Michael nur. »Die Dämonen sind überall.«

Und dann bin ich auf dem Weg nach Hause, und ich renne, nicht weil ich ein Ninja bin, sondern weil ich tatsächlich furchtbare Angst habe. Denn da ist ein Schatten, wie damals im Wintersturm, und er verfolgt mich. Ich renne schneller. Ich renne so schnell mich meine Beine tragen, ich breche durch Gebüsche und springe über Zäune. Ich kenne alle Schleichwege und alle Abkürzungen, aber mein Verfolger lässt sich nicht abschütteln. Als ich vor unserem Haus ankomme, hat er mich eingeholt. Ich drücke wie wild auf die Klingel, als er nach mir greift. Die Tür öffnet sich, ich stürze ins Haus und wild schreiend die Treppe hoch. Mein Vater steht oben. Er ruft: »Um Himmels willen, Sascha, was klingelst du wie verrückt, sei doch etwas leiser!« Aber ich brülle: »Papa, es kommt, mach die Tür zu, mach die Tür zu!« Ich laufe an ihm vorbei, und mein Papa will die Tür zumachen, aber da wirft sich etwas von außen dagegen. Mein Papa flucht, weil ihm die Tür gegen den Kopf knallt, und er muss seine ganze Kraft aufbringen. Endlich fällt sie ins Schloss. Papa dreht sich zu mir um und sieht mich an, wie ich schwitzend und zitternd vor ihm stehe.

»War nur ein Windstoß«, sagt er lächelnd, aber ich glaube ihm nicht.

Etwas will mich.

Etwas will mich, und es lässt sich nicht davon abbringen.

Bevor der Teufel kochen kann, muss er den Hasen schlachten. Bevor er den Hasen schlachtet, muss er den Holzofen anheizen. Bevor er den Holzofen anheizt, muss er das mit dem Pimmel tun. Ich wehre mich nicht gegen den Pimmel, ich liege einfach nur da und sehe dem Hasen zu, wie er tot ist. Ich stelle mir vor, wie schön es sein kann, wenn man tot ist. Sicher ist es dann ganz still. Keiner stöhnt und grunzt wie ein Schwein.

Endlich hat der Pimmel bekommen, was er wollte. Jetzt brennt das Holz im Ofen, und der Teufel schlachtet den Hasen. Er schlitzt ihn auf und zieht ihm das Fell ab. Er wirft es in die Ecke. Er holt was aus dem Hasen raus. Er schneidet ihn in kleine Stücke. Er hat nur einen Topf, da wirft er die Stücke rein. Er hat kein Wasser im Wohnwagen, also muss er noch mal raus. Er geht raus, und ich sitze auf dem Bett und rühre mich nicht. Mein Popo brennt. Kalte Luft kommt herein, und ich friere. Ich weiß nicht, ob ich Hunger habe, ich weiß nicht, ob ich toten Hasen essen will, aber ich nehme mir vor, nichts zu sagen. Ich werde nicht sagen, ich mag keinen Hasen, so wie ich gesagt habe, ich mag keine Zwiebeln. Ich werde erwachsen tun und zeigen, wie gut mir toter Hase schmeckt. Der Teufel kommt zurück und bringt Wasser mit. Ich weiß nicht, wo er es herhat, und ich weiß auch nicht, woher der Hase stammt. Es dauert ewig, bis das Wasser kocht. Dampf zieht durch den Wohnwagen. Er stochert mit einem Löffel im Topf herum. Ich sitze auf dem Bett und schaue zu.

Auf einmal fragt er: »Gehst du zur Schule?«

Ich bin verwirrt und weiß nicht, was ich antworten soll. Der Löffel rührt durch den Topf und macht ein hässliches metallenes Geräusch. »Also, sag schon. Ja oder nein?«

Entweder Schule oder nicht?

»Nein«, sage ich. »Im Moment nicht.« Ich kann sogar jetzt noch neunmalklug sein. Aber er nimmt die Antwort für bare Münze.

»Aber sonst?«, bohrt er weiter. »Sonst gehst du doch zur Schule?«

»Ja. Das tue ich.«

»Und in einen Sportverein. Gehst du in einen Sportverein?«

Er schaut mich bei der ganzen Fragerei nicht an. Aber er scheint begierig auf Antworten zu sein.

»Ja«, sage ich. »Ich gehe auch in einen Sportverein.«

»Fußball? Spielst du Fußball?«

»Ich spiele Fußball.«

Der Löffel kratzt durch den Topf und kratzt durch den Topf und kratzt durch den Topf. Der Teufel überlegt die nächste Frage.

»Spielt ihr mit Lederfußbällen?«, will er wissen.

»Ja«, sage ich. »Mit Lederfußbällen.«

»So einen wollte ich auch immer haben«, sagt er. Er nimmt ein Stück Fleisch aus dem Topf, bläst darauf, steckt es in den Mund, kaut.

»Ist fertig. Wir setzen uns aufs Bett. Du bleibst dort, ich setze mich daneben.«

Er nimmt einen Eimer, dreht ihn um, stellt den Topf darauf, gibt mir den Löffel.

»Iss«, sagt er.

Nicht: Iss, sonst setzt es was, sondern nur: »Iss.«

Ich weiß nicht, was in ihn gefahren ist, aber er setzt sich

neben mich, ohne mich anzufassen, und sieht mir dabei zu, wie ich ein Stück toten Hasen aus dem Topf hole.

»Vorsicht«, meint er. »Kann noch heiß sein.«

Ich stecke mir das Fleisch in den Mund. Ich beiße darauf, und es fühlt sich an wie Gummi. Trotzdem habe ich auf einmal einen Bärenhunger. Der kommt aus dem Nichts, er überfällt mich geradezu, und meine Kiefer beginnen zu mahlen. Der Hase wehrt sich, wehrt sich noch im Tod, aber meine Zähne bohren sich in ihn rein, immer und immer wieder, ich werde den toten Hasen kleinkriegen! Ich werde ihn alle machen! Ich werde ihn essen, und dann werde ich erwachsen sein. Und Adam G. lacht glücklich, weil mir sein Essen so gut schmeckt. Er nimmt mir den Löffel ab, holt sich selbst Fleisch aus dem Topf, bohrt seine Zähne hinein, schmatzt laut.

Laut schmatzend sagt er: »Wie heißt du eigentlich?«

Mein Stück Hase bleibt mir fast im Hals stecken. Weil mich die Frage überrascht. Weil mir für einen Augenblick mein Name nicht einfallen will. Dann fällt er mir wieder ein, und ich sage hastig: »Sascha, Sascha Buzmann.«

Adam G. lacht wieder, holt das nächste Stück Fleisch aus dem Topf, kaut und schmatzt und schmatzt und kaut, und dann sagt er: »Sascha, hmhm. Sascha. Willst du mein Freund sein, Sascha?«

Mein Saisonvertrag in Kaprun ist beendet, und ich fahre nach Hause. Ich bin zufrieden: Das Hotel gefiel mir, die Kollegen waren nett, ich hatte keinen Stress mit dem Chef, und bezahlt wurde pünktlich, was nicht immer der Fall ist in unserer Branche. Ich nehme mir vor, bald wieder in Österreich zu arbeiten. Jetzt habe ich erst einmal ein wenig Geld in der Tasche und mir eine Auszeit verdient.

Normalerweise würde ich nun fünfe grade sein lassen, die Beine hochlegen, meine Mama und meinen Papa besuchen, bei meinen Geschwistern Kaffee trinken, mit meinen Freunden Wiesbaden, Frankfurt und Mainz unsicher machen. Obwohl man mich in der letzten Zeit häufig dazu aufgefordert hat, einfach zu tun, was ich immer tue, weiß ich, genau das ist unmöglich. Denn zuhause wartet die Regisseurin auf meinen Anruf, und wir werden zum »Ort des Geschehens« fahren. Außerdem habe ich weitergeschrieben. Die Erinnerungen purzeln nur so durch meinen Kopf. Sie stammen aus meiner Jugend, meiner Kindheit, der Zeit der Entführung, meinem Arbeitsleben; es ist ihnen völlig schnuppe, ob sie zusammenhangslos daherkommen oder in ein Zeitgefüge passen. Sie kommen mir unter der Dusche, während ich Suppen auftrage und Champagnerflaschen öffne, Wein dekantiere oder Tischwäsche abnehme. Sie fallen mir im Schlaf ein und wehen am nächsten Morgen als vage Erinnerung durch meinen Kopf. Sie stolpern durch mein Gedächtnis bei der morgendlichen

Frühstückszigarette, wenn ich vor dem Fernseher sitze und Fußball gucke oder einfach nur spazieren gehe. Manche der Erinnerungen halten durch, bis ich am Computer sitze, andere nicht. Die verschwinden, bevor ich sie aufschreiben kann. Einige, die bleiben, setzen mir ganz schön zu, andere können lustig sein oder sind irgendwie ballaballa. Es ist mir egal, ich werte nicht, das habe ich von den Reportern gelernt. Die fragten mich Löcher in den Bauch, ohne meine Antworten zu beurteilen. Sie haben sie einfach aufgenommen, und das lernte ich zu schätzen. Im Grunde genommen tue ich dasselbe: Ich schreibe auf, was kommt, ohne groß darüber nachzudenken. Ich habe keine Pläne mit meinen Erinnerungen. Ich habe nur das Gefühl, dass es mir guttut, wenn alles schwarz auf weiß niedergeschrieben wird.

Selbst jetzt im Zug kommen Erinnerungen. Während draußen die Landschaft vorbeigondelt, fällt mir plötzlich das Hotel in Bad Schwalbach ein. Dort unterschreibe ich 2008 einen Jahresvertrag, der mir monatlich 1.200 Euro einbringt. Viel ist das nicht für die ewig langen Arbeitszeiten, aber ich habe endlich mal wieder ein klares Ziel vor Augen: Ich will sesshaft werden und mir eine eigene Wohnung mieten. Bisher lebe ich bei meinen Eltern, wenn ich in der Gegend bin. Also spare ich mir alles vom Mund ab. Ich lege Zusatzschichten ein, halte das Trinkgeld zusammen. Im Hotel geht es drunter und drüber. Der Geschäftsführer setzt eine Menge Geld in den Sand, und eines Tages ist er weg. Der neue Mann kommt aus Hamburg, bringt ein eigenes Team mit, wirbelt viel Staub auf. Die zentrale Frage lautet: Wo können wir Kosten sparen? Der Geschäftsführer will von mir wissen, ob ich meinen Vertrag verlängern möchte, aber ich verlange mehr Geld, und das passt nicht zum Thema Kostensparen. Auf der anderen Seite sieht er, wie gut ich an den Tischen arbeite, und möchte nicht gleich »Nein« sagen, sondern verhandeln. Mittlerweile habe ich genug Geld für meine Wohnung in

Wiesbaden zusammen. Ich richte sie mir schön ein; mein sicherer Hafen mit Ketten an Fenstern und Tür. Ganz in der Nähe gibt es ein Restaurant mit Loungebetrieb, und der Besitzer fragt, ob ich bei ihm arbeiten will. Also sage ich Bad Schwalbach »Adieu«, bevor wir uns auf den neuen Vertrag einigen können. Ich verschwende keinen Gedanken daran, dass hier, wo ich aufgewachsen bin, manchen Leuten meine Geschichte im Gedächtnis geblieben ist. Schließlich ist das lange bevor ein Reporter kommt und die Tür zum Verlies öffnet. Als daher eines schönen Tages ein paar Stammgäste meines neuen Arbeitgebers Fragen zu meiner Vergangenheit stellen, bin ich starr vor Schreck. Ich verbringe eine schlaflose Nacht und rufe am nächsten Morgen meinen Chef an.

»Ich kündige«, sage ich. Mehr nicht. Keine Begründung, nichts. Was kann ich auch erklären? Ich bin nicht in der Lage, dem Chef auseinanderzusetzen, dass ein paar wenige Fragen seiner Gäste mich völlig aus dem Gleichgewicht brachten. Stattdessen hadere ich mit mir: Wäre ich nur in Bad Schwalbach geblieben oder an einem anderen Ort, wo der Name Sascha Buzmann nicht mehr als ein achtloses Schulterzucken hervorruft.

Dafür habe ich jetzt meine eigene Wohnung. Eigentlich wäre es wirklich schön, irgendwo in der Nähe arbeiten zu können. Aber es geht nicht, wenn die Leute Fragen stellen. Und so packe ich meine Koffer und unterschreibe einen Arbeitsvertrag in Nürnberg. Danach in Weissach. Danach in Österreich. Das ist zwar lästig, aber notwendig. Doch nun ist so einiges ins Rollen gekommen. Und vielleicht, denke ich im Zug nach Hause, ändert sich etwas. Vielleicht kann ich irgendwann nicht nur zu wohlmeinenden Journalisten, sondern auch zu fremden Menschen unbefangen von damals sprechen. Dann könnte ich arbeiten, wo ich wohne.

Das wäre doch schön.

DER HASE IST GEGESSEN, UND MICH PLAGEN BAUCH-
KRÄMPFE. Dieses Mal führt mich Adam G. gar nicht erst
hinaus. Er reicht mir eine Blechdose. Da soll ich reinmachen.
Als ich fertig bin, nimmt er die Dose und wirft sie aus dem
Wohnwagen. Das Hasenfell schmeißt er hinterher. Die ganze
Zeit über redet er auf mich ein. Als wenn ein Staudamm in
ihm gebrochen wäre. Fragen über Fragen. Es fällt mir schwer,
sie zu beantworten. Vor allem die nach meinen Eltern.

»Was macht dein Vater?«, will er wissen. Ich müsste antworten, was geht dich das an, du furchtbares Ungeheuer,
bring mich zurück zu meinem Papa! Aber ich versuche, wie
ein Erwachsener zu denken, und daher muss ich auch wie ein
Erwachsener antworten. Ein Erwachsener sagt, was Sache ist.
Also antworte ich wahrheitsgemäß: »Er ist Schlosser.«

»Und deine Mutter?«

»Sie ist zuhause.«

»Immer?«

»Früher hat sie als Kellnerin gearbeitet.«

»Schlagen sie dich?« Adam G. sieht mich mit großen
Augen an, anders als sonst. Sonst sind sie klein und zu-
sammengekniffen. Bevor ich antworten kann, fragt er gleich
nochmal: »Schlagen sie dich?« Es scheint ihm wichtig zu sein.
Vielleicht hört er selbst damit auf, wenn ich »Nein« sage? Ich
kann reinen Gewissens »Nein« sagen, denn meine Eltern
schlagen mich nicht. Erwachsene müssen sich beherrschen

117

können. Doch bevor ich alle Worte richtig zusammenhabe, fragt er mich erneut, ob meine Eltern mich schlagen. Dieses Mal klingt er sehr ungeduldig. Dieses Mal klingt er danach, als ob er sich nicht mehr lange beherrschen kann.

Ich schüttle den Kopf. »Nein«, sage ich.

Darüber denkt er eine Zeit lang nach. Dann fragt er: »Wo wohnst du?« Mir ist, als hätte ich einen Stromstoß bekommen. Adam G. weiß nicht, wo ich wohne. Er weiß nicht, dass er mich direkt vor unserem Haus geschnappt hat. Ich denke fieberhaft nach. Ist das gut oder schlecht, wenn er davon erfährt? Wieder brauche ich lange für meine Antwort. Wieder kann er sie nicht abwarten.

»Ganz in der Nähe, wo der Bus hielt, stimmt's?«, sagt er. »Du wolltest nach Hause.«

Ich nicke. Die Erinnerung macht mich stumm. Wie lange ist das her? Ich weiß es schon gar nicht mehr. Plötzlich fühlt es sich so an, als würde ich gleich heulen. Weil ich daran denken muss, dass ich vielleicht nie wieder nach Hause komme. Dass ich mein ganzes Leben bei diesem Mann bleiben muss. Was ist, wenn ich achtzehn bin? Wenn ich achtzehn Jahre alt bin, denke ich, kann ich vielleicht abhauen, weil ich dann stark genug bin. Wenn ich achtzehn bin, gehe ich zu meinen Eltern zurück. Aber wohnen sie dann noch zuhause? Was passiert, wenn sie in der Zwischenzeit weggezogen sind? Kann ich herausfinden, wo sie wohnen?

Adam G. fuchtelt mit einer Hand vor meinem Gesicht herum. »He«, sagt er barsch. »Träumst du? Ich habe dich gefragt, ob deine Oma noch lebt? Und dein Opa.«

Ich brauche eine Weile, um zu begreifen, was er jetzt schon wieder von mir will. Meine Oma stammt aus Metz, das ist in Elsass-Lothringen, sie sprach französisch. Mein Opa kam aus Siebenbürgen in Rumänien, ihn habe ich nie kennengelernt. Die Eltern meines Papas lebten in Dresden. Von dort flüchtete Papa 1957 in den Westen. Über Köln kam er nach

Wiesbaden, wo meine Mama im Restaurant am Ostbahnhof kellnerte. Sie war damals mit einem Italiener verheiratet, hatte mit ihm ein paar Jahre in Neapel gelebt, weshalb meine Stiefgeschwister Italienisch sprechen können. Ich kann das nicht, Adam G. Hast du gehört?

Ich.

Kann.

Kein.

Italienisch.

Aber wieder kriege ich kein Wort raus von dem, was ich eigentlich sagen will. Stattdessen sage ich etwas ganz anderes, und das habe ich mir nicht überlegt. Das kommt mir einfach in den Sinn. Vielleicht, weil Adam G. plötzlich wieder anfängt, vor sich hin zu schimpfen und mit den Fäusten in die Luft zu schlagen. Er macht mir viel Angst, wenn er das tut. Anstatt in die Luft kann er auch ganz schnell mich schlagen. Ich will nicht mehr von ihm geschlagen werden. Und so schießt mir plötzlich ein Satz durch den Kopf, und bevor ich es mir anders überlegen kann, ist er schon draußen.

Ich sage: »Ich glaube, du hast viel Kummer und viele Sorgen.«

Die Fäuste von Adam G. bleiben in der Luft stecken, als sei diese plötzlich harter Beton. Ohne mich anzusehen, fragt er: »Wieso? Merkst du das?«

»Ja«, sage ich. »Weil du immer das machst.«

Ich meine die Fäuste, das Brabbeln, das Schimpfen.

Bevor ich mich versehen kann, wendet sich Adam G. ab und fängt an zu weinen.

Wieder bin ich am Ort des Geschehens. Ich will nicht sagen, dass es langsam zur Gewohnheit wird, aber heute bin ich schon wesentlich entspannter als beim ersten Mal. Als ich mich nach einem Wrackteil des Wohnwagens bücke, bemerke ich, dass ich wieder meine schwarzen Handschuhe trage. Die kalte Jahreszeit ist noch nicht vorüber, und doch ist in diesen paar Monaten mehr geschehen als in einer langen Zeit davor.

»Wir sehen hier die alten Überreste dieses Waggons«, sage ich, während der Kameramann mich filmt. Irgendwie komme ich mir vor wie ein Fremdenführer, und der Fremde, den ich herumführe, bin ich selbst. Und dann sage ich den seltsamen Satz: »Ich weiß, dass hier mal was war. Ich weiß, dass ich hier was gelassen habe.«

Die Regisseurin hakt nach: »Was denn?«

»Viel Schmerz«, antworte ich. »Viel Leid. Viel Traurigkeit. Viele Tränen.« Erst hinterher kommt mir in den Sinn, dass es weit mehr ist. An diesem Ort habe ich meine Kindheit zurückgelassen. Davor war ich ein neunjähriges Kind. Danach war ich ein neunjähriger Erwachsener.

Ich arbeite mich durch das Gestrüpp weiter vor. Viel zu drehen gibt es nicht. Irgendwann packt der Kameramann zusammen. Die Regisseurin ist erstaunt, dass kein Nachbar etwas bemerkt haben will. So abgeschieden von der Welt ist dieser Ort gar nicht, auch wenn mir das immer so vorkam.

Ganz in der Nähe gibt es eine Baumschule, deren damalige Besitzerin später aussagt, sie hätte wegen der nahen Schnellstraße mein Schreien nicht gehört. Ob sie eines der Flugblätter gesehen hat? Die wurden jedenfalls überall verteilt. Darauf stand: »Vermisst«, und dann war noch zu lesen: »Die Polizei kann ein Verbrechen nicht mehr ausschließen.« Es gab Tausende Flugblätter, aber nur zehn Anrufer reagierten darauf. Die Fahndungsexperten waren sehr enttäuscht. Auch dass sich kein einziger Fahrgast aus dem Bus der Linie 25 meldete, wunderte sie. Das alles erzählt mir die Regisseurin, und ihre Gedanken setzen etwas bei mir in Bewegung. Eine Frage, um die ich die ganze Zeit herumschleiche wie ein Hund um den Knochen. Endlich platze ich damit heraus.

»Was haben eigentlich meine Eltern gemacht?«, will ich wissen.

Um das richtig zu verstehen: Natürlich haben wir zuhause auch mal über die »schreckliche Zeit« gesprochen. Die Betonung liegt auf »mal«, und es lag im Wesentlichen an mir, wenn das Thema selten auf den Tisch kam. Denn mir wurde das alles gleich zu viel. Während meiner Gefangenschaft hatte ich immer wieder schreckliche Gedanken: Muss ich alles erzählen, wenn ich wieder zuhause bin? Wollen mich meine Eltern noch, wenn sie erfahren, was der Mann mit mir gemacht hat? Das hat meinen Mund verschlossen, als ich zurück war. So kommt es, dass mir jetzt eine fremde Frau sagen muss, wie meine Eltern vor Sorgen fast in den Wahnsinn getrieben wurden. Sie ist gut informiert. Kein Wunder. Sie hat schon Interviews mit meinen Eltern durchgeführt, hat ihnen mehr Fragen gestellt, als ich es jemals tat.

»Als die Fahnder nach einiger Zeit noch immer keinen einzigen konkreten Hinweis hatten, fingen sie an, Ihren Vater zu verdächtigen«, erzählt sie. »Ihre Mutter sprach davon, wie die Polizei das ganze Hause auseinandergenommen hat. Bis hinab in den Keller haben sie jeden Winkel durchsucht. Sie glaubten, Ihr Vater hätte Sie versteckt. Das ist ihm nicht gut bekommen. Eine ganze Zeit lang war er arbeitsunfähig.«

Mir schießen Tränen in die Augen, als ich davon höre. Ich kann mich nicht erinnern, dass meine Eltern jemals darüber gesprochen haben. Vielleicht haben sie, und ich habe nicht zugehört? Mein Vater hatte schließlich später genug Sorgen mit mir. Er stand mir immer zur Seite, selbst dann, als die Polizei nach Hause kam und das Hasch fand. Da war mein Leben schon so aus dem Gleis gesprungen, dass viele Leute sich fragten, wie das alles noch enden wird.

Zum Glück hat der Kameramann seine Gerätschaften schon verpackt. Ich möchte nicht, dass man mich im Fernsehen heulen sieht.

»Was hat sie sonst noch gesagt, meine Mama?«, will ich wissen und denke, eigentlich sollte ich sie das doch selbst fragen. Aber vielleicht ist es besser so. Die Regisseurin erzählt, wie meine Mama sich den Kopf zermarterte und sich immer und immer wieder fragte, wo ihr Sascha sein könnte. Was ist nur mit ihm passiert?

»Sie konnte nicht mehr schlafen. Sie hat bis tief in die Nacht Fernsehen geschaut, aber gar nicht gesehen, was auf der Mattscheibe passierte. Sie hat nur dagesessen und Rotz und Wasser geheult bis morgens früh«, sagt die Regisseurin. In dieser Zeit gaben die Fahndungsexperten alle Hoffnungen auf. Gerade war zum dritten Mal das gesamte Gelände rund um den Wickerbach, die Gartenhauskolonie und den Golfplatz durchsucht worden. Diese Gegend grenzt unmittelbar an mein Elternhaus, also konnten weder die Polizei noch die Feuerwehr noch die Soldaten mich finden. Irgendwann tauchte das Gerücht auf, man habe meine Leiche in einem der Teiche gefunden. Daraufhin fährt die Polizei mit einem Lautsprecherwagen durch den Ort, um den Gerüchten zu widersprechen. Sie will, dass alle Besitzer der Gartenhäuschen sich in ihren Hütten umsehen, und das erweist sich als schwierig.

Einige Leute werden nicht angetroffen. Andere lassen sich ewig Zeit. Immer wieder überfliegt ein Hubschrauber der Polizeiflugbereitschaft Egelsbach die Region. In den Zeitungen erscheinen neue Suchaufrufe, sogar in den amerikanischen Blättern: »Assistance sought in search for missing German boy, 9« titelte der *Stars and Stripes* am 18. Januar 1986.

In mühseliger Kleinarbeit ermittelt die Sonderkommission die Fahrgäste der Linie 25 am Tag meiner Entführung. Sie veröffentlicht eine Skizze in den Tageszeitungen, weil es von acht Fahrgästen nur eine ungenaue Personenbeschreibung gibt. Da ist die Rede von einer älteren, kräftigen Frau. Einem jungen Mädchen. Noch eine ältere, kräftige Frau. Ein Mann mittleren Alters mit ungeordneter Bekleidung. Eine blonde Frau. Ein älterer Mann, vermutlich Ausländer mit Nappalederjacke. Ein Mann mit blondem Vollbart. Ein jüngerer Mann.

Der Mann mittleren Alters mit der ungeordneten Bekleidung, den hätten sie finden müssen, meint die Regisseurin. Sie berichtet davon, wie meine Eltern zusammen mit meinem Onkel eine Belohnung von 20.000 DM aussetzen, in der damaligen Zeit sehr viel Geld. Sie schreiben einen offenen Brief an alle Tageszeitungen: »Bitte helfen Sie uns, unser Leid, unsere Ungewissheit zu beenden, und bringen Sie unseren Brief in die Zeitungen. Vielleicht liest ihn dann die Person, die am Freitag zuletzt mit unserem Sascha zusammen war und die uns dann sagt, was wirklich passiert ist.«

»Die Ungewissheit hat Ihren Eltern am meisten zugesetzt«, erklärt die Regisseurin, während ich schon wieder mit den Tränen kämpfe. »Am Ende des Briefes formulierten sie an die Adresse des Unbekannten: ›Auch Sie werden sonst nie Ruhe finden.‹«

Auch die Wiesbadener Staatsanwaltschaft verspricht 3.000 DM für alle Hinweise, die zur »Aufklärung eines möglichen Verbrechens führen«. Und noch einmal veröffentlicht die Polizei eine ganzseitige Informationsschrift mit einem detaillierten Luftfoto unseres Wohngebiets. Darunter steht: »Diesen Weg hätte Sascha Buzmann am Freitag, den 10. Januar, gegen 19:30 Uhr, nehmen müssen. Wer kann Hinweise geben?« Und weiter: »Wer ist gegen 19:30 Uhr am Freitag, 10. Januar 1986, in der Münchener Straße, Haltestelle Nürnberger Straße, aus dem Bus der Linie 25 gestiegen? Wer befand sich zu diesem Zeitpunkt zwischen der Haltestelle und der elterlichen Wohnung des Jungen auf der Straße? Wurde Sascha Buzmann von einer Person angesprochen, oder ist er mit jemand mitgegangen? Ist er evtl. in ein Fahrzeug eingestiegen?«

»Ab diesem Zeitpunkt«, so die Regisseurin, »riefen bei Ihren Eltern alle möglichen Leute an. Die behaupteten, sie wissen was – und legten dann auf. Oder sie sagten: Bei Gelegenheit hören Sie wieder von uns.«

Das machte die Not meiner Eltern noch größer. Nochmals wenden sie sich an die Zeitungen: »Sascha ist seit drei Wochen weg«, schreiben sie. »Wir wissen nicht, ob er noch lebt oder ob er tot ist. Diese Ungewissheit ist für uns noch schlimmer, als wenn er wirklich tot wäre. Wir hoffen natürlich noch immer, dass unser Kind noch lebt, aber wir wollen endlich Gewissheit.«

Wieder meldet sich ein Mann. Er sagt, er sei ein »Pendler«, was immer er damit meint. Das Kind liegt tot in einer Schlickgrube bei Flörsheim, teilt er mit. Die Polizei rückt aus, schuftet eine Nacht lang im Schlamm – ohne Ergebnis.

Dann wird meine Lehrerin von einer Zeitung interviewt. Sie schildert mich als still und zurückhaltend, aber keinesfalls ängstlich. Nein, eigentlich sei ich aufgeschlossen, aber eben der Kleinste und Schmächtigste in der Klasse.

Sie sagt nicht, dass ich auf den ersten Blick wie ein Mädchen wirke, aber vielleicht denkt sie es. Sie weiß nichts davon, dass ein Mann mit ungeordneter Kleidung in der Linie 25 saß, der den kleinen Schmächtigen für ein Mädchen hielt.

Irgendwann gibt der Pressesprecher der Wiesbadener Polizei dem Sender RTL ein Interview: »Ja«, sagt er. »Es besteht die Möglichkeit, dass Sascha Buzmann tot aufgefunden wird.« Noch schweigt er darüber, dass in vielen Fällen die vermissten Kinder nicht mehr aufgefunden werden. Weder tot noch lebendig. Da geht die Suche nach mir noch weiter, aber die Zeichen mehren sich, dass die Fahnder die Hoffnung aufgeben. »Es ist niederschmetternd. Kein Ergebnis«, schreibt eine Tageszeitung. »Es gibt nicht den geringsten Hinweis. Nur Spekulationen, Mutmaßungen, wilde Theorien.«

Eine Zeit lang bleibt die Sonderkommission noch am Ball, doch es wird keine weitere Großfahndung mehr geben. Ein Polizist sagt zu meiner Mama, eigentlich kann man nach acht Tagen alle Hoffnungen begraben.

»Da wollte sie sich aus dem Fenster stürzen«, erzählt die Regisseurin. »So verzweifelt war sie.«

Und während die Erwachsenen verzweifeln, versuche ich ebenso verzweifelt erwachsen zu werden. Dafür wird Adam G. zum Kind.

ER HEULT. Adam G. hockt da und heult und schluchzt unter Tränen, dass sein Vater ihn immer wieder geschlagen hat. Und gelogen hätte er auch.

»Ich hasse Lügner«, schreit er mich an. »Ich hasse Lügen! Lüg mich ja nicht an, hörst du, sonst mach ich dich kaputt!« Ich zittere vor Angst und weiß nicht, was ich tun soll. Ich hatte ja keine Ahnung, was mein Satz »Ich glaube, du hast viel Kummer und viele Sorgen« auslösen würde. Ganz sicher hätte ich ihn sonst nicht gesagt. Ich kauere mich im hintersten Eck des Bettes zusammen. Ich will mich unsichtbar machen. Adam G. heult und schlägt in die Luft und schimpft und macht alles gleichzeitig. Er verliert völlig die Nerven, und wer kann dann wissen, was ihm als Nächstes einfällt? Ich kann nicht flüchten, und wenn er erst einmal beginnt, auf mich einzudreschen, so wie er in die Luft schlägt, bricht er mir alle Knochen. Dann werde ich sterben. Ist heute der Tag, an dem es passieren wird? Obwohl es wieder kalt geworden ist, seit der Ofen ausging, fange ich an zu schwitzen. Irgendwas dringt aus meiner Kehle, eine Folge kleiner Schluchzlaute, mehr lässt meine zugeschnürte Kehle nicht zu. In diesem Augenblick sehe ich das Tier, das selbst diese Laute in mir ersticken lässt.

Etwas von der Größe des Kadavers, in den Thorsten getreten ist, drückt sich unter der schmalen Ritze der Tür durch. Ich muss sofort an den Kadaver denken, muss daran denken,

126

dass es mich kriegen will. Das Tier ist braun, der Körper plump, der Schwanz lang und unbehaart. Es hebt seinen Kopf und starrt mich aus toten Augen an. Die Nase wittert. Dann bewegt es sich ganz schnell. Es läuft dorthin, wo Adam G. dem Hasen den Kopf abgehackt hat. Dort liegt etwas, das schnappt es sich und rennt zurück zur Tür. Für einen Augenblick verharrt es, und dann passiert, was ich nicht glauben kann, denn dafür ist das Tier eigentlich viel zu groß. Doch es zieht sich zusammen wie ein Ballon, aus dem die Luft weicht, und verschwindet unter dem Türspalt. In mir verkrampft sich alles. Das war eine Ratte, und ich fürchte mich vor Ratten. Nein, ich fürchte mich nicht nur, ich habe heillose Angst vor ihnen. Wo eine Ratte ist, höre ich Mama sagen, da sind viele, und ich merke, wie mich Ekel überkommt. Er zieht über meine Haut und hüllt mich ein wie eine Wolke. Plötzlich sehe ich überall Ratten. Ich blicke zu Adam G. hinüber, der noch immer vor sich hin schnieft und in die Luft boxt und murmelt, dass man das mit ihm nicht machen kann. Die Ratten tanzen dir auf der Nase herum, denke ich, und ich finde, das ist ein ganz und gar erwachsener Gedanke, auf den ich bei anderer Gelegenheit vielleicht stolz sein könnte, doch jetzt weckt er nur neue Angst in mir. Da, wo ich die Ratte sah, ist nichts mehr, aber ich bin mir trotzdem sicher, dass sie echt war. Ich werde höllisch aufpassen müssen. Ich werde kein Auge mehr zumachen, weil ich gehört habe, dass Ratten Menschen im Schlaf annagen. Während man schläft, fressen sie einem einen Zeh ab oder einen Finger oder die Nase und übertragen dabei furchtbare Krankheiten. Nie wieder werde ich hier ein Auge zumachen, und: Warum räumt dieser schreckliche Mann nicht seinen Saustall auf?

Auch das ist ein erwachsener Gedanke, und er stammt von meinem Papa. Ab und zu, wenn er in mein Zimmer kommt und ich meine Masters-of-the-Universe-Figuren aus dem Regal genommen habe, um mit ihnen zu spielen, aber vergaß, sie wieder einzuräumen, sagt er: Hier sieht's aus wie in einem Saustall. Räum doch mal dein Zimmer auf! Warum hat das der Papa von Adam G. ihm nie gesagt? Warum hat er ihm nicht beigebracht, dass man seine Sachen nicht so herumliegen lässt? Und dass man den Abfall wegräumt? Dann würde es hier anders aussehen. Dann gäbe es auch keine Ratten. Dann hätte er ihn sicher nicht geschlagen, sondern getan, was mein Papa tut, wenn ich mein Zimmer aufräume: Er lobt mich, und ich darf, wenn er Fernsehen schaut, eine Weile auf seinem Schoß sitzen. Dann fragt er mich, ob wir am Sonntag Fußball spielen wollen. Das fragt er, obwohl er meine Antwort schon kennt, aber es gefällt ihm, mich danach zu fragen. Es gefällt ihm, wenn ich »oh ja, oh ja, oh ja« rufe und mich nicht mehr einkriegen kann. Danach kann ich es kaum erwarten, bis Sonntag ist, und ich bibbere die ganze Woche vor Aufregung, damit es an diesem Tag nicht regnet. Ich frage mich, ob der Papa von Adam G. nie mit ihm Fußball gespielt hat.

Das frage ich nur mich. Ich frage nicht ihn selbst. Ich habe Angst davor, was passieren kann, sollte ihn diese Frage aufregen. Er hat nicht einmal die Ratte gesehen vor lauter in die Luft boxen und schimpfen und heulen. Er hat nicht mitbekommen, wie sehr ich mich erschrocken habe. Er sieht nicht, wie ich meine Beine anziehe und versuche, mit der schmuddeligen Decke einen Schutzwall zu bauen. Ich weiß nicht, ob die Decke Ratten abhalten kann, aber ich will nichts unversucht lassen. Meine Blicke wandern über den Fußboden, wie mit dem Strahl einer Taschenlampe taste ich alles ab. Und entdecke nichts. Habe ich mich doch getäuscht? Vielleicht haben mir meine Augen einen Streich gespielt? Nein. Die Ratte sah echt aus. Wie der Kadaver, nur lebendig. Sehr lebendig. Und schnell. So schnell, dass sie mich kriegen kann, wann immer sie will. Zentimeter für Zentimeter tastet mein Blick den Fußboden ab, verweilt beim Ofen, unterm Tisch, wo besonders viel Abfall herumliegt, beim Eimer, auf dem noch immer der Topf steht, wandert zur Tür, zum Türspalt. Ein Kopf erscheint dort. Dann der Körper, wieder auf unerklärliche Weise zusammengepresst. Er schwillt an, wird dick und groß, und die Ratte hat sich unterm Spalt durchgedrückt. Ich bin wie hypnotisiert. Sie wittert. Dreht den Kopf zu mir und setzt sich in Bewegung, genau auf das Bett zu. Ich fange an zu schreien.

Auf meinem Anrufbeantworter sind plötzlich sehr viele Anrufe. Es sind keine Hoteliers oder Restaurantbesitzer, die mir Arbeit anbieten. Der Artikel im Nachrichtenmagazin hat auf jeden Fall schon mal eines bewirkt: Die Perversen kriechen aus den Löchern. Wie meine Eltern damals bekomme ich Anrufe von Leuten, die sich einen Spaß daraus machen, andere Menschen zu quälen. Ich kann mir gut vorstellen, wie einige der Anrufer mit offener Hose am Telefon sitzen, während sie ihre Bosheiten absondern. Ich habe diese Sorte Mensch schließlich kennengelernt. Ein Anrufer mit heiserer Stimme erzählt davon, dass er Adam G. gut kenne. Er sei im selben Gefängnis gewesen, als ob ihn das vertrauenswürdig macht. Jetzt müsste er mir ganz dringend etwas von Adam G. ausrichten. Dazu soll ich in den Wiesbadener Stadtpark kommen, er nennt Ort und Uhrzeit. Ich soll alleine erscheinen, das sei sehr wichtig. Gerade will ich alle Anrufe löschen, weil ich nicht den ganzen Mist anhören möchte, da piepst es, und eine weibliche Stimme ist dran. Etwas an ihr sorgt dafür, dass ich den Finger vom Löschknopf nehme. Vielleicht ist es ihr schweizerischer Dialekt, für den ich schon immer eine Schwäche hatte. Vielleicht spüre ich, dass diese Frau etwas zu sagen hat, das nichts mit den perversen Gelüsten der anderen Anrufer zu tun hat.

Es ist nicht viel, was sie sagt, aber es lässt mich erschauern. Hier spricht eine, die weiß, wie es um mich steht. Eine, die meine Erfahrungen nicht aus Büchern kennt oder weil sie in der Therapie tätig ist. Hier spricht eine Frau, die das alles weiß, weil ihr Ähnliches widerfahren ist. Sie nennt mir eine Handynummer. Es stehe mir frei, ob ich sie anrufen möchte, sagt sie. Doch würde sie sich über ein Gespräch freuen.

Ich bleibe vor dem Anrufbeantworter sitzen. Ich stelle ihn nicht ab, doch höre ich den restlichen Anrufern kaum zu. Diese haben mehr oder weniger dasselbe zu sagen wie der Mann mit der heiseren Stimme. Das zählt nicht mehr. Was zählt, ist die Tatsache, dass es da draußen einen Menschen gibt, den mein Schicksal interessiert, weil er es aus eigener Erfahrung kennt. »Aus eigener Erfahrung« ist der Schlüsselsatz. Ich erinnere mich an einen Kollegen, der unter Depressionen litt. Einmal sagte er: »Leute, die das nicht haben, können nicht einmal ahnen, wie es mir geht.« Ich habe keine Depressionen, zumindest nicht auf die Art, wie er sie schilderte, mit plötzlichen Abstürzen und totaler Antriebslosigkeit und dem Wunsch, sich vor den nächsten Zug zu schmeißen. Bei Gott, ich kann glücklich sein, dass ich keine Depressionen habe; bei meiner Vergangenheit ist das vielleicht ein Wunder. Doch die Aussicht, mit jemand zusammenzutreffen, *der weiß, um was es geht,* ohne dass ich viele Worte machen muss, kommt mir auf einmal vor wie ein Jackpot in der Lotterie. Ich sollte das tun, denke ich mir, ich sollte die Frau zurückrufen.

Aber ich rufe nicht an. Ich bin vorsichtig geworden. Oh ja, ich bin so etwas von vorsichtig geworden. Ich kann vorsichtiger sein als der Dieb in der Nacht. Ich werde mindestens einmal darüber schlafen, und sollte ich nicht schlafen können, und die Wahrscheinlichkeit dafür ist groß angesichts meiner plötzlichen Erregung, werde ich auch übermorgen nicht anrufen. Dann vielleicht überübermorgen oder nächste Woche oder noch später. Ich habe ein Vierteljahrhundert gebraucht, um das Verlies zu öffnen, jetzt habe ich keine Eile. Vielleicht,

sage ich mir, und der Gedanke hat etwas Tröstliches, be-
wirkte der Artikel im Nachrichtenmagazin mehr als nur der
Anruf der Perversen. Etwas, das ich mir nicht wünschen
konnte, weil ich keine Ahnung hatte, dass es möglich sein
kann: einen Austausch auf Augenhöhe.

ICH SCHREIE, SO LAUT ICH KANN, und Adam G. fährt auf. »Die Ratte, die Ratte, die Ratte!«, schreie ich. Dann geht alles ganz schnell. Adam G. springt auf. Die Ratte rennt quer durch den Wohnwagen auf das Bett zu, und er tritt nach ihr. Er ist schnell. Er ist gefährlich schnell. Häufig macht er einen lahmen, abgestumpften Eindruck, doch wenn es ihn überkommt, ist er schnell. Er versucht, die Ratte zu zertreten, einmal, zweimal, aber sie schlägt Haken, er verfehlt sie. Die Ratte saust unter den Tisch, wo die ganzen Abfälle liegen, und Adam G. nimmt einen Stock und stochert darin herum. Die ganze Zeit kauere ich auf dem Bett mit einem wachsenden Gefühl des Entsetzens. Ich will die Ratte nicht hier haben, aber ich will auch nicht, dass er sie unter seinen Schuhen zertritt. Jetzt taucht sie auf, ihr Kopf erscheint zwischen einem Lumpen und ein paar zerbrochenen Holzstücken. Adam G. schlägt mit dem Stock darauf. Die Ratte quietscht und kommt aus ihrem Versteck hervor. Wieder läuft sie quer durch den Wohnwagen, aber etwas in ihr scheint verletzt zu sein, immer wieder taumelt sie und fällt auf die Seite. Dann rappelt sie sich auf und versucht, zur Tür zu kommen. Adam G. hebt den Stock und schlägt zu. Die Ratte gibt ein Geräusch von sich, es klingt wie Wimmern. Sie drückt sich an der Tür entlang, aber schafft es nicht unterm Spalt durch. Adam G. hebt seinen Fuß und tritt zu. Ich höre ein hässliches Geräusch, wie wenn etwas zerplatzt, und sehe, wie er nochmals zutritt und nochmals. Dann ist da, wo die Ratte war, etwas, das wie der Kadaver aussieht. Es scheint noch zu leben; es zuckt, und ich schaffe es nicht, meine Augen abzuwenden. Adam G. kümmert sich nicht darum. Er wendet sich ab, geht zum Tisch mit den Abfällen darunter, kniet auf den Boden. Seine Hände suchen etwas. Auf einmal zieht er eine Flasche Bier hervor, schlägt den Kronkorken an der Tischkante ab und setzt an. Er macht die halbe Flasche leer, dreht sich zu mir um und stiert mich mit kalten, grauen Augen an.

»Kein Grund zum Schreien«, sagt er. »Ich will nicht, dass du schreist. Fang ja nicht nochmals damit an. Keiner darf dich hören, kapierst du das? Keiner.«

Er sagt es leise, und wenn er so redet, bekomme ich es noch mehr mit der Angst zu tun. Ich presse ein »Ja« hervor. Ich werde nicht mehr schreien, nie mehr, und wenn eine ganze Armee Ratten in den Wohnwagen kommt. Meine Augen wandern zu der zertretenen Ratte, sie zuckt noch immer, ist noch nicht tot. Dann pflanzt sich Adam G. vor mir auf. Er trinkt aus der Flasche. Aus seinem Bart tropft Bier. Steht er so vor mir, will er immer das eine. Das ich nicht möchte, was ihn aber nicht stört, er wird es sich trotzdem nehmen. Er kann mich zertreten wie die Ratte. Adam G. macht seine Hose auf, und ich weiß, ich werde enden wie sie.

Ich habe einen Satz aufgeschrieben, der floss aus mir, ich konnte ihn gar nicht verhindern: »Damit habe ich mir mein Leben erkauft«, steht da. Ich weiß, es ist die Wahrheit, aber jetzt, als ich ihn lese, kommt es mir vor, als grinse aus ihm das Gesicht von Adam G. Langsam lösche ich ihn wieder, Buchstabe für Buchstabe.

Damit habe ich mir mein Leben erkauft.

Damit habe ich mir mein Leben

Damit habe ich

Damit

Damit beschließe ich, mit der Sache aufzuhören. Keine Erinnerungen mehr. Keine Aufschriebe mehr. Die Frau werde ich auch nicht anrufen. Der »Ort des Geschehens« wird mich nie mehr zu Gesicht bekommen. An meine Tür kommt ein Schild: Reporter? Nein danke. Das gilt auch für Regisseurinnen. Es ist aus und vorbei; vorbei, vorbei, vorbei. Und ich muss hier weg. Raus aus der Wohnung, raus aus der Stadt, am besten nach Österreich. Oder noch weiter.

Damit habe ich mir mein Leben erkauft – nein, ich will von alldem nichts mehr wissen.

Ich will einfach nur meinen Frieden.

ADAM G. LIEGT DICHT NEBEN MIR. Er schläft nicht, sondern sieht mich unentwegt an. Ich weiß nicht, wann er mir gefährlicher erscheint: wenn er schreit und in die Luft boxt? Oder wenn er still ist? Noch immer schwebt seine Frage in der Luft, ob ich sein Freund sein will. Ich habe sie nicht beantwortet. Ich will sie nicht beantworten. Ich weiß über diese Frage bestens Bescheid, denn sie wird häufig unter meinen Spielkameraden gestellt: »Willst du mein Freund sein?«, fragen wir uns, weil die Antwort bedeutet: Wenn ja, gehörst du dazu. Wenn nein, mach die Flatter. Ich will nicht zu Adam G. gehören. Er hat nichts getan, womit er sich meine Freundschaft verdient hätte, im Gegenteil. Was er mit mir anstellt, macht ihn nicht zu meinem Freund.

Als Neunjähriger versteht man einiges von Freundschaft, und man versteht auch einiges von Feindschaft. Mit meinen Freunden bilde ich eine Bande; uns gehört das Gebiet am unteren Wickerbach sowie an den ersten Häusern der Gartenkolonie. Dort kann es sein, dass wir auf eine Nachbarbande stoßen, deren Jagdgründe sich bis zur Grenze der Kolonie erstrecken. Wir passen genau auf, dass wir uns nicht allzu häufig ins Gehege kommen. Doch wenn es sein muss – und es muss immer wieder mal sein – klopfen wir uns. Wir haben genaue Spielregeln, wie das zu geschehen hat, und wir halten uns alle daran. Wir klopfen uns mit unseren Holzschwertern und Pfeil und Bogen und Steinschleudern, und es kann sein, dass sich dabei einer eine blutige Nase holt. Das ist nicht die Regel, denn es ist nicht gewollt. Wir »catchen« miteinander; das ist eine Form von Ringkampf, bei dem der gewinnt, der den Gegner in den Schwitzkasten zwingt. Wer im Schwitzkasten ist, hat verloren und zeigt es an, indem er laut sagt, ich gebe auf. Dann lässt der Sieger den Besiegten sofort los. Alle in der Bande kennen die Regeln, und alle in der Nachbarbande ebenfalls. Weil wir darüber sprechen. Wir streiten sogar darüber. Aber wir halten uns daran, weil wir wissen, dass unser Spiel zu Ende ist, wenn einer aus der Reihe tanzt.

Was Adam G. tut, ist kein Spiel.

Wie also kann so einer mein Freund werden?

Aber ich muss wie ein Erwachsener denken, darf nicht mehr wie ein Kind denken. Daher frage ich mich: Haben Erwachsene andere Regeln? Ich weiß nicht, ob mein Papa einer Bande angehört, jedenfalls ist davon nie die Rede. Er hat Freunde, die immer wieder ins Haus kommen und mit denen wir Ausflüge machen. Sie necken sich und machen Witze, die ich nicht kapiere. Doch sie verstehen sich gut, niemals fällt ein böses Wort. Das ist bei uns Kindern anders. Wir sagen Blödian zueinander oder Dummsack und Stinkstiefel, ohne dass jemand eingeschnappt ist. Wir sagen das nur im Spaß, weil es darum geht, bessere Schimpfworte zu kennen, weil es darum geht, schneller zu laufen und höher zu springen und den Stein weiter zu werfen. Dann kann man sagen, hast du's gesehen, Dumpfbacke, wie weit der geflogen ist? Wir lachen und rufen: selbst Dumpfbacke, selbst Arschgeige, weil wir wissen, dass alles *nett* gemeint ist.

Wir sind nett zueinander, aber Adam G. ist nicht nett.

Ich glaube inzwischen, Adam G. weiß gar nicht, was »nett« bedeutet. Einer, der nicht nett ist, kann doch niemals mein Freund sein? Doch jetzt habe ich schon wieder wie ein Kind gedacht. Ich muss versuchen, wie Papa zu denken. Kann Papa mit einem befreundet sein, der nicht nett zu ihm ist? Alle seine Freunde sind nett, zumindest kommt mir das so vor. Wenn sie zu uns nach Hause kommen oder wir zusammen Ausflüge machen, sind sie nett. Also kann Adam G. auch niemals der Freund von Papa sein.

Adam G. ist nicht nett, deshalb hat er keine Freunde. Weil das so ist, komme ich zu dem Schluss, dass er auch nicht mein Freund sein kann. Es ist ganz und gar unmöglich, egal, ob ich wie ein Kind oder wie ein Erwachsener darüber nachdenke.

Aber da ist noch etwas anderes. Immer wieder drängt sich ein Gedanke vor, der kein richtiger Gedanke ist. Weil ich ihn nicht denke, sondern fühle. Nein, es ist kein Gedanke. Es ist ein Gefühl.

Dieses Gefühl sagt mir, es ist gesünder für dich, du wirst sein Freund. Wenn du weiterleben willst, solltest du mit der Antwort nicht mehr allzu lange warten.

Oh ja, ich will weiterleben!

Ich will leben!

Jeden Tag will ich mehr leben! Seit die Ratte auftauchte, ist mein Wunsch, zu überleben, noch größer geworden. Weil ich nicht aufgefressen werden möchte. Weil ich nicht will, dass sie mir Finger und Zehen und Nase abbeißt. Und weil das alles so ist, denke ich nicht mehr länger darüber nach. Gerade hat Adam G. mir wieder schrecklich wehgetan, und trotzdem sage ich zu ihm: »Ich will dein Freund sein.«

Da überzieht ein großes Lachen sein Gesicht. »Und wie heiße ich als dein Freund?«, fragt er.

Für einen Moment bin ich verwirrt. Dann fällt mir ein, was er hören will. »Adi«, sage ich. »Du heißt Adi.«

Er strahlt. »Genau«, sagt er. »Ich bin Adi.«

Er greift nach mir, drückt seinen Mund auf meinen, lässt mich wieder los. »Weißt du«, sagt er, »ich hatte noch nie einen Freund.«

Ich hänge am Telefon und klappere Hotels und Restaurants ab. Normalerweise habe ich immer in null komma nichts einen neuen Job am Start, aber ausgerechnet jetzt, wo ich einen brauche, zucken alle mit den Schultern. Ist auch kein Wunder, schließlich haben die großen Hotels ihre Saisonplanung längst abgeschlossen. Da muss schon jemand abspringen, was zwar immer wieder vorkommt, doch im Moment sieht es nicht danach aus. Es ist zum Aus-der-Haut-Fahren! Ich ärgere mich, dass ich mit der ganzen Sache anfing, wo ich noch nie gute Erfahrungen in Sachen »Aufarbeitung« gemacht habe. Damals, mit 22 Jahren, als mein Leben nicht nur aus den Gleisen gesprungen, sondern schon völlig entgleist ist, beschließe ich, einen so großen Schritt zu wagen wie niemals zuvor: Ich lasse mich in eine Anstalt einweisen. Die Zeit dort ist wie eine Wolke in meinem Kopf, die sich über den ganzen Horizont erstreckt, ohne Anfang und Ende. Ich erinnere mich an die alkoholkranken Menschen dort, an Polytox-Drogenabhängige, die von sich sagten, dass sie alles nehmen, was den Schmerz abschaltet. Da sind Vergewaltigungsopfer, da ist eine Psychologin. Weil ich freiwillig hier bin, soll ich ihr erzählen, was mich zu diesem Schritt motiviert hat. Ich sage, ich wurde als Kind entführt. Ich bin ein Entführungsopfer. Sie stellt eine Frage, und plötzlich kriege ich keinen Ton mehr raus. Sie stellt noch eine Frage, und aus meinen Augen strömen Tränen. Sie macht den Mund ein weiteres Mal auf, und ein Monsun aus Tränen überwältigt mich. Ich kann nicht. Ich kann nicht, ich kann nicht, ich kann keinen Schritt weiter. Sie gibt mir etwas zu trinken. Auf einmal wird alles warm in mir, und tatsächlich geht es mir kurze Zeit später besser. Der Monsun versiegt, jetzt kommt die Trockenzeit. Mit den Tränen verflüchtigt sich meine Bereitschaft zu reden. Zwar treffe ich die Psychologin noch ein paar Mal, aber wir kommen nicht voran. Stattdessen schlucke ich Psychopharmaka. Die machen mich ruhig, helfen mir einzuschlafen, was auch schon einiges wert ist in einer Zeit meines Lebens, in der ich kaum mehr ein Auge zumache. Aber ich bin nicht bereit, über meine Vergangenheit zu reden, auch wenn die Psychologin der Meinung ist, dieser Wunsch hat mich hergeführt. Sicher hat sie recht, aber mir ist etwas eingefallen, was meinen Mund verschließt, als sei ein Riegel davor mit sieben Schlössern, und die Schlüssel dafür gingen verloren. Mir fiel ein, dass ich schon einmal in einer Behandlung war. Gleich nach der Entführung ging es damit los: Ich muss zuhause bleiben, darf nicht in die Schule gehen. Das ganze vierte Schuljahr geht mir flöten, und in dieser Zeit muss ich in Behandlung. Vielleicht, weil ich wochenlang nicht mehr vor die Tür treten will. Vielleicht, weil ich nicht in meinem eigenen Bett liegen möchte, sondern bei meinen Eltern, diese aber nicht schlafen lasse. »Ihr dürft nicht schlafen, ihr dürft nicht schlafen«, sage ich immer wieder.

Die Behandlung findet in Wiesbaden statt, und mein Papa fährt mich hin. Es sieht aus wie in einer Arztpraxis, nur dass der Arzt kein Arzt ist, sondern ein Psychiater. Ich weiß nicht, was ein Psychiater ist, und ich weiß auch nicht, ob er sich mit Kindern auskennt. Ich weiß nur, dass er kalt ist. Er sagt zu mir, er will herausfinden, wie ich mich »situationsgemäß« verhalte. Ich weiß nicht, was er damit meint. Ich habe Angst vor ihm und will nicht mehr hin. Aber es muss sein. Der Psychiater legt Bilder vor mich hin. Er will wissen, was ich darauf sehe. Ich sehe nichts, nur Kleckse. »Das sind keine Bilder«, sage ich, »das sind Kleckse.« »Aber man kann etwas darin erkennen«, meint der Psychiater, und er will wissen, was es ist. Es kommt mir ein bisschen vor wie in der Schule, wenn ich eine Antwort nicht weiß. Und es kommt mir noch mehr vor wie bei Adam G., wenn er seine Fragen stellte. Fragen, auf die ich antworten muss, selbst wenn ich die Antwort nicht kenne. Trotzdem sehe ich auf den Bildern lediglich Kleckse. Also sage ich nochmals, da sind nur Kleckse. Jetzt wird der Psychiater ärgerlich. Er ruft meinen Papa zu sich und meint, ich sei unkooperativ. Auch ein Wort, das mir nichts bedeutet, aber mein Gefühl sagt mir, es heißt nichts Gutes. Auf der Heimfahrt ist Papa nett zu mir. Er meint, ich solle wenigstens versuchen, die Fragen des Psychiaters zu beantworten. Das würde mir sicher guttun. Also nehme ich es mir ganz fest vor. Das nächste Mal werde ich alle Fragen beantworten, ganz gewiss. Auch wenn ich dort eigentlich nicht mehr hinwill. Doch wenigstens gibt es ein Mädchen, das lieb zu mir ist. Sie ist die Assistentin des Psychiaters, sie ist nicht kalt. Sie spielt mit mir, wenn er draußen ist und anderes zu tun hat. Sie streicht mir über die Haare. Sie zeigt mir ein Bilderbuch, in dem richtige Bilder sind und nicht nur Kleckse. Dann kommt der Psychiater wieder rein und hat ein Dutzend Karten dabei. Wieder sind nur Farbkleckse drauf.

»Was siehst du?«, fragt er.

Ich sage: »Da ist ein Hund. Ein toter Hund. Er ist blutüberströmt.«

Ich sage nicht, es ist eine Ratte. Ich sehe nämlich keine Ratte. Ich sage auch nicht, es ist ein Kadaver. Ich sehe auch keinen Kadaver. Vor allem sehe ich keinen toten Hund. Aber ich habe bei Adam G. gelernt, dass Erwachsene erst zufrieden sind, wenn man ihnen Antworten gibt. Egal, welche Antworten. Also erfinde ich etwas, im Erfinden bin ich gut, ich hatte viel Übung in letzter Zeit. Der Psychiater macht sich

Notizen. Ich muss noch ein paar Mal in die Praxis kommen und noch mehr Antworten erfinden. Toter Hund. Blutüberströmt. Überfahrener Vogel. Plattgewalzt. Danach schreibt der Psychiater einen Bericht. Darin steht, dass er »meine Zukunft negativ bewertet«. Das erfahre ich erst später, als ich sechzehn bin und meinen Eltern immer mehr Kummer bereite. Da kommt zur Sprache, dass der Psychiater mir »eine negative Zukunft« prophezeit hat, und er scheint recht zu behalten. Psychiater behalten immer recht, egal, was sie erzählen. Auch wenn sie völlig falsch liegen, behalten sie recht. Auch wenn sie bei Adam G. keine Gefahr konstatieren und dieser kurz nach seiner Entlassung wieder einen Jungen verschleppt und vergewaltigt: Selbst dann haben sie noch recht. Weil das so ist, kann ich mich keinem Psychiater öffnen. Sie sind gebildet und studiert und kennen alle Fälle, und genau das ist der Grund, weshalb ich mich ihnen nicht anvertrauen kann. Da geht es mir wie meinem Kollegen: Leute, die das nicht erlebt haben, können nicht einmal ahnen, wie es mir geht. Ein Martyrium lässt sich nicht erlernen. Einfühlungsvermögen auch nicht. Das hat man oder hat man nicht. Der Psychiater hatte es nicht. Vielleicht wäre ich kooperativer gewesen, wenn mich seine Assistentin gefragt hätte. Vielleicht wäre dann in meiner Beurteilung gestanden: »Der Junge hat gute Aussichten auf eine positive Zukunft.«

Aber so war es nicht. Da stand, ich werde eine negative Zukunft haben, und das wird zur selbsterfüllenden Prophezeiung. Daran muss ich denken, als ich Hotels und Restaurants abklappere. Siehst du, nicht mal das will noch klappen. Du bist ein Verlierer, ohne jedes Selbstvertrauen, einer, mit dem man alles machen kann, du bist der, der den Arsch hinhält. Manchmal zieht über mir eine große schwarze Wolke auf wie ein drohendes Gewitter. Mein Kollege mit den Depressionen hat von dieser Wolke gesprochen, aber anders als bei ihm hüllt sie mich nicht restlos ein. Ich kann gegen die

Wolke kämpfen. Immer wenn ich in Selbstmitleid zu ertrinken drohe, fange ich an zu paddeln wie damals, als der Hai mich fressen wollte. Ich paddle wie wild, weil ich weiß, da vorne wartet das rettende Ufer. Ich muss nur schneller sein als der Hai. Ich muss schneller sein als die Wolke. Wenn ich das Ufer erreiche, wenn ich Boden unter den Füßen kriege, wird alles gut. Und, bei Gott, ich kann vielleicht paddeln! Das habe ich mehr als einmal bewiesen in meinem Leben.

Gerade als ich mir die x-te Absage einhandle und zum wiederholten Mal höre: »Das ist gar keine gute Zeit, Herr Buzmann, rufen Sie in ein paar Wochen wieder an«, zieht die Wolke auf und ist so schwarz, dass selbst Energie in ihr verschwindet. Da fange ich an zu paddeln. Ich paddle wie verrückt, und mein Auge findet den Block, auf den ich die Nummer gekritzelt habe. Meine Finger tanzen von selbst über die Tastatur des Telefons. Mein Ohr lauscht tief in die Leitung.

Tut, tuut.

Tut, tuut.

Auf einmal meldet sich eine verschlafene Stimme, deren schweizerischer Akzent wie Musik klingt.

»Michaela hier«, sagt die Stimme. »Sag mal, weißt du eigentlich, wie spät es ist?«

Zwar sagt der Mann, den ich Adi nennen muss, jetzt ständig, ich bin sein Freund, aber das hindert ihn nicht daran, mich in die Kiste zu pferchen. Nein, er weiß nichts über Freundschaft, er weiß rein gar nichts darüber! Wenn in unserer Bande jemand zu weinen anfängt, weil wir es mit dem Holzschwert, dem Pfeil und Bogen oder der Steinschleuder zu doll getrieben haben, ist das für uns anderen das Signal, die Waffen ruhen zu lassen. Kann sein, man wird ein wenig gehänselt, kann sein, es heißt, man sei eine Heulsuse – aber wir halten uns an die Spielregeln. Es gibt eine Bande älterer Jungs aus Wallau, die immer wieder die Gegend unsicher machen, bei denen ist das anders: Die hören auch dann nicht auf, wenn einer weint; im Gegenteil, das gefällt ihnen, und sie legen erst richtig los. Vielleicht tut man das, wenn man älter wird. Ich weiß nicht, wie Papa und seine Freunde es halten, aber bei Adam G. ist die Sache klar: Je mehr ich weine, desto wütender wird er. Dann fängt auch er so richtig an. Doch wenn er mich in die Kiste pfercht, kann ich nur weinen. Wäre er tatsächlich mein Freund, würde er es nicht tun. Und alles andere auch nicht.

Wieder beschwert er die Kiste. Was mache ich bloß, wenn sich eine Ratte hineinzwängt? Wenn sie unter Türspalten passen, schaffen sie es auch in die Kiste, da bin ich mir sicher. Mir wird ganz schlecht, wenn ich nur daran denke. Aber ich kann nicht aufhören, daran zu denken. Ich stelle mir vor, wie eine Ratte in die Kiste kommt und anfängt, meine Nase zu fressen, und ich kann nichts dagegen unternehmen, weil ich mich kaum bewegen kann. Ich versuche mich zu bewegen, und da entdecke ich einen kleinen Riss in der Kiste. Ich will meinen Körper so drehen, dass mein Mund in seine Nähe kommt. So kann ich besser atmen, denn es ist furchtbar stickig. Vielleicht kann ich auch was sehen? Wenn es mir gelingt, ein kleines Stück näher zu kommen, noch ein Stück und noch ein Stück ... nein. Ich stecke fest, es geht nicht, aber wenigstens gelingt es mir, die Arme anzuwinkeln. Ganz fest stemme ich sie gegen den Deckel, es wäre doch gelacht, wenn ich ihn nicht aufbekomme. Ich feure mich selbst an, ich sage mir, dass ich stark bin, stark wie Tarzan, dass ich über enorme Kräfte verfüge, und wenn ich diese einsetze, sind Steine kein Problem mehr. Ich setze meinen ganzen Willen ein, drücke so fest ich kann, und obwohl ich in diesem Moment wirklich Tarzan bin, bewegt sich der Deckel keinen Deut. Ich gebe nicht auf. Ich kann nur kleine Bewegungen machen, aber ich nutze jeden Millimeter, der mir zur Verfügung steht. Ich stoße und klopfe und hämmere, und dabei verliere ich die Nerven. Ganz plötzlich fange ich an zu schreien, zu toben, und es ist mir egal, was passiert, soll *er* es doch mitbekommen! Es muss auch noch jemand anders geben, der mich hört, der dann nicht weiterläuft, der stehen bleibt, der hilft ... Es kann doch nicht sein, dass ich ganz allein bin, ganz allein, so allein ...

Mein Toben wird zum Heulen, mein Heulen zum Schluchzen, mein Schluchzen erstickt. Erschöpft versuche ich, meinen Atem unter Kontrolle zu bringen. Das Rumgezappel und Gebrüll kostet viel Luft, ich muss aufpassen, dass ich nicht ersticke. Nur ganz langsam kann ich mich beruhigen. Ich merke, wie es hilft, mir vorzustellen, zuhause in meinem Bett zu liegen, eingekuschelt in meine Decke. Ich habe sie mir über den Kopf gezogen, und die kleine Taschenlampe brennt. Mein Micky-Maus-Heft ist mit unter der Decke, und ich lese heimlich darin, das darf natürlich niemand wissen, Mama nicht und Papa nicht, aber gerade weil ich das nicht darf, ist es so unglaublich aufregend. Micky Maus ist mutig und weiß immer eine Lösung, und ich lese die ganze Geschichte, bis ich merke, wie die Taschenlampe schwächer wird und meine Augen müde. Nun kann ich schlafen, ich lösche die Lampe und schließe die Augen, und ich schlafe ein, zuhause unter meiner Decke, wo die Welt in Ordnung ist, weil Mama und Papa nur ein Zimmer weit entfernt sind und auf mich aufpassen. Ich habe ganz vergessen, dass ich in einer Kiste eingesperrt bin und keine Ahnung habe, ob Adam G. jemals wieder auftaucht und mich herausholt oder ob es die Ratten sind, die mich zuerst kriegen. Ich schlafe in der Kiste, und Micky Maus turnt durch meine Träume.

Es ist gar nicht so spät, aber Michaela hat eine Party gefeiert. Michaela war aus und hat es krachen lassen. Michaela lässt gerne mal fünfe grade sein, und das hat sie sich auch verdient, denn Michaela hat eine Menge zu feiern. Zum einen ihren Erfolg als selbstständige Versicherungsmaklerin. Zum anderen ihre süße kleine Tochter. Aber vor allem ihr zweites Leben. Ein zweites Leben, eine Wiedergeburt, das können nur wenige Menschen feiern. Michaela kann das tun. Ich könnte es auch, wenn ich es könnte. Doch mir ist nicht nach Feiern zumute. Um mich ist die schwarze Wolke, und sie bereitet mir Probleme, Michaelas Worten zu folgen. Das macht aber nichts, denn sie weiß Bescheid. Zwar ist sie keine Psychiaterin, hat das alles nicht studiert oder in Büchern gelesen, aber trotzdem kann ihr niemand ein X für ein U vormachen. Michaela kennt die dunklen Orte meiner Seele. Sie ist ein Opfer wie ich selbst.

Ich kann heute kaum mehr im Detail niederschreiben, was sie alles an diesem Tag zu mir sagte. Ich erinnere mich daran, dass sie Facebook erwähnte. Sie hat den Artikel über mich im Nachrichtenmagazin gelesen, mich auf Facebook gesucht und gefunden, mein Foto mit dem im Magazin verglichen und gesagt: Bingo, das ist er. Dann schaute sie sich ein wenig auf Google um; aber dort bin ich ein unbeschriebenes Blatt. Immerhin findet sie meine Telefonnummer. Sie ruft an. Und erwartet nicht, dass ich zurückrufe.

Aber das tue ich. In einer der dunkelsten Stunden rede ich mit Michaela. Sofort fühle ich, dass eine Seelenverwandte mit mir spricht. Sie erzählt, dass ihr mein Gesicht gefällt, weil es so offen sei. Dann lacht sie und sagt, damit wir uns richtig verstehen, sie sei nicht auf ein *Date* aus, aber würde sich trotzdem freuen, wenn wir uns mal *treffen*. Michaela ist jemand, der mit Worten umgehen kann, und das gefällt mir. Worte sind wichtig. Mit Worten lassen sich Gefühle erzeugen und Strategien umsetzen. Mit Worten habe ich als Neunjähriger Adam G. beeinflusst, damit ich seine Gewalttaten überleben konnte.

»Mir geht's überhaupt nicht gut«, sage ich. »Nein, Blödsinn, mir geht's beschissen.«

Kann sie sich gut vorstellen, antwortet Michaela. Kein Wunder, nach dem Artikel. Sie meint, ich sei ganz schön mutig, bei so einer Sache mitzumachen. So habe ich die Dinge noch nicht gesehen.

»Wenn es helfen würde«, antworte ich. Damit meine ich gleich zwei Dinge: dass es mir helfen wird. Und der Sache. Bisher aber melden sich nur die Perversen.

Michaela lacht. Sie hat ein schönes, offenes Lachen. »Ist doch klar«, meint sie. »Normale Leute greifen nicht nach dem Telefon und rufen dich an. Normale Leute schnappen sich auch keine kleinen Kinder. Das tun die Psychos, die Perversen, die Sonderlinge, die Einzelgänger, Eigenbrötler und Außenseiter. Das tun Leute wie Adam G. und Werner Ferrari. Solche Leute rufen auch an.«

»Wer ist Werner Ferrari?«, frage ich, und Michaela sagt: »Einer, der in der Hölle schmoren soll.«

Ich habe schon häufig darüber nachgedacht, weshalb ich keine Kinder habe. Schließlich gab es ein paar Freundinnen in meinem Leben, die nicht abgeneigt waren, mit mir eine Familie zu gründen. Aber etwas in mir hat sich dem verweigert, und irgendwann schob ich es auf meinen Beruf: Wer so viel wie ich unterwegs ist, kann keine Kinder aufziehen. Wie soll das gehen? Als mich die Regisseurin darauf ansprach und ich vor laufender Kamera sagte, ich will eine Familie gründen, verspürte ich einen Stich im Herzen. Jetzt glaube ich, dass die schwarze Wolke auch deshalb um mich ist, weil mir die Frage keine Ruhe lässt. Weil ich vor diesem Schritt zu viel Angst habe. Nicht vor dem Kindererziehen selbst; ich glaube, ich könnte ein guter Papa sein. Nein, weil ich weiß, was passieren kann. Weil ich weiß, wer da draußen sein Unwesen treibt. Als Eltern darf man sich diesem Gedanken nicht hingeben, da man sonst den Mut verliert. Wer aber eintaucht in die Welt der Kinderpornofetischisten und Kinderschänder, der Kindsentführer und Kindermörder, der dreht schlicht und einfach durch. Das kann nicht wahr sein, das darf nicht wahr sein – da draußen schwimmen Haie und unsere Kleinen im selben Wasser. Aber was können wir tun? Es gibt nur ein Meer, in dem sich alle tummeln. Auch Leute wie Adam G. und Werner Ferrari.

»Ferrari«, sagt Michaela, »war ein Serienmörder. Er verging sich an zahlreichen Kindern auf abscheulichste und brutalste Art. Danach brachte er sie um.« Er kommt nicht daher wie Adam G., ungewaschen und unrasiert. Nein, er kleidet sich wie ein Priester. Am liebsten treibt er sich in der Nähe von Kinderspielplätzen herum. Dort beobachtet er Mädchen und Jungen, und wenn keiner hinsieht, schlägt er zu. Das erste Mal im Jahr 1971, da ist Michaela noch nicht mal geboren. Für den Tod des zehnjährigen Jungen wird er eingebuchtet, aber acht Jahre später wieder freigelassen. Von da an vergewaltigt und mordet er weiter. Eines Tages beobachtet er die elfjährige Michaela und eine Freundin, die unweit der Haustür ihrer Eltern spielen. Ferrari gehört nicht zu der Sorte von Kinderschändern, die spontan ein Kind entführen. Nein, er erfasst die Gewohnheiten und Routinen der Kinder und weiß am Ende eine Menge über die beiden Mädchen. Eigentlich sollte in diesem Ort, wo das alles geschieht, ein Mann im schwarzen Gehrock, der am Spielplatz rumlungert, auffallen. Aber keiner schaut hin, so hat er leichtes Spiel. Er bringt die Mädchen in seine Gewalt. Er droht, wenn sie schreien, sind sie tot; das Entweder-oder-Prinzip funktioniert auch hier. Er nimmt Handlungen an ihnen vor, die spotten jeder Beschreibung. Irgendwie verliert er die Übersicht. Panisch, kopflos, völlig von Sinnen kann Michaela fliehen. Sie irrt umher, bis jemand sie aufgabelt. Da ist es bereits zu spät. Ferrari hat ihre Freundin schon ermordet.

Das alles erzählt mir Michaela mit ruhiger Stimme. Wir reden lange miteinander. Sie war in stationärer Behandlung, so nennt sie ihre Therapie. Ich sage ihr, was ich davon halte. »Du hast halt noch nicht die richtige für dich gefunden«, antwortet sie. »Wenn es für dich was Gutes gäbe, würdest du es probieren?«

»Natürlich«, sage ich, ohne nachzudenken. Wer möchte sich nicht helfen lassen? »Aber ich lass mich auch nicht verarschen«, füge ich rasch hinzu. Michaela lacht. Sie lacht gerne. Dann fragt sie, ob sie mich besuchen soll. Sie könne mit dem Zug kommen. Ob mir das recht ist?

»Natürlich«, wiederhole ich, wieder ohne lange nachzudenken. Wer einen Seelenverwandten am Telefon hat, muss nicht nachdenken.

Es fällt uns nicht leicht, einen Termin zu finden. Eigentlich will ich in Kürze weg sein, möglichst weit sogar. Und Michaela hat auch eine Menge um die Ohren. Ihre Arbeit ist ihr wichtig, ihre neunjährige Tochter noch wichtiger. Die will versorgt sein. Vor allem gut behütet.

Dann finden wir doch ein paar Tage im April. Auf einmal weiß ich, selbst wenn in den nächsten fünf Minuten der Personalchef eines Fünf-Sterne-Hotels persönlich anruft, um mich zu engagieren, werde ich »Nein« sagen. Weil ich im April nirgendwo anders sein möchte als hier. Weil Michaela kommt und ich mich schon jetzt darauf freue. Es wird mein »Blind Date mit einer Unbekannten« sein, die mir gar nicht unbekannt ist. Weil uns ein gemeinsames Schicksal verbindet.

ERST ALS SICH DIE KISTE ÖFFNET, SCHRECKE ICH AUF.
Adam G. starrt auf mich herab, und mein erster Gedanke ist:
Wo ist der Hase? Warum hat er keinen toten Hasen in der
Hand? Ich verbinde sein Weggehen damit, dass er etwas zum
Essen mitbringt. Es kommt mir nicht in den Sinn, es könnte
andere Gründe dafür geben. Er zieht mich wortlos heraus, er
hat schlechte Laune. Vielleicht, weil er keinen Hasen gefunden hat? Wo hat er die eigentlich her? Ich kann mir nicht vorstellen, dass er sie auf dem Feld fängt, und noch weniger
kann ich mir vorstellen, wie er in einen Laden geht und Hase
verlangt. Ich glaube nicht, dass er dafür Geld hat, wenigstens
habe ich ihn nie mit einem Geldbeutel gesehen. Er klaut den
Hasen irgendwo, vermute ich, und falls er heute darauf aus
war, hatte er keinen Erfolg. Möglicherweise rührt daher seine
miese Stimmung. Vielleicht gibt es auch andere Gründe.
Seine Launen wechseln ständig, sie ändern sich von einer Sekunde auf die andere. Davor fürchte ich mich, es verunsi-
chert mich sehr. Aber ich weiß, wie ich ihn besänftigen kann.
Indem ich »Guten Morgen« sage. Indem ich ihn »Adi« nenne.
Jetzt, wo er glaubt, ich sei sein Freund, muss ich allerdings
gut aufpassen. Ich muss zwar nett sein, aber kann nicht damit kommen, was in unserer Bande üblich ist: Blödian und
Dummbatz und Schleimi sind in unseren Augen keine
Schimpfworte. Damit drücken wir aus, wie gern wir uns haben, ohne dass es peinlich wird. Doch ich bin sicher, Adi will

das nicht hören; er möchte nicht, dass ich ihn einen Stinkstiefel nenne. Deshalb muss ich höllisch aufpassen: Ich muss
mit ihm reden wie mit einem Freund, aber doch anders. Eher
wie mit einem Jungen, der in die Nachbarschaft zieht. Den
keiner kennt, der sich selbst fremd vorkommt, der aber mitspielen möchte. Einer, der nicht in unserer Bande ist, sondern das Spiel von außen betrachtet, und zwar bis wir ihn
einladen: Komm, spiel mit. Das ist es, denke ich. So muss ich
mit Adam G. sprechen. Wie mit einem fremden Jungen,
der mitspielen will. Dafür muss ich ihn genau beobachten,
eben so, wie wir diesen fremden Jungen unter die Lupe nehmen würden. Das ist ähnlich wie die Sache mit dem Wassertropfen, den wir in der Schule unterm Mikroskop untersuch-
ten. Von außen war es nur ein Wassertropfen, doch unterm
Mikroskop entdeckten wir eine Menge Leben. Winzige Wesen, mit dem normalen Auge nicht zu erkennen, tummelten
sich darin. Jürgen rief sofort, nie wieder trinke ich Wasser,
mit all den Ekelsachen drin, und die Lehrerin musste ihn beruhigen: Das Wasser für dieses Experiment steht seit Tagen
an einem warmen Platz. Nur deshalb seien diese Lebewe-
sen drin. In frischem Wasser gibt es sie nicht, daher können
wir alle unbesorgt aus dem Hahn trinken, nur nie aus Pfüt-
zen. Da war auch Jürgen wieder beruhigt. Daran muss ich
denken, weil sich in Adam G. auch kleine Wesen befinden,
die von außen nicht zu sehen sind. Sie sorgen für seine ko-
mischen Launen. Er ist halt auch abgestanden, denke ich
und muss beinahe lachen, das erste Mal, seit ich hier bin.
Wenn man seinen Bart und seine Haare anschaut, sieht man,
wie abgestanden er ist. Adam G. ist ein abgestandener Stinkstiefel.

Jetzt muss ich doch lachen und halte mir erschrocken die
Hand vor den Mund. Wir sind im Wohnwagen, ich habe meinen üblichen Platz auf dem Bett bezogen. Adam G. fuhrwerkt
herum, räumt Sachen hierhin und dorthin, ohne im Gerings-

ten für Ordnung zu sorgen. Jetzt fährt er auf und funkelt mich giftig an.

»Gibt's was zu lachen? Lachst du über mich?«

Eingeschüchtert schüttle ich den Kopf, schweige, warte seine Reaktion ab. Alles ist möglich. Adam G. steht vor mir, seine Arme hängen herab, baumeln hin und her. So steht er oft da. Er sagt: »Da gibt's auch nichts zu lachen. Bei mir gibt's nichts zu lachen.«

Das Herz schlägt mir bis zum Hals. Häufig passiert was, wenn er auf diese Weise dasteht. Er ist wie ein Kartenhaus, das plötzlich einstürzen kann. Dann verliert er die Nerven und schlägt in die Luft. Oder mich, wenn ich in Reichweite bin. Ich fürchte, es ist gleich wieder so weit, und deshalb sage ich laut: »Wo kommst du eigentlich her, Adi?«

Meine Stimme klingt rau, aber ich bin froh, dass ich die Frage herausbringe. Seine Arme hören auf, hin und her zu baumeln, sein Blick verliert den starren Ausdruck.

»Aus Mainz«, antwortet er. »Warum willst du das wissen?«

Einer, der in die Nachbarschaft zieht und den keiner kennt, der sich fremd vorkommt, aber mitspielen möchte, fragt so etwas nicht: Warum willst du das wissen? Wir können nur Neue in unsere Bande aufnehmen, wenn wir Antworten haben. Das wissen die Neuen und geben sich nicht wortkarg. Ich stelle mir vor, Adam G. würde in unsere Bande wollen – die Vorstellung fällt mir nicht leicht –, und überlege mir, wie meine Freunde und ich ihn ausfragen würden.

»Hast du Geschwister?«, fange ich an.

»Einen Bruder. Der ist in Amerika.«

»Wow, Amerika«, sage ich und meine das auch so: Amerika ist wow. Amerika ist das Land, aus dem meine Masters-of-the-Universe-Figuren kommen. He-Man stammt von dort, er ist ein Held. Amerika ist das Land der Helden. Jetzt will ich mehr wissen.

»Wo in Amerika? Was macht er?«

Adam G. zuckt mit den Schultern. »Keine Ahnung. Hab nichts mehr von ihm gehört, seit er weg ist.«

»Wie lang ist das her? Warum rufst du nicht an?«

Adam G. gibt keine Antwort. Das Schweigen wird drückend. Ich denke fieberhaft nach, dann fällt mir noch eine Frage ein: »Wo bist du zur Schule, Adi?«

»He, mal langsam«, antwortet er. »Was wird denn das? Frag nicht so viel. War nicht lange in der Schule. Schule war nix für mich.«

Es ist nicht einfach, sich mit Adam G. zu unterhalten. Seine Antworten sind eigentlich gar keine Antworten. Ich überlege, was ich noch fragen könnte, denn solange er redet, schlägt er mich nicht. Oder macht die anderen schlimmen Dinge. Eine Frage fällt mir noch ein.

»Wo sind deine Eltern?«

Wieder hat er nur eine Antwort, die keine ist: »Wurde schlecht behandelt. Hab nie was zu essen gekriegt.«

Mehr fällt mir nicht ein. Wieder Schweigen. Dann sagt Adam G.: »Das war wirklich schlimm.«

Ja, Hunger *ist* schlimm. Ich habe auch Hunger. Ich habe sogar Riesenhunger, und ich weiß nicht, was von meinen dreißig Kilogramm noch übrig ist. Auf die ich mal so stolz war. Noch schlimmer als Hunger ist Durst; auch jetzt ist mein Mund so ausgetrocknet, dass ich kaum die Worte herausbringe. Vielleicht platzt es deshalb aus mir raus: »Ich habe auch Hunger. Und Durst! Du behandelst mich schlecht! Du bist gar nicht mein Freund!«

Das sage ich schneller, als ich denken kann. Sonst hätte ich mich das nicht getraut. Doch jetzt ist es draußen, und ich kann es nicht mehr rückgängig machen. Ich kann nur hoffen, dass Adam G. nicht ausflippt. Und ist es nicht die Wahrheit? Auf einmal höre ich mich trotzig sagen: »Wenn du dich nicht um mich kümmerst, bin ich auch nicht dein Freund.«

So ist das bei uns in der Bande. Ich bin nicht mehr dein Freund, du bist nicht mehr mein Freund, diese Worte fallen häufig. Dafür gibt es jede Menge Gründe: Ein Freund gibt sein Spielzeug nicht her. Lässt einen nicht auf dem Fahrrad fahren. Wählt beim Tipp-Topp andere in seine Mannschaft. Verrät ein Versteck, wirft das Schleckeis zu Boden, lässt einen in der Schule nicht abschreiben, versteckt den Ranzen, stopft Brennnesseln unters T-Shirt, läuft davon, wenn die Bande aus Wallau auftaucht. So schnell, wie man Freundschaften gewinnt, kann man sie auch verlieren. So schnell, wie man sie verliert, kann man sie zurückgewinnen. Zum Beispiel mit einer Runde auf dem neuen Bonanza-Rad. Wenn der Ellbogen über den Hausaufgaben verschwindet oder die Brennnesseln einem Dritten unters T-Shirt gestopft werden. Ich habe nicht den Eindruck, dass Adam G. von alldem die geringste Ahnung hat. Aber er hat damit angefangen. Wenn er mein Freund sein will, muss er sich um mich kümmern. Er muss mir zu essen und zu trinken geben. Er muss das kapieren.

Adam G. dreht sich weg. Was ist denn jetzt schon wieder, denke ich, da beginnt er, im Berg von Abfällen zu wühlen. Auf einmal zieht er eine Keksdose und eine Flasche Cola hervor. Er öffnet die Flasche, und zischendes Cola sprudelt raus.

»Da«, sagt er. Das muss er nicht zweimal sagen. Ich setze die Flasche an, und es stört mich nicht, als Cola aus meinem Mund blubbert. Was habe ich für einen Durst! Noch während ich trinke, öffnet Adam G. die Keksdose. Er steckt sich einen Keks in den Mund, dann stellt er die Dose aufs Bett.

»Lang zu«, sagt er. »Die machen wir leer.«

Die und die Colaflasche. Während ich esse und trinke, arbeitet es in meinem Kopf. Was war es, was ihn dazu brachte, mir was zu geben? Offenbar funktioniert bei ihm, was auch in unserer Bande funktioniert: die Drohung, du bist nicht mehr mein Freund.

Das ist es! Das hat ihn dazu bewogen, Cola und Kekse herzuzaubern. Adam G. will in meiner Bande sein. Wahrscheinlich war er noch nie in einer.

Was weiß ein Neunjähriger über die Macht der Worte? In meinem Zeugnis der dritten Klasse steht jedenfalls nicht, dass ich ein kleiner Schiller bin. Besser gesagt, ein Sammy Drechsel, denn das ist ein Autor, dessen Bücher ich lese. *Elf Freunde müsst ihr sein* ist lange Zeit mein Lieblingsbuch. Darin geht es um eine Jugendfußballmannschaft aus Berlin, die Meister werden will. Vor allem aber geht es um Freundschaft. Und um die Macht der Worte. Denn mit Worten kann man motivieren. Mit Worten ist es mir gelungen, den Entführer zu motivieren. Es gelang mir, ihn zur Verantwortung zu motivieren.

Darüber denke ich nach, während ich in der Küche stehe und koche. Ich koche gerne, weil ich gerne esse, aber auch, weil ich beim Gemüseschnippeln prima nachdenken kann. Die Gedanken kommen von ganz alleine, während mein Messer Tomaten viertelt, Zwiebeln würfelt, Paprika schneidet. Ich bin kein Chefkoch, aber ich kriege alles hin, was ich zubereiten möchte. Wer so viel Zeit in Sternehotels verbringt wie ich, guckt den Leuten mit den Kochmützen auch über die Schulter. Heute habe ich Lust auf einen Schmorbraten. Der ist nicht im Handumdrehen zu erledigen, ein Schmorbraten braucht Zeit. Ich werde also über vieles nachdenken können. Über mein altes Lieblingsbuch, über Freundschaft, über die Macht der Worte – und über Adam G., der lange nicht mehr in meinem Kopf vorkam und jetzt ständig.

In diesem Augenblick klingelt das Telefon. Vielleicht ist es Michaela, überlege ich, sie wird hoffentlich unseren Termin nicht absagen? Aber es ist nicht Michaela. Eine Männerstimme meldet sich. Mein erster Impuls ist, wieder aufzulegen. Wird wahrscheinlich einer von denen sein, die mich im Stadtpark treffen wollen. Aber der Mann nennt schnell seinen Namen und fügt hinzu, dass er Regisseur sei und einen Film drehen möchte.

»Das ist jetzt nicht Ihr Ernst«, sage ich.

Was nur zeigt, wie wenig ich von der Welt der Filmemacher weiß. Der Anrufer versichert mir, dass es ihm sehr wohl ernst ist. Er redet rasch, vielleicht weil er spürt, dass ich jederzeit auflegen kann. Seine Filmproduktion stammt aus Wiesbaden, und er stehe in Verhandlungen mit einem öffentlich-rechtlichen Sender.

»Es gibt schon einen Film«, wende ich ein.

Der Regisseur lacht. Er denke an einen ausgewachsenen Film. 45 Minuten soll der werden, mindestens. Vielleicht auch länger. Er habe das Gefühl, es gibt noch eine Menge zu erzählen.

Worauf du wetten kannst, denke ich. Aber das behalte ich für mich. Laut sage ich: »Im Moment fühle ich mich nicht danach, glauben Sie mir.« Aber weil ich der höfliche, zuvorkommende und liebenswürdige Sascha Buzmann bin, den die Jahre in großen Hotels genauso prägten wie die Monate seiner Gefangenschaft, füge ich hinzu: »Das hat nichts mit Ihnen zu tun. Ich bin nur sehr erschöpft.«

So fühle ich mich. Im selben Moment, als der Anrufer von einem Film redet, fühle ich mich schon ausgelaugt. Gerade war ich noch bester Dinge und schnippelte fröhlich Gemüse, und auf einmal kommt es mir vor, als hätte ich einen Marathonlauf hinter mich gebracht.

Der Mann am anderen Ende der Leitung versichert mir, dass wir nichts überstürzen müssen. Aber vielleicht können wir uns mal treffen? Die Frage kommt mir bekannt vor, offenbar arbeiten alle Journalisten nach diesem Schema. Dagegen spricht nichts, nur nicht heute, nur nicht jetzt, und das liegt nicht an meinem Plan, einen Schmorbraten zuzubereiten, sondern daran, dass mich auf einmal die Schlafkrankheit am Wickel hat oder etwas mit ähnlichen Symptomen.

Trotzdem sind an diesem Tag bereits die Würfel gefallen. Möglicherweise gab den Ausschlag, dass die Filmproduktion in Wiesbaden beheimatet ist. Oder der Satz, es gibt noch eine Menge zu erzählen. Oder mein Gespräch mit Michaela zeigte Wirkung. Weil ich mich zu diesem Zeitpunkt in Therapie befand, ohne es zu wissen. Meine Therapie begann mit der Arbeit am Artikel im Nachrichtenmagazin. Sie ging weiter, als wir den ersten Film drehten. Und sie ist noch nicht zu Ende. Trotzdem bitte ich den Regisseur um Bedenkzeit.

Die Müdigkeit in mir fühlt sich an, als habe mich einer von der Lebensbatterie getrennt. Einfach den Stecker gezogen.

Ich lege auf, ohne mir den Namen des Regisseurs zu notieren. Zum Glück denke ich daran, den Herd in der Küche auszuschalten. Im Schlafzimmer falle ich aufs Bett. Ich ziehe mir die Decke über den Kopf, winkle die Beine an, und mein letzter Gedanke vor dem Einschlafen ist: wie in der Kiste. Du liegst im Bett wie in der Kiste.

DIE KISTE IST KAPUTT. Es ist furchtbar kalt geworden, und selbst Adam G., dem die Minustemperaturen weniger ausmachen als mir, beginnt zu frieren. Ich traue mich nicht zu sagen, wenn du nicht endlich den Ofen anmachst, bist du nicht mehr mein Freund. Adam G. will zwar in meine Bande, aber das hat ihn nicht daran gehindert, eben seine Hose auszuziehen und mir mit seinem Pimmel wehzutun. Noch immer laufen mir die Tränen herab, und anders als sonst ist Adam G. nicht zufriedengestellt. Sonst schläft er danach meistens ein, jetzt läuft er durch den Wohnwagen wie ein gefangenes Tier; hin und her, hin und her, und immerzu zischt er mich an.

Ich soll endlich still sein. Ich soll aufhören mit Heulen. Sonst kracht's heute noch gewaltig im Karton.

Entweder.

Oder.

Ich trockne mein Gesicht an der Decke ab. Selbst meine Tränen gefrieren, so kalt ist es. Am Fenster, das außen mit Brettern vernagelt ist, sind Eisblumen. Adam G. läuft hin und her, und dann rennt er auf einmal nach draußen, aber kommt gleich wieder zurück.

»Kein Holz«, sagt er. »So 'ne Scheiße.«

Er flucht vor sich hin, will gar nicht mehr damit aufhören. Auf einmal fällt sein Blick auf die Kiste. Dann fällt sein Blick auf mich, und ich denke, nein, nicht das! Jetzt nicht in die Kiste, es ist zu kalt, ich werde erfrieren. Ich bin sicher, Adam G. will irgendwohin, wo es wärmer ist, und vielleicht kommt er nicht mehr zurück. Während ich in der Kiste stecke. Nein! Nein! Nein!

Aber das ist es nicht. Adam G. will nicht weg. Er denkt über etwas nach, wälzt ein Problem, aber ich weiß nicht, was in seinem Kopf vorgeht. Auf einmal hebt er seinen Fuß und tritt gegen die Kiste, als ob sie eine Ratte ist. Genau wie die Ratte tritt er die Kiste, und genau wie die Ratte geht sie kaputt. Adam G. trampelt auf der Kiste herum, und für einen Augenblick denke ich, er ist wahnsinnig geworden. Dann verstehe ich, was er tut. Er stampft mit beiden Füßen auf die Kiste, bis sie aus kleinen Holzstücken besteht. Die nimmt er und steckt sie in den Ofen. Er stopft Müll hinein und versucht, ein Feuer zu entfachen. Es qualmt wie blöd, der Rauch beißt mir in den Augen, ich muss husten. Auch Adam G. hustet und flucht noch mehr, er tritt gegen den Ofen, was das Feuer nicht besser brennen lässt. Kleine grüne Flammen lecken über den Müll, es stinkt fürchterlich. Plötzlich zischt es, ich sehe eine Stichflamme, Adam G. macht einen Satz zurück. Er schlägt die Ofentür zu, und das Holz darin beginnt zu brennen. Es dauert nicht lange, und im Wohnwagen wird es wärmer. Adam G. ist zufrieden. Ich bin es auch. Die Kiste ist kaputt, was kann besser sein? Jetzt kann er mich nicht mehr hineinstecken. Ich weiß noch nicht, dass es schlimmere Dinge als Kisten geben kann.

*Das Schicksal von Sascha Buzmann zeigt, wie ein Kind außergewöhnliche körperliche und seelische Torturen aushalten kann, ohne daran vollkommen zu zerbrechen, und es zeigt den Preis, den es dafür sein Leben lang zahlen muss.*
Völlig gerädert wache ich auf. Meine Haare sind verschwitzt, das T-Shirt klebt mir nass am Körper. Ich hatte einen Alptraum, und dieser Satz kam darin vor. Nein, mehr als das, dieser Satz *war* der Alptraum. Ich bin in einer tiefen Schlucht unterwegs, in die kein Lichtstrahl fällt. Auf einmal höre ich es donnern und sehe riesige Buchstaben auf mich herabstürzen. Wie eine Lawine drohen sie, mich unter sich zu begraben. Ich will weglaufen, doch sosehr ich mich auch bemühe, ich komme einfach nicht von der Stelle. Meine Füße stecken fest, und als ich an mir herabsehe, entdecke ich, dass die Buchstaben wie zäher Schlamm sind. Der Schlamm bewegt sich wie Abertausende Würmer, wabert hin und her, formt dabei immer neue Satzstücke:

*ein Kind außergewöhnliche körperliche und seelische Torturen*

*zeigt den Preis*

*Leben lang zahlen*

*Schicksal von Sascha Buzmann*

Die Satzstücke entstehen und zerfallen, schneller und schneller, ergeben keinen Sinn:

*ein Kind kann aushalten, ohne den Preis zu zahlen*

*Torturen Sascha zeigt das Schicksal sein Leben lang*

Dann beginnen sie an mir hochzukriechen, diese Würmersätze, und ich schlage um mich, will sie abstreifen, aber sie sind überall, türmen sich auf, brechen über mir zusammen, begraben mich unter sich. In diesem Augenblick wache ich auf.

Schwer atmend liege ich im Bett.

Ich kenne den Satz. Er stand im Artikel, und seit ich ihn gelesen habe, geht er mir nicht mehr aus dem Kopf: *Das Schicksal von Sascha Buzmann zeigt, wie ein Kind außergewöhnliche körperliche und seelische Torturen aushalten kann, ohne daran vollkommen zu zerbrechen, und es zeigt den Preis, den es dafür sein Leben lang zahlen muss.*

Den Preis, den ich bezahlen muss – das geht mir nicht mehr aus dem Kopf. Im Artikel steht auch: »Der Junge scheint sich kaum von Gleichaltrigen zu unterscheiden.« Doch irgendwann wird er »antriebslos« und »zeigt kaum noch Eigeninitiative«. Da steht, dass er »zu schnell aufgibt, wenn es darum geht, den eigenen Willen durchzusetzen«.

Während ich darüber nachdenke, fällt mir mein 21. Geburtstag ein. Wieder kommen die Erinnerungen ungeordnet: An diesem Tag will ich einen draufmachen, und in der Tasche habe ich einen 1.000-Mark-Schein. Den knalle ich in der Diskothek auf den Tresen und lasse eine Lokalrunde springen. Freibier für alle! Macht das einer, der sich nicht durchsetzen kann? Ich habe das Geld auch nicht geschenkt bekommen, ich habe es mir selbst verdient. Zuhause ist noch mehr davon, versteckt in Plastiktüten unter meinem Bett. Hat einer so viel Geld, der schnell aufgibt?

Nein, Sascha, sage ich zu mir, als ich aufstehe und unter die Dusche gehe. Die Dinge liegen anders. Du hast bewiesen, dass du es kannst, auf legale wie illegale Weise. Die Sache ist nur, du bist nie drangeblieben.

Ich werfe das verschwitzte T-Shirt in die Waschmaschine, und während ich unter den warmen Wasserstrahl trete, kreisen meine Gedanken weiter: Nein, auch das stimmt nicht. Ich bin drangeblieben, aber dann warf mich irgendetwas aus der Bahn. Brachte mich zurück auf »Los«.

»Gehe zurück auf Los«, erfinde ich ein kleines Liedchen. »Aber geh nicht in das Gefängnis.« Da war ich tatsächlich nicht, im Gefängnis. Ich war nur im Gefängnis von Adam G. Später habe ich mehr Glück. Zum Glück habe ich mehr Glück.

Ich bin ein cleveres Bürschchen von bald neunzehn Jahren, und die Bundeswehr ruft nach mir. Das kommt mir nicht gelegen. Gerade habe ich mir einen schwungvollen Handel aufgebaut: Ich kaufe und verkaufe Hasch. Jetzt soll ich als Schütze Arsch durch den Schlamm robben? Mir als Funker die Nächte im eiskalten Spähpanzer um die Ohren schlagen? Nee, Leute, ohne mich. Ich gehe zur Musterung und berichte von allerhand Gebrechen. Es zwickt mich in den Schultern, und es tut im Knie weh.

»Was haben Sie denn gemacht?«, will der Bundeswehrarzt wissen, als ich ihm meine Narben zeige.

Tja, jetzt müsste ich ihm eigentlich von Erdogan erzählen, schätze ich. Meinem guten Kumpel Erdogan. Ich habe auf einmal eine Menge türkischer Freunde. Irgendwie passt die Chemie zwischen uns, und sie machen mich zum Mann. Davor bin ich nur ein Weichei. Ich kann mich nicht wehren, obwohl ich seit Jahren Judo übe. Ich bin nie frech. Ich bin höflich und zuvorkommend, widerspreche niemals. Dann treffe ich Erdogan am Spielplatz, genau an der Stelle, wo vor ein paar Jahren ein Schatten ... Ach was, vergiss das. Ich bin sechzehn Jahre alt, und Erdogan ist fünf Jahre älter. Wenn ich mit ihm und seinen Kumpels zusammenstehe, stoßen auch Anna und Britta dazu, die sonst immer weitergehen, wenn ich alleine bin. Auch Arslan stößt zu uns, der hat gerade seinen Führerschein gemacht. Erdogan sagt: »Alter, wie wär's mit einer Spritztour?« Er bestimmt, wo's langgeht, aber irgendwie mag er es, wenn ich mit von der Partie bin. Er nennt mich seinen Freund. Das ist für mich von Vorteil: Zieht am Horizont Ärger auf – und seit ich mir vor einem halben Jahr den ersten Joint gedreht habe und das Zeug irgendwoher kriegen muss, zieht ständig Ärger auf –, sage ich: Verzieh dich, Sackgesicht, sonst haut dich Erdogan um. Ungespitzt in den Boden haut der dich, und das kannste kriegen, so oft du willst. Doch heute haut Erdogan keinen um, heute will er eine Spritztour machen, und er sagt: »Auf geht's, Arslan, lass die Karre rennen.« Er sitzt hinten zwischen Anna und Britta, ich vorne auf dem Beifahrersitz, und wir lachen alle, weil Aslan wie eine Schnecke fährt, an jeder Kreuzung ewig wartet, bis er sich rübertraut, beim Abbiegen fast anhält. Irgendwann hält es Erdogan nicht mehr aus. Er sagt: »Mann, Alter, lass den Meister ran.« Das gefällt mir, weil Erdogan ein kleiner Heizer ist. Er mag es, wenn die Karre über die Landstraße fliegt, und ich mag das auch.

»Wohin fahren wir?«, fragt er mich, und ich antworte: »Wie wäre es mit Hochheim, Billard spielen?«

»Schon unterwegs«, sagt Erdogan und lässt den Bleifuß ran. Der Bleifuß beschleunigt den Wagen auf hundert Stundenkilometer, und ich lache und sage: »Vielleicht solltest du dich anschnallen, Alter.« Ich drehe mir einen Joint, als eine Kurve vor uns auftaucht. Vor der Kurve ist ein kleiner Seitenweg, aus dem zuckelt ein LKW auf die Straße. Erdogan brüllt noch: »Was macht der Arsch dort?«, da kracht's auch schon. In voller Fahrt rauschen wir in den Anhänger. Ich sehe nichts mehr, höre nur noch, habe den seltsamen Gedanken: Das sind Geräusche, die kriegt man nur mit, wenn alles kaputtgeht.

Als ich wach werde, liege ich in einem Bett. Ich kann mich nicht bewegen, aber mir ist klar, es muss ein Krankenhaus sein. Warum ich hier bin, weiß ich nicht. Über mir taucht das Gesicht meiner Schwester Doris auf. Auch meine Mutter, mein Vater, Jenny und mein Bruder sind da.

»Was ist los?«, frage ich. Das Sprechen tut weh. »Habe ich mich geschlagen?«

Meine Familie druckst herum. Dann flüstert Doris: »Wir müssen es ihm sagen.«

»Was müsst ihr mir sagen?«

»Es ist was mit deinem Gesicht ...«

Das Blut stockt mir in den Adern. Ich fahre auf und bemerke, dass ich mich doch bewegen kann. So schlimm kann's nicht sein, obwohl überall an mir Schläuche befestigt sind. Ich will einen Spiegel, will in einen Spiegel sehen, und endlich hält man einen vor mich hin. Ich fange an zu schreien. Es ist das Gesicht von Frankenstein, das mir entgegenblickt. Ich bin entstellt. Das ist das Ende.

Irgendwann ist die Familie weg. Ich will keinen Besuch mehr und nichts vom Unfall hören. Aber das geht nicht. Schließlich bin ich nicht der Einzige, den es erwischt hat. Auch wenn ich aussehe, als ob mich ein Tiger in die Klauen gekriegt hat, und ich mir sicher bin, dass ich mit diesem Gesicht nie eine Freundin kriegen werde, ist es nichts gegen Erdogans Schicksal. Der Stahlaufhänger des LKWs ging wie ein Geschoss durchs Auto und erwischte ihn voll. Noch liegt er mit einem Schädeltrauma im Koma. Auch die anderen haben einiges abbekommen: Annas Kiefer ist zerschmettert, sie hat alle Zähne verloren. Aslan hat sich den Arm gebrochen. Britta hatte am meisten Glück mit ihren Schnitt- und Schürfverletzungen. Bei mir ist das Handgelenk futsch, und ich werde einen Monat lang nicht gehen können, weil die Bänder in den Knien was abbekommen haben. Das Schlimmste aber sind die Gesichtsverletzungen: Weil Schmutz in die Schnitte geriet, muss ich nach dem Krankenhaus in die Rehaklinik Bad Homburg. Dort werden meine Bänder gedehnt und gestreckt, und vor allem wird mein Gesicht behandelt: Mit einem Laser werden die Narben verbrannt. Als neue Haut kommt, wächst der Schmutz mit heraus. Das tut höllisch weh, dafür verliert

Frankensteins Fratze von Tag zu Tag an Konturen, und das Gesicht von Sascha Buzmann kehrt zurück. »Wunder der Medizin!«, juble ich. Und habe noch mehr Grund zur Freude, als ich zum ersten Mal ohne Krücken in den Speisesaal humple. Dort fangen alle an zu klatschen. Auch die Leute mit den Schlaganfällen, die selbst wieder gehen möchten, klatschen mit. »Nicht umfallen«, rufen sie, »immer schön standhaft bleiben.«

Ich falle nicht um. Ich bleibe standhaft. Irgendwann kann ich wieder gehen wie früher. In meinem Gesicht bleiben ein paar Narben, aber sie schrecken das weibliche Geschlecht nicht ab. Erdogan dagegen hat Metallplatten im Kopf. Er hat das Gedächtnis verloren und ist invalide.

Davon könnte ich dem Bundeswehrarzt erzählen, als er nach meinen Narben fragt, aber ich lasse es sein. Ich bin der Meinung, es wird auch so reichen, aber darin soll ich mich täuschen. Als ich kurz darauf den Musterungsbefehl erhalte, lese ich: T 3. T 3 heißt auf gut Deutsch, mit dem Kerl ist der Feind zwar nicht im Alleingang aufzuhalten, aber er ist durchaus in der Lage, für Deutschland seine Pflicht zu tun. Meine schöne Strategie ging nach hinten los. Aber ich bin alles andere als »antriebslos« und zeige jede Menge »Eigeninitiative«. Ich rufe im Kreiswehrersatzamt an.

»Ich will einen Antrag auf Neumusterung stellen«, sage ich.

Zu dieser Zeit, Mitte der 90er-Jahre, steht die Bundeswehr bei meinen Altersgenossen nicht hoch im Kurs. Sicher muss man sich auf dem Kreiswehrersatzamt eine Menge blöder Ausreden gefallen lassen. Doch den Wunsch, einen Antrag auf Neumusterung zu stellen, hört man selbst dort nicht alle Tage.

»Was wollen Sie?«, fragt der Beamte ungläubig.

Ich erkläre es ihm. Ich erzähle ihm etwas, von dem er nichts wissen kann, weil ich darüber schweige wie ein Grab.

Doch jetzt habe ich meine Gründe und öffne behutsam den Deckel des Verlieses. Ich mache ihn nur einen winzigen Spalt auf. »Ich bin ein Entführungsopfer«, sage ich. »Ein Sexualtäter hat mich wiederholt vergewaltigt.«

Ich will T 5 eingestuft werden. Ich will ausgemustert sein. Ich will nicht zur Bundeswehr. Und es ist keine Drückebergerei. Um ehrlich zu sein, habe ich eine Scheißangst vor der Bundeswehr.

Ich sage zum Beamten: »Es wäre nicht gut, mich monatelang mit irgendwelchen Männern einzusperren.«

MANCHMAL, WENN ADAM G. SCHLÄFT, stehe ich ganz vorsichtig auf. Ich bewege mich wie in Zeitlupe, damit er ja nicht aufwacht. Tut er das, wird er nach mir greifen. Es dauert ewig, bis ich über ihn hinweg gestiegen bin. Manchmal wirft er sich im Schlaf herum und knurrt was. Seine Hand liegt auf seinem Pimmel. Ich bin froh, dass ich den nicht sehen muss. Ich hasse seinen Pimmel. Immerzu muss er was mit seinem Pimmel machen.

Habe ich es geschafft, bis zum Rand des Bettes zu kommen, kann ich nicht gleich meine Füße auf den Boden setzen. Ich weiß schließlich nicht, ob in der Zeit, in der Adam G. mir seinen Pimmel reinsteckte, Ratten in den Wohnwagen kamen. Ich kann nicht gleichzeitig den Türspalt überwachen und das tun, was Adam G. verlangt. Es kann also durchaus sein, ich setze meine Füße auf den Boden, und schon rast eine Ratte aus dem Müll und frisst mir die Zehen ab.

Deshalb muss ich doppelt vorsichtig sein. Umsichtig muss ich sein. Meine Augen wandern in jeden Winkel des Wohnwagens. Ich versuche, meinen Blick *durch* den Müll unterm Tisch zu bohren, denn genau dort muss ich hin. Hinterm Tisch ist ein Spalt in der Wand, und er ist mein Ziel. Wenn Adam G. schläft, kommt für mich die Gelegenheit, mich auf zum Spalt zu machen. Wenn ich mein Auge dagegen presse, kann ich sehen, was draußen passiert. Da ist einiges los! In ein paar Hundert Metern Entfernung vom Wohnwagen führt eine Treppe aus dem Boden direkt in den Himmel. Auf der Treppe sind immer Leute unterwegs; sie gehen hinauf, sie gehen hinab. Ich frage mich, weshalb sie den Wohnwagen nicht beachten, ich frage mich, warum sie mich nicht schreien hören. Aber die Leute auf der Treppe wenden nie den Kopf. Sie blicken starr geradeaus, zumindest scheint es so, genau kann ich es nicht erkennen, dazu sind sie dann doch zu weit entfernt. Ich beobachte die Menschen auf der Treppe, wie sie stur hinauf- und hinuntergehen, und frage mich, weshalb keiner herüberschaut. Wie kann ich mich bemerkbar machen? Ich bin so damit beschäftigt, darüber nachzudenken, dass ich nicht merke, wie Adam G. erwacht. Auf einmal steht er hinter mir. Er packt mich an den Schultern und zieht mich vom Spalt weg.

»Ich hab es dir gesagt«, schreit er mich an. »Wenn du abhauen willst, setzt es was.«

Er holt mit der Hand aus und schlägt zu. Ich stürze zu Boden. Adam G. zerrt mich hoch und wirft mich aufs Bett.

»Ich glaube, du brauchst noch was«, sagt er. Ich weiß, was er damit meint, und schließe die Augen, weil ich manchmal immer noch daran glaube, wenn ich ihn nicht sehe, ist er nicht da. Dabei klappt das nie, er ist immer da, und wenn er mir seinen Pimmel in den Po steckt, reiße ich vor Schmerzen die Augen wieder auf.

Er bewegt seinen Pimmel hin und her und hin und her, und dann sagt er plötzlich: »Das gefällt dir, stimmt's? Es gefällt dir doch, wenn ich das mit dir mache?«

Ich kann nicht sagen, woran es liegt, aber die Welt wird jeden Tag grauer. Und kälter. Das ist, was ich zu meinem Kumpel Björn sage. »Grau und kalt ist die Welt«, sage ich. »Das ist doch echt Scheiße.«

Ich bin fünfzehneinhalb, und Björn ist nicht mein Freund. Er ist bloß mein Kumpel. Wir sind in derselben Klasse und hängen nach der Schule auf dem Schulgelände herum, weil es ewig dauern kann, bis der Bus kommt. Hier, im Niemandsland zwischen Frankfurt, Mainz und Wiesbaden, ist es unglaublich öde. Wir haben eigentlich keine Lust, nach der Schule auf dem Schulgelände herumzuhängen, mit diesen ewig langen, grauen Betonwänden, den grauen Treppenfluchten, den grauen Böden aus Waschbeton. Aber wo sollen wir hin? Also sitzen wir auf einer Mauer und warten auf einen Bus, der irgendwann kommen soll. Wir rauchen, schlagen die Zeit tot.

Ich sollte nicht so viel rauchen. Ich sollte überhaupt nicht rauchen, das hat erst kürzlich der Fußballtrainer gesagt. Er hat recht, ich spüre jede Zigarette im Training, aber irgendwie dachte ich, du kannst mich mal. Ich bin ein guter Spieler, er wird mich schon nicht aus der Mannschaft werfen. Außerdem rauchen andere auch. Wenn er es trotzdem tut, was soll's. Tischtennis spiele ich ohnehin lieber. Da bin ich bereits in der Bezirksendrangliste und auf dem besten Weg, den Sprung in die hessische Rangliste zu schaffen. Erst letzten

Monat schickte mich der Verein auf ein internationales Turnier an der holländischen Grenze, dort habe ich im Doppel die Gegner nur so weggeputzt. Ich kann auch mit Judo oder Taekwondo weitermachen, wenn der Fußballtrainer mich nicht in Ruhe lässt. Ich komme aus dem Sprung in den Spagat, seit ich bei Kwon Che-Wa in Wiesbaden trainiere. Aber irgendwie bin ich lustlos in letzter Zeit, auch die Schule kotzt mich nur noch an. Mann Gottes, immer dieselben blöden Themen. Da vorne steht einer dieser Lehrerschlümpfe und blubbert was von Integralrechnen, der Kontinentalplattenverschiebung und der Photosynthese. Mich treiben andere Themen um, über die keiner spricht. Ich würde zum Beispiel zu gerne mal wissen, wie das so ist mit dem Schicksal. Suchen wir es selbst aus, oder sucht es uns aus? Ist da womöglich gar nichts, außer der riesengroßen Leere, die ich in mir spüre? Die ich sogar sehen kann! Hier auf dem Schulhof, inmitten von grauem Beton, kann ich sie sehen. Sie ist in meinem Kopf. Sie ist in meinem Körper. Ich glaube nicht, dass Björn versteht, wenn ich davon spreche, aber zumindest stellt er keine blöden Fragen. Das macht ihn zu einem guten Kumpel.

»Ich find's auch Scheiße«, sagt er. »Und der Scheißbus erst, bis der eintrudelt.«

»Wie viel Geld hast du dabei?«, will ich wissen.

Björn hat zwei Mark in der Tasche. Ich habe acht Mark, den Rest von meinem Taschengeld.

»Lass uns was essen gehen«, schlage ich vor.

»Und wenn der Bus kommt?«

»Mann, scheiß auf den Bus. Da kommt auch wieder einer. Es kommt immer einer.«

Wir machen uns auf den Weg zur Pommesbude. Für zehn Mark gibt's dort Currywurst satt, und für eine Cola reicht's auch noch. Wir verlassen das Schulgelände, überqueren die Straße, schlagen uns querfeldein bis Hochheim. Dort steht in der Innenstadt ein Einkaufszentrum, für das ebenfalls reichlich Beton vergossen wurde. Ein Mann läuft an uns vorbei, rempelt mich an, dreht den Kopf, geht weiter, ohne was zu sagen. Zwanzig Minuten später sind wir am Einkaufszentrum. Und wer wartet dort auf uns? Der Mann von vorhin. Er kommt uns entgegen, und als er auf unserer Höhe ist, raunt er: »Braucht ihr was?«

Björn und ich sehen uns an. Die zehn Mark können wir für Pommes und Cola ausgeben. Wir können damit aber auch was anderes kaufen. Ich rauche, seit mir auffiel, wie grau und kalt die Welt geworden ist. Seit ich das Geschwätz meiner Lehrer und meines Fußballtrainers nicht mehr abkann. Seither habe ich auch neue Kumpels, und die rauchen ebenfalls. Außerdem hat der eine oder andere immer mal wieder einen Joint in der Tasche. Ich war schon dabei, wenn einer von ihnen was gekauft hat, aber hatte selbst noch keine Gelegenheit dazu. Wenn aber einer kommt und fragt »Braucht ihr was?«, redet er nicht von Dingen, die man am Kiosk kriegt.

Auf einmal habe ich keinen Bock mehr auf Pommes und Cola. »Ja«, antworte ich. »Ich brauch was.«

Ob Björn anderer Meinung ist, interessiert mich nicht. Ist er auch nicht, er ist ein guter Kumpel. Gemeinsam trotten wir hinter dem Mann her, der Fußmarsch zieht sich ewig hin. Währenddessen fragt er mich aus. Alles Mögliche will er wissen: In welche Schule ich gehe? Wo ich wohne? Wie alt ich bin? Was ich den ganzen Tag so treibe? Ich antworte, und er stellt noch mehr Fragen. Irgendwann erreichen wir eine Mietskaserne.

»Da hinten wartet ihr«, sagt der Mann und deutet auf einen Platz, an dem übervolle Mülltonnen stehen. »Bin gleich zurück.«

Wir ziehen uns hinter die Tonnen zurück. Nach fünf Minuten kommt der Mann und meint: »Das sind 25 Gramm. Für 150 Mark gehören sie dir.«

150 Mark sind jenseits aller Vorstellungen. Allein von mei-

nem Taschengeld würde ich diese Summe in einem Jahr nicht zusammenkriegen.

»Wir haben zehn Mark«, sage ich, »wenn wir zusammenlegen.«

Der Mann schüttelt den Kopf. »Nee, nee, nee. Du hast es nicht kapiert. Du gibst mir das Geld, wenn du es hast.«

Ich verstehe immer noch nicht. Ich bin zwar nicht auf den Kopf gefallen, und in der Schule weiß ich die Antwort manchmal, bevor die Frage gestellt wird. Aber woher soll ich die Kohle bekommen, um 150 Mark zurückzuzahlen?

»Ist doch ganz einfach«, sagt der Mann. »Du nimmst von dem Stoff, so viel du willst. Den Rest verkaufst du.«

Da fällt der Groschen. Ich bin unschlüssig. Wer um alles in der Welt sollte mir das Zeug abkaufen? Das heißt, wenn ich darüber nachdenke ... Meine neuen Kumpels sind ständig auf der Suche nach einer Quelle ... Was sie an Fußmärschen und endlosen Busfahrten so auf sich nehmen, nur weil sie davon gehört haben, dass an irgendeinem Ort um irgendeine Zeit irgendein Kerl steht, der was haben *könnte* ... Zigarettenkaufen ist jedenfalls einfacher. Man geht zum Kiosk, sagt, was man will, und aus die Maus. Ich könnte so ein Kiosk sein. Für anderes als Zigaretten. Das ist *die* Geschäftsidee!

Der Mann sieht mich forschend an. »Und?«, fragt er. »Was meinst du?«

Ich nicke. Er gibt mir die Drogen und will nicht mal unsere zehn Mark. Als wir uns auf den Rückweg machen, ist Björn ganz aus dem Häuschen. Er findet, wir haben einen *guten Deal* gemacht. Ich lasse ihn in dem Glauben. Mein Gefühl sagt mir, dass mein Leben sich ändern wird. Aber ob es ein guter Deal ist, muss sich erst noch zeigen.

Schwer zu sagen, wie lange es dauert. Ich kriege es gar nicht richtig mit. Doch irgendwann setzen meine Tischtennisschläger Spinnweben an. Meine Fußballschuhe liegen ungenutzt in der Ecke. Ich habe keine Lust, eine weitere Gürtelprüfung im Judo abzulegen. Mein Papa schreit mich an, woher ich eigentlich das ganze Geld habe. Ich muss mir was einfallen lassen. Ich muss es verstecken.

Ich habe in mir ein Talent entdeckt, das ich nicht kannte: Ich bin ein richtig guter Händler. Und es gefällt mir, ein richtig guter Händler zu sein. Auf einmal habe ich Kumpels, an die ich sonst nie rangekommen wäre. Erdogan zum Beispiel. Bisher war ich Luft für ihn, jetzt klopft er mir auf die Schultern und lacht über meine Witze. Auch bei anderen stehe ich hoch im Kurs. Ich muss mich immer häufiger mit dem Mann aus der Mietskaserne treffen.

Eines Tages sagt er: »So geht das nicht. Wir sehen uns zu oft. Die Leute reden schon. Ab jetzt nur noch einmal die Woche.«

»Ich habe Kunden, die warten. Dann musst du mir mehr geben.«

»Daran soll es nicht scheitern.«

Er gibt mir mehr. Er gibt mir so viel, wie ich noch nie hatte. Nach einer Woche habe ich alles verkauft. Zum ersten Mal im Leben habe ich 1.000 Mark in der Tasche. Bald darauf verdiene ich mehr, als mein Papa nach Hause bringt. Ich weiß zwar nicht genau, was er nach Hause bringt, aber so viel kann es gar nicht sein.

Klar gibt es Rückschläge. Wir bauen den Unfall, und ich bin ein paar Monate weg vom Fenster. Ich schaffe meinen Hauptschulabschluss nicht, aber als Dealer laufe ich schnell wieder zu großer Form auf. Ich muss meinen Wirkungskreis ausdehnen. Von da an bin ich auch in Wiesbaden aktiv. Dort nimmt mich ein Algerier unter seine Fittiche.

»Du verlangst 600 Mark für 90 Gramm und nicht 600 Mark für 100 Gramm, klar?«, bläut er mir ein. Das ist eine Gleichung, die praktischer ist als Integralrechnen.

Ich bin den ganzen Tag auf der Straße. Seit Kurzem habe ich den Führerschein und besitze auch schon ein Auto. Ich gehe in Restaurants essen, und als ich aus einem rauskomme, steht ein Bekannter da und wispert mir zu, die Polizei sucht nach dem Algerier. Mich haben sie auch auf dem Kieker. Nimm mal deine Karre unter die Lupe, lacht er. Das tue ich und entdecke einen Sender. Spätestens jetzt sollte ich es mit der Angst zu tun bekommen, aber ich bin ein Weltmeister darin, mir keine Sorgen zu machen. Auch als der Algerier nicht mehr auftaucht und keiner weiß, ob er hopsging oder abgehauen ist, denke ich nicht ans Aufhören. Sondern nur daran, dass meine Kunden auf dem Trockenen sitzen und ich das Zeugs mittlerweile zum doppelten Einkaufspreis an den Mann bringe. Ich schwimme in Geld, aber ich muss auch was unternehmen. Amsterdam kommt mir in den Sinn, die Quelle schlechthin. Ich fahre nach Amsterdam und lerne, wie dort die Geschäfte laufen. Ich besuche Coffeeshops, treffe Leute, gewinne ihr Vertrauen. Irgendwann drücken sie mir eine Liste in die Hand: Roter Libanese, 2 Kilo, 7.000 DM steht drauf. Schwarzer Afghane, 2 Kilo, 8.000 DM steht drauf. Wir haben auch Pollum, weiß die Liste, dieses helle Gras, das so schön bröselt. Klingt gut. Ich habe 10.000 DM in der Tasche und sage dem Händler, deine Sachen sind zwar teurer als in Frankfurt, doch wenn die Qualität stimmt, bin ich bereit, es zu probieren. Im Coffeeshop wird nicht gedealt, deshalb meint er, ich soll mitkommen. Wer Drogen kaufen will, muss immer irgendwohin mitkommen, das ist die Regel. Wir verlassen den Coffeeshop, stellen das Auto unter einer Brücke ab, gehen zu Fuß weiter. Irgendwann stehen wir vor einem unscheinbaren Haus. Der Mann klingelt, die Tür geht auf, ich blicke direkt in eine Videokamera. Dann geht's die Treppe hoch, und die Kameras sind überall. Sie sind auch in dem kleinen Raum mit den Sesseln, wo ich es mir bequem machen soll. Andere Kunden sitzen herum. Wir trinken Cola, quatschen, dabei wird mal der eine, mal der andere bedient. Als ich an die Reihe komme und bezahle, sagt der Händler: »Falls du häufiger auftauchst, wechsle das Auto.«

Ich tauche häufiger auf. Bald fahre ich zweimal die Woche nach Holland. Ich nehme immer dieselbe Route über Köln, Aachen, Maastricht, und ich wechsle nie das Auto. Meistens fahre ich alleine, aber einmal nehme ich Ulla mit. Sie ist meine Freundin, aber auch wieder nicht, das ist bei uns nicht richtig klar. Momentan ist sie meine Freundin, deshalb darf sie mit. Wir gehen über die Grenze, kaufen ein, sind schon wieder auf der Heimfahrt, als Ulla sagt: »Ich muss ganz dringend pinkeln.« »Jetzt nicht«, entgegne ich. »Wir sind noch zu nah an der Grenze.«

Dort gibt es die meisten Kontrollen. Doch Ulla gibt keine Ruhe. Also fahre ich bei Peppenhoven runter, damit sie mir das Auto nicht nass macht. Ulla springt raus, rennt in die Tankstelle, und ich denke mir, na gut, wenn wir schon hier sind ... Den schwarzen Kastenwagen, der hinter mir parkt, beachte ich nicht, aber den Polizisten, der mir auf die Toilette folgt, schon. Panik steigt in mir auf. Ich habe ein Kilo Schwarzen Afghanen im Auto und ein Kilo Roten Libanesen, und auf einmal will ich nicht mehr pinkeln. Ich wasche mir nur noch rasch die Hände, dann schlendere ich so unauffällig wie möglich zum Auto zurück. Dort nehme ich beide Päckchen und werfe sie darunter. Der Polizist kommt aus der Tankstelle und äugt zu mir rüber, während er zum Kastenwagen schlendert. Er kommt nicht näher.

Uff. Alles nochmal gut gegangen. Der Kastenwagen schert aus und fährt langsam an mir vorbei. Dann bleibt er stehen. Zwei Polizisten springen heraus, einer davon ist mein Bekannter aus der Toilette. Er bückt sich unters Auto, der andere ist schon an der Fahrertür und zieht seine Waffe.

»Aussteigen«, sagt er. »Aber schön langsam, wenn ich bitten darf.«

Sie machen sich nicht einmal die Mühe, uns zu trennen. Für sie sind wir kleine Fische; die gehen ihnen jede Nacht ins Netz. Ulla haben sie gleich in der Tankstelle geschnappt, das habe ich gar nicht mitbekommen. Jetzt beschwöre ich sie, den Mund zu halten und nichts zu sagen. Sie zittert am ganzen Körper und nickt immerzu. Ich habe nicht das Gefühl, dass sie versteht, was ich meine. Die Polizisten bringen uns in Koblenz auf die Wache. Die Beamten dort haben viel Erfahrung mit Leuten wie uns. Als Erstes nehmen sie Ulla in die Mangel. Nach fünf Minuten beichtet sie alles. Dann bin ich an der Reihe. Ich leugne nicht, aber unterschreibe auch kein Geständnis. Das ist den Polizisten wichtig, sie wollen unbedingt, dass ich meinen Johann unters Protokoll setze. Sie können mich mal. Die Nacht verbringen Ulla und ich in zwei verschiedenen Zellen. Am nächsten Morgen werden wir dem Haftrichter vorgeführt.

»Ich habe die Fahrt als Kurierdienst gemacht«, lüge ich. »Ich bin Schüler, komme aus normalen Familienverhältnissen.«

Der Haftrichter hat das alles schon eine Million Mal gehört. Er stellt seine Fragen routiniert. Er weiß, dass ich nicht die Wahrheit sage. Auf einmal darf ich gehen. Natürlich ist es damit nicht zu Ende. Es ist erst der Anfang.

Die Welt ist noch immer grau und in Beton gegossen, als ich die Stufen zum Gericht erklimme. Viereinhalb Jahre sind vergangen, seit ich das erste Mal Drogen kaufte. Jetzt wird darüber entschieden, ob ich in den Knast wandere oder mit einem blauen Auge davonkomme. Die viereinhalb Jahre kommen mir vor, als hätte ich sie nicht selbst erlebt. Als hätte ich jemand anderes in einem Film beobachtet. Doch ich bin es, der vor dem Kadi steht. Es ist Realität, keine Fiktion.

Die Richterin liest mir die Leviten. Vielleicht denkt sie, dass dafür eigentlich meine Eltern zuständig sind. Weil die es offenbar nicht taten, muss sie jetzt einspringen. Sie kann ja nicht wissen, wie überaus geschickt ich mich immer wieder herausredete – selbst dann, als einmal die Polizei ins Haus kam. Damals verlor Papa die Nerven und brüllte mich an, aber

Mama nahm mich in Schutz. Die Richterin kann auch nicht wissen, was es für mich bedeutet hat, König meines Lebens zu sein, wo ich bisher nur wusste, wie es ist, als Sklave zu dienen. Sie weiß nichts von meiner Vergangenheit, und ich verliere kein Sterbenswörtchen darüber. Auch als sie mich verknackt, komme ich nicht mit dem Spruch »Ich hätte gerne eine Wiederaufnahme des Verfahrens«, wie ich das vor ein paar Jahren bei der Musterungskommission getan habe. Nein, ich will keine Sonderbehandlung. Ich habe Scheiße gebaut und werde dafür gradestehen.

Die Richterin sieht mich streng an und sagt: »Ich verurteile Sie zu drei Jahren Gefängnis.« Sie macht eine Pause, um den Satz auf mich wirken zu lassen. Dann fügt sie hinzu: »Die Strafe wird zur Bewährung ausgesetzt.«

Sie verknackt mich noch zu jeder Menge Arbeitsstunden, »damit Sie über die ganze Sache nachdenken können«.

Das tue ich auch.

Ich denke schon lange darüber nach.

Mir wird klar, dass ich gar nicht gemerkt habe, wie tief ich bereits im Sumpf stecke. Doch ich weiß auch, dass ich in der Lage bin, mich am eigenen Schopf herauszuziehen. Das ist eine Kunst, die ich im zarten Alter von neun Jahren lernte.

Damals zog ich mich aus einem Sumpf, der war so tief, dass es keinen Grund gab.

Und ich denke, verdammt nochmal, Sascha. Was du damals geschafft hast, kannst du heute wieder!

Ich höre auf zu dealen. Ich arbeite meine Strafe ab. Ich nehme mir vor, das Abitur zu machen.

Am eigenen Schopf will ich mich aus dem Sumpf ziehen.

Ich muss wieder viel an Gott denken und den Engel; vor allem, ob er tatsächlich ein Engel war? Immer wenn Adam G. die schlimmen Sachen mit mir macht, denke ich daran. Es ist nicht leicht, richtig von falsch zu unterscheiden; was mir die Fantasie vorgaukelt oder was tatsächlich stimmt. Wenn ich nicht an den Engel denke, beginne ich herumzuquengeln. Ich platze fast vor Bewegungsdrang, ich bin es gewohnt, mein Leben *rennend* zu verbringen. Adam G. hockt bloß herum. Mir war nicht bewusst, dass man so viel herumhocken und nichts tun kann. Also quengle ich weiter, bis er mich mit rausnimmt. Nur kurz sind wir draußen, trotzdem könnte ich jubeln vor Glück. Doch ich sehe auch: Da ist keine Treppe! Nichts führt aus der Erde in den Himmel. Keine Menschen gehen rauf und runter. Ich kann es nicht fassen, dass da *nichts* ist, wo ich doch *etwas* gesehen habe. Jetzt wird mir klar, weshalb keiner den Wohnwagen beachtet oder mein Schreien. Weil niemand da ist. Meine Enttäuschung ist so groß, dass ich zu weinen beginne. Eben noch wollte ich jubeln, jetzt weine ich. Adam G. versteht gar nichts mehr.

»Jetzt hast du deinen Willen und heulst«, schüttelt er den Kopf. Er packt mich am Arm, zerrt mich zurück in den Wohnwagen. Er will nicht, dass jemand mein Heulen hört, auch wenn da keine Treppe ist und keine Menschen, die es bemerken könnten. Im Wohnwagen hat er es auf einmal wieder ganz eilig, dass ich seinen Pimmel in die Hand nehme. In den Mund. In den Po. Die ganze Zeit will er wissen, ob mir das gefällt. Bisher war das nicht wesentlich, auf einmal scheint es das Wichtigste der Welt zu sein.

»Es gefällt dir doch, wenn ich das mit dir mache?«, fragt er immer und immer wieder.

Da muss ich an Gott denken. Weil es mir nicht gefällt, was Adam G. mit mir tut, und Gott das weiß. Weil es mir wehtut, und das weiß Gott auch. Weil es eklig ist, vor allem das weiße Zeugs aus dem Pimmel, das so stinkt. Auch davon weiß Gott.

»Egal, was du tust«, hat meine große Schwester Petra gesagt, »Gott sieht es. Gott weiß es. Ihm kannst du nichts vormachen.«

Ich will ihm auch nichts vormachen. Ich will ihm vor allem nicht vormachen, dass es mir gefällt. Aber ich verstehe nicht, wie Gott das zulassen kann. Wenn es stimmt, was Petra sagt, weiß Gott schließlich auch, was Adam G. tut. Auch Adam G. kann Gott nichts vormachen. Vor allem kann er ihm nicht vormachen, dass er all diese Dinge mit mir anstellt und auch noch will, dass es mir gefällt.

Denn das wäre eine Lüge, und ganz sicher will Gott keine Lügen hören.

Also kann ich es nicht sagen.

Ich kann das auf gar keinen Fall.

Adam G. umklammert mich von hinten und versucht, seinen Pimmel in mich reinzudrücken.

»Es gefällt dir doch, oder?«, keucht er.

Gerade will ich schreien, so laut wie nie zuvor in meinem Leben, NEIN! ES GEFÄLLT MIR NICHT! HÖR AUF, DU FURCHTBARER DRECKIGER KERL, als er auf einmal wieder da ist: Der Engel ist zurückgekehrt. Er braucht keinen Spalt in der Wand und keine Ritze unter der Tür, er schafft es auch so herein. Er ist so hell, so unglaublich hell, trotzdem muss ich die Augen nicht zusammenkneifen. Seine Stimme ist in meinem Kopf.

»Bist du wirklich?«, frage ich. »Oder bist du wie die Treppe?«

»Ich bin wirklich. Und ich bin da, um dir etwas zu sagen«, antwortet die Stimme. »Du darfst lügen. Du sollst lügen. Es ist in Ordnung.«

Im selben Moment, als hätte ich nur auf eine Erlaubnis gewartet, sage ich: »Ja, Adi. Es gefällt mir. Es gefällt mir sogar sehr.«

Adam G. hat seine Arme um mich geschlungen, seine Hände krallen sich in meine Brust. Sein Körper bewegt sich hin und her und bereitet mir Schmerzen. Doch jetzt hält er still. Dann drückt er mich weg. Ich höre ihn schwer atmen. Plötzlich fragt er: »Was hast du gesagt? Es gefällt dir?«

Im Wohnwagen wird es dunkel. Der Engel geht, wie er gekommen ist, Adam G. hat ihn nicht gesehen. Nur Kinder sehen ihn, wie im Weihnachtslied, das Mama mir beigebracht hat. Ich drücke mein Gesicht in die Matratze, weil ich mich unfassbar einsam fühle. Meine Stimme ist kaum zu hören, als ich murmle: »Ja, Adi. Es ist schön.«

Warum sage ich das? Warum lüge ich? Warum tue ich, was der Engel wollte, wo ich doch nicht einmal weiß, ob er echt ist. Jetzt, wo er weg ist, habe ich wieder größten Zweifel. Was passiert, wenn Adam G. jetzt noch viel lieber all die schlimmen Dinge mit mir anstellt? Weil er weiß, dass ich Gefallen daran finde? O Gott, warum muss ich das alles aushalten?

Doch nichts passiert. Adam G. steht auf. Steht auf, rumort herum, murmelt etwas in seinen Bart, das ich nicht verstehe. Ich rechne damit, dass er gleich wieder ins Bett kommt, um zu Ende zu bringen, was er begonnen hat. Aber das tut er nicht. Ich höre die Wohnwagentür klappern, und als ich aufschaue, bin ich allein.

Das erste Mal, seit ich gefangen bin.

Ich habe mir vorgenommen, mich am eigenen Schopf aus dem Sumpf zu ziehen, und das tue ich auch. Ich habe so viel Zeit vertrödelt, doch jetzt gebe ich Gas. Es soll mir gelingen, bis zum Abitur und während meiner Ausbildung eineinhalb Jahre aufzuholen. Nicht schlecht für einen, dem das Wasser Oberkante Unterlippe stand. Auf der neuen Schule interessiere ich mich sogar für Integralrechnen, Kontinentalplattenverschiebungen und Photosynthese. Meine Lehrer halte ich nicht länger für ferngesteuerte Schlümpfe. Ich merke, dass ich leicht lernen kann, aber ich merke auch, dass ich mich schnell langweile. Vor allem merke ich, dass Stress mich schnell aus der Bahn wirft. Darum fange ich wieder an zu rauchen. Und nicht nur die Zigaretten vom Kiosk, sondern auch das Zeugs, das ich einmal vertickt habe. Es kann vorkommen, dass ich mir morgens zum Frühstück einen Joint anzünde. Genau das tue ich an einem grauen Wintertag. Draußen liegt Schnee, und ich überlege, ob ich durch den Taunus zur Schule fahre oder die Autobahn nehme. Die erste Variante führt mich über die »Platte« mit ihren Schneeverwehungen. Außerdem muss ich meine Freundin Jasmin abholen, und da liegt die Autobahn näher. Es ist kurz vor halb acht Uhr, als ich auf der A 3 den Blinker setze, um auf die A 66 Richtung Wiesbaden zu kommen. Auf einmal sehe ich einen Polizeiwagen mit eingeschaltetem Blaulicht auf dem Standstreifen stehen.

»Was die da wohl machen?«, frage ich Jasmin und drehe

den Kopf, um mir die Sache anzusehen. Das ist gar keine gute Idee, weil mein Fuß auf dem Gaspedal bleibt. Später stellt sich heraus, dass ich mit hundert Stundenkilometern in den Unfallwagen brettere, der hinter dem Polizeiwagen die Spur blockiert. Ein Fiat Ducato, einer dieser Kastenwagen, wie Handwerker sie benutzen, ist ebenfalls zu schnell unterwegs. Er rast auf uns drauf, und die Wucht des Aufpralls schleudert alle drei Fahrzeuge über die Autobahn. Noch bevor ich das Bewusstsein verliere, sehe ich auf der Rückbank eine helle, glitzernde Gestalt. Hallo, denke ich, es ist lange her. Schön, dass du da bist. Dann wird es dunkel. Wieder erwache ich in einem Krankenhaus. Es hat uns beide schlimm erwischt: Mein Brustbein ist gebrochen, die Kniescheibe zersplittert; Jasmin hat mehrere gebrochene Rückenwirbel. Trotzdem sind sich die Ärzte einig: Nach Rekonstruktion des Unfalls dürften wir gar nicht mehr am Leben sein. Es sei ein Wunder, sagen sie. Der Ducato hat meinen Wagen zu einem Haufen Blech umgeformt, ähnlich einer zusammengedrückten Coladose.

»Normalerweise kommt da keiner lebend raus«, sagen die Ärzte. »Sie müssen einen guten Schutzengel haben.«

Das kann man so sagen. Ich habe ihn gesehen, meinen Schutzengel, und noch wichtiger, Jasmin hat ihn ebenfalls gesehen. Er hat die Wucht des Aufpralls abgefangen. Darüber sind wir uns einig, obwohl wir uns sonst über nicht allzu viel einig sind. Auch diese Freundschaft steht ständig auf der Kippe, doch der Unfall schweißt uns nochmals eng zusammen. Wir gehen ein weiteres Jahr miteinander, und für jemand wie mich ist das ein Rekord.

Wegen des Unfalls stehe ich erneut vor dem Kadi. Das Pannenfahrzeug war nicht nach Vorschrift abgesichert, dafür bin ich zu schnell gefahren. Der Richter erkennt auf Teilschuld. Doch was heißt das schon, wenn einem gerade das Leben geschenkt wurde? Sobald ich wieder auf den Beinen bin, stürze ich mich erneut auf die Lernerei, denn wieder einmal habe ich ordentlich was verpasst, und das Abitur steht vor der Tür. Meine Prüfungsfächer Mathematik, Englisch, Deutsch und Wirtschaft bestehe ich alle und beginne kurz darauf eine Ausbildung als Groß- und Außenhandelskaufmann. Es dauert nicht lange, bis ich merke, dass ich wenig Lust darauf habe. Was mache ich hier, frage ich mich von Tag zu Tag, warum habe ich mich nicht zum Studium angemeldet? Aber ich kriege es nicht hin, den Bettel hinzuschmeißen. Im Gegenteil: Ich bin überzeugt davon, dass ich die Sache *durchziehen* muss, weil es Teil meines Aus-dem-Sumpf-Programmes ist. Doch ich langweile mich fürchterlich während der Arbeit, und wenn ich das tue, greife ich zu Joints. Dann ist Prüfung, und eine meiner Aufgaben besteht darin, einen Brief mithilfe eines Wickelfalzes in einen Umschlag zu stecken. Hurra, ich schaffe es! Und auch die anspruchsvolleren Aufgaben, die mich am Ende zum staatlich geprüften Groß- und Außenhandelskaufmann qualifizieren. Eines weiß ich: Diesen Beruf werde ich nicht ausüben.

Da bin ich also, 23 Jahre alt, mit Abitur und einer grundsoliden Ausbildung und dem schäbigen Gefühl, so tief im Sumpf zu stecken wie zuvor. Ich habe zu der Zeit eine Freundin, die Französisch und Slowakisch spricht, und deshalb pauke ich nebenher Sprachen. Dann geht auch diese Beziehung in die Brüche, und ich schmeiße die Sprachenschule hin. Ein paar Bewerbungen gehen raus, ich habe hier und dort Vorstellungsgespräche. Nichts will zünden. Ich habe das Gefühl, überall auf Widerstand zu stoßen, ich habe das Gefühl, dass es mich am Ende doch gekriegt hat, dieses Ding, das mich seit meiner Kindheit verfolgt. Um mich herum richten sich Mauern auf, die sind so hoch, dass ich sie nicht überwinden kann. Schlimmer noch: Ich kann nicht einmal über sie hinwegsehen.

NACH EIN PAAR MINUTEN KEHRT ADAM G. ZURÜCK. Er sieht, wie ich auf dem Bett kauere, und fragt: »Alles okay? Willst du was?«

Ich traue meinen Ohren nicht. Wie war das? Hat er gefragt, ob ich etwas *möchte*? Bevor ich länger auf diesem Rätsel herumkaue, höre ich mich sagen: »Ich will fernsehen.« Zuhause schaue ich nicht viel fern. Aber zuhause ist weit weg und vielleicht gar nicht mehr da. Außerdem ist mir schrecklich langweilig. Wenn ich nicht herumrennen kann und auch sonst nichts zu tun ist, will ich wenigstens fernsehen. Ich beobachte die Reaktion von Adam G. Bisher habe ich ihn dazu gebracht, dass er mir zu essen gibt. Es ist mir gelungen, vor die Tür des Wohnwagens zu kommen, wenn auch nur kurz. Ich habe es nicht geschafft, dass er aufhört, die schlimmen Dinge mit mir anzustellen, aber vielleicht richtet die Lüge ja was aus. Eine erste erstaunliche Reaktion zog sie schon nach sich. Und jetzt mal sehen, wie es um den Fernseher steht. Denn um fernzusehen, braucht man ein Gerät. Adam G. hat keines. Adam G. hat gar nichts.

Er steht wieder auf seine seltsame Art im Wohnwagen, wie immer, wenn ihm etwas durch den Kopf geht. Sie gefällt mir nicht, weil meistens etwas passiert. Wenn was passiert, tut es in der Regel weh. Das soll auch jetzt nicht anders sein. Adam G. packt mich. Dort, wo die Rückseite eines Kastens fast die Wohnwagenwand berührt, entdecke ich einen schmalen Spalt. Ich weiß sofort, was mir blüht: Es ist die neue Kiste. Und sie ist schlimmer als die alte Kiste, weil ich darin stehen muss. Ich fange an zu zappeln und wehre mich mit Händen und Füßen, als Adam G. versucht, mich in den Spalt zu drücken. Die Außenwand des Wohnwagens ist eiskalt.

»Wenn du einen Mucks von dir gibst«, droht er, »mach ich dir das Licht aus.«

Alles ist wie früher. Entweder oder. Aber ich will nicht in den Spalt! Nein, nein, nein! Ich fange mir ein paar Ohrfeigen ein und einige derbe Tritte, dann stecke ich im Spalt fest. Adam G. drückt mich noch tiefer hinein, bis ich mich nicht mehr rühren kann. Ich klebe geradezu an den Wänden, wie eine Fliege im Spinnennetz. Mein Mund berührt Holz, ich kann kaum Luft holen. Geschweige denn schreien.

Auf einmal ist Adam G. verschwunden. Es ist grauenvoll, wenn er da ist, aber es ist nicht besser, wenn er geht. Weil ich nicht weiß, ob er wiederkommt. Wenn er nicht wiederkommt, werde ich sterben. Erst recht jetzt, wo ich weiß, dass es keine Treppe gibt da draußen und auch keine Menschen. Alle Ängste, die ich in der Kiste hatte, kehren mit doppelter Wucht zurück. Irgendwann schlafen meine Beine ein. Die Muskeln verkrampfen. Alles tut so weh, als ob ich in Flammen stehe. Immer wieder werde ich ohnmächtig. Mein Bewusstsein kommt und geht, wie Wolken am Himmel die Sonne verdecken und wieder freigeben. Ich weiß nicht, wie viele Stunden vergehen, bis ich etwas höre. Da sind Schritte. Da ist ein Poltern im Wohnwagen. Dann erneut Schritte. Eine Hand tastet nach mir, packt mich, wuchtet mich aus dem Spalt. Ich falle zu Boden, doch die Hand will das nicht zulassen. Sie zerrt mich hinter sich her, und ich weiß, es wird aufs Bett gehen, und dann wird passieren, was immer passiert. Irgendwie schaffe ich es, auf den Beinen zu bleiben. Adam G.

deutet aufs Bett. Nein, er deutet darüber. Dort steht ein kleiner Kasten.

»Ein Fernseher«, verkündet er freudestrahlend. »Sogar mit
Farbe.«

Meine Schwester Doris ist eine Frau, die zupacken kann. Kurz nachdem mich das Gericht verurteilt hat, ziehen meine Eltern und ich zu ihr ins Haus. Meine Mama kocht seit geraumer Zeit in Doris' Bistro, und meine Schwester Jenny arbeitet dort regelmäßig im Service. Nach meinem achtzehnten Geburtstag steige ich ebenfalls ein. Wir ziehen einen regelrechten Familienbetrieb auf, und das gefällt mir. Ich habe meine Familie gerne um mich, und das Kellnern macht mir Spaß. Ich stelle mir vor, wie ich nach dem Abitur den ganzen Tag hier sein kann, um mich die Menschen, die ich liebe. Was könnte besser sein? Vielleicht tue ich die nächsten fünfzig Jahre nichts anderes. Aber ich soll mich täuschen, wieder einmal. Die Sache dauert keine fünfzig Jahre, sie dauert nicht einmal fünfzig Tage. Dann gibt es Streit zwischen meinen Eltern und Doris. Es geht um das Auto meines Papas, das zum Firmenwagen umfunktioniert wurde. Mit anderen Worten, es geht um Geld. Oder darum, wer das Sagen hat. Vielleicht geht es auch nur um Kaisers Bart. Jedenfalls ist Doris derart aufgebracht, dass sie Mama kündigt. Und mir gleich mit. Jetzt wohnen wir in ihrem Haus und gehen uns aus dem Weg. Super! Kaum eingezogen, steht der nächste Umzug an. Ich könnte kotzen.

Was mir von der Episode bleibt, ist die Gewissheit, als Kellner ein Auskommen finden zu können. Ich habe ein Talent für den Beruf. Und so werde ich die nächsten Jahre immer wieder Aushilfsjobs im Service annehmen. Nie länger als ein paar Wochen, aber immer lange genug, um ein paar Euros in den Taschen zu haben. Ich muss zugeben, als Drogendealer war das Geldverdienen leichter. Doch die Zeiten sind vorbei. Ab jetzt gibt es für mich nur noch ehrliche Arbeit. Und wenn ich ein Leben lang bedienen muss.

Als ich nach der Ausbildung feststelle, dass mein Lehrberuf nicht das Richtige für mich ist, denke ich darüber nach, eine Festanstellung als Kellner zu suchen. Oder gibt es doch was anderes für mich? Der Kumpel eines Kumpels hat einen Tipp: Ein Weinhändler in Bingen am Rhein sucht einen freiberuflichen Verkäufer, der den Leuten im Ruhrpott die Freuden des Weingenusses nahebringt. Ich rufe den Weinhändler an und frage nach den Bedingungen: Bezahlung nach Provision, heißt es, der Standort sei Bochum.

»Kennen Sie sich aus mit Wein?«, fragt der Händler.

»Ich habe im Service gearbeitet«, antworte ich, »außerdem bin ich ein guter Verkäufer.«

Klingt gut genug in seinen Ohren. Der Job gehört mir, und ich starte als Weinhändler im tiefen Westen. Eine Zeit lang läuft die Sache gar nicht schlecht. Dann werde ich ungeduldig. Ich würde gerne mehr verkaufen! Ich würde gerne mehr verdienen! Und überhaupt würde ich gerne was anderes tun, auch wenn ich nicht weiß, was es sein könnte. Und so kündige ich den Job nach einem halben Jahr Knall auf Fall und kehre nach Wiesbaden zurück. Dort wartet nichts und niemand auf mich. Ich muss bei meinen Eltern einziehen und kann nicht fassen, was ich mir da wieder eingebrockt habe. Sie können es ebenfalls nicht fassen, doch wir reden nicht über die Gründe meiner inneren Unruhe. Mein Papa fragt nur, ob ich mir jetzt was anderes suche, und das tue ich auch und werde zum König der Aushilfsjobs.

Bis 2009 wohne ich unter dem Dach meiner Eltern. In dieser Zeit verkaufe ich Frikadellen bei Nordsee, fahre Backwaren für einen Bio-Bäcker aus, kellnere hier, bediene dort. Ich habe wenig Geld in der Tasche und sehe kaum Perspektiven. Eigentlich bin ich todunglücklich. Dann, 2005, reiße ich mich nochmals zusammen und wage den Sprung in die Selbstständigkeit. Besser gesagt, in die Pseudo-Selbstständigkeit, denn ich werde Subunternehmer eines Subunternehmers in der Transportbranche. Mit einem Lieferwagen – ähnlich dem Ducato, der mich beinahe plattgemacht hat – transportiere ich alles, was man in so einem Fahrzeug durch die Lande kutschieren kann. Mein Ehrgeiz erwacht erneut, und ich schufte 75 Stunden die Woche. Ich werde nicht nach Transport, sondern nach Kilometern bezahlt, und nach den Abzügen aller Abzüge bleiben mir 1500 Euro. Das sind umgerechnet fünf Euro pro Arbeitsstunde, aber ich rechne nicht um. Ich bilde mir ein, irgendwann schon noch den großen Reibach zu machen. Ich muss mehr fahren. Zusätzliche Nachtschichten einlegen. Dabei muss ich wach bleiben, und die Joints helfen. Sie helfen auch gegen meine Einsamkeit, die mich immer wieder in Schockwellen überwältigt. Und so rauche ich eines Tages bei einer wöchentlichen Routinefahrt nach Bingen. Dort belade ich den Transporter bis unters Dach mit Tofu; das Ziel der Reise ist die Niederlassung der Spedition Dachser in Frankfurt. Kurz nach Bingen gibt es einen zweispurigen Verkehrskreisel. Als ich einbiege, fährt eine Polizeistreife an mir vorbei. Uups, denke ich, ich bin gar nicht angeschnallt. Schnell ziehe ich den Gurt über. Der Polizeiwagen gibt Gas, und ich bin mir sicher, der fährt aus dem Kreisel. Stattdessen dreht er noch eine Runde. Schon ist er wieder neben mir, mit blinkenden Lichtern. Erschrocken reiße ich am Steuer, der Transporter bricht aus und bleibt nach wenigen Metern quer zur Straße stehen. Da kommt schon einer der Polizisten herbei. Er will die Papiere sehen. Er fragt, ob ich getrunken habe? Nein? Was ist mit Drogen?

Die Blutprobe spricht eine deutliche Sprache. Meine Kar-

riere als selbstständiger Transportfahrer endet im Verkehrskreisel von Bingen, den Führerschein bekomme ich nicht
mehr zurück. Wieder einmal muss ich mir eine Stelle als Aus-
hilfskellner suchen.

Ich werde mein Leben lang bedienen.

»UND? FREUST DU DICH?«, fragt Adam G.

»Toll«, antworte ich mechanisch. »Jetzt können wir fernsehen.«

Ich kann mich kaum auf den Beinen halten, aber ich kann immer noch sagen, was Adam G. hören will. Er hat einen Fernseher besorgt so wie ab und zu einen Hasen, also will er von mir hören, dass ich mich freue. Schließlich wollte *ich* fernsehen. Und als *mein Freund* hat *er* mir den Wunsch erfüllt.

Danach braucht Adam G. ewig, um mit der Zimmerantenne ein paar Programme zu finden. Wir setzen uns aufs Bett und starren in die Flimmerkiste. Von nun an sehen wir uns alles Mögliche an: Quizsendungen, Spielfilme, Fußballspiele, Sendungen über Tiere. Alles, was kommt, nur keine Nachrichten. Die sind tabu. Einmal drücke ich auf den Knöpfen des Gerätes herum und erwische die Tagesschau. Sofort reißt mich Adam G. vom Fernseher weg.

»Lass das«, befiehlt er. »Du glaubst wohl, du kannst was über dich erfahren? Vergiss es. Keiner sucht dich. Nicht mal in den Zeitungen steht was.«

Obwohl ich auch nicht mehr glaube, dass noch jemand nach mir sucht, überkommt mich eine abgrundtiefe Traurigkeit. Währenddessen wechselt Adam G. die Programme, bis er bei einem Ratespiel hängen bleibt. Er zieht mich neben sich aufs Bett.

»Deine Eltern«, sagt er, »haben dich längst vergessen.«

Ich bin happy, denn ich habe mich hingesetzt und vieles aufgeschrieben: meine missglückte Karriere als Drogendealer. Meine missglückte Karriere als Tofufahrer. Und die Zeit dazwischen. Ich habe es in Stichworten formuliert, und in meiner Situation ist das ein großer Schritt nach vorne: die Dinge festzuhalten, weil sie die Neigung besitzen, sich zu verflüchtigen. Alles verflüchtigt sich bei mir: Job, Geld, Freundinnen, Erinnerungen. Vielleicht bleibt jetzt mal was erhalten. Den Versuch allein war es schon wert.

Ich bin auch happy, weil Michaela kommt. Meine Wohnung ist geschniegelt und gestriegelt wie ein Pudel beim Schönheitswettbewerb. Der Kühlschrank ist voll, der Wein kalt gestellt. Obwohl ich weiß, dass wir keine Verabredung im eigentlichen Sinne haben, bin ich nervös. So nervös bin ich nie, wenn sonst eine Freundin meine Wohnung betritt. Und das passiert häufiger, je älter ich werde.

Nach der Entführung zeige ich auf diesem Gebiet keinerlei Auffälligkeiten. Wie jeder meiner Kumpels interessiert mich eines Tages das andere Geschlecht. Obwohl ich mehr weiß, als ein Junge in meinem Alter wissen darf, gehe ich genauso unbedarft und schüchtern wie alle anderen an die Sache ran. Irgendwann vergucke ich mich in ein Mädel aus der Nachbarschaft, und wir gehen miteinander, ganz offiziell, mit Händchenhalten! Dann, ab der achten Klasse, stelle ich fest, dass Mädchen eigentlich doch ziemlich doof sind. Meine Kumpels stellen das Gleiche fest. Von da an ist uns klar: Wir bleiben besser unter uns, denn in unserer Bande ist kein Platz für diese Küken und beim Tischtennis, beim Judo und beim Fußball auch nicht. Unser Leben wird mädchenlos, und bei mir bleibt das so, bis ich siebzehn Jahre alt werde. Da komme ich aus der Rehaklinik in Bad Homburg zurück, und mein Gesicht sieht aus, als sei ich übel auf die Fresse gefallen. Ich setze mich im Schülerbus ganz nach hinten. Da sitzt aber schon jemand. Ein Mädchen. Und jeden Tag ist der Platz neben ihr leer. Es dauert trotzdem einige Fahrten, bis ich genug Mut gesammelt habe, um zu fragen: »Ist bei dir noch frei?«

Wie es der Zufall will, ist der Platz noch frei! Kirstin ist süß, Kirstin ist intelligent, und Kirstin weiß, wie man den Muffel mit der Kappe tief im Gesicht in ein Gespräch vertieft, obwohl es früh am Morgen ist und er schon einen Joint geraucht hat. Aus unseren Gesprächen wird mehr. Irgendwann schlafen wir miteinander. Da hat sie mehr Erfahrung als ich; oder anders gesagt, meine Erfahrungen sind im Verlies eingekerkert und ohnehin nicht zu gebrauchen. Es ist schön mit Kirstin, ich blühe geradezu auf. Ihr ist egal, dass ich »eine Geschichte habe«; sie weiß davon, weil sie aus demselben Ort stammt. Am Anfang stellt sie einige Fragen der unschuldigen Art, doch merkt sie bald, dass ich nicht darüber sprechen möchte. Da wundert sie sich noch, dass ich ohne Weiteres umarmt und geküsst werden kann und, kurz gesagt, alles bei mir ganz normal erscheint. Schon reden wir von Heirat, als sich in mir eine seltsame Unruhe ausbreitet. Sie fühlt sich ähnlich an, wie wenn ich heute zu lange in einem Job stecke. Obwohl es keinen Grund dafür gibt, trenne ich mich von Kirstin. Von da an habe ich eine Flut wechselnder Freundinnen. Immer wieder höre ich von ihnen nach einer Weile, du hast aber wirklich ein paar seltsame Macken. Nichts Beunruhigendes, aber auch nichts, über das sie wegsehen wollen: So bin ich manchmal bestens drauf, aber im nächsten Augenblick schlecht gelaunt. Oder wir gehen aus, und ich muss unbedingt wissen, wer kommt und wohin wir gehen. Irgendwann merke ich: Am besten funktioniert es mit mir und den Freundinnen, wenn ich sie nicht allzu nahe an mich ranlasse. Je länger aber eine Beziehung dauert, desto schwieriger wird das. Es geht schon gar nicht, wenn man über Hochzeit nachdenkt. Die wird bei fast jeder Freundin zum Thema, doch den entscheidenden Schritt wage ich nicht.

Den kann ich nicht wagen.

Trotzdem habe ich zu Frauen ein besseres Verhältnis als zu Männern. Was waren das noch für Zeiten mit der Bande! Heute aber geht mir das männliche »Mein Haus, mein Auto, mein Pferd« auf die Nerven. Warum müssen Männer solche Alphatiere sein? Es fällt mir jedenfalls leichter, eine Freundschaft zu einer Frau aufzubauen.

Michaela ist ein gutes Beispiel. Sie kommt mich besuchen, und wir kennen die Spielregeln, ohne darüber sprechen zu müssen. Ein anderer Mann würde die Spielregeln brechen wollen, ist doch so? Wie dem auch sei, sie wird bei mir übernachten, aber es ist kein Date. Michaela sucht keine Beziehung und ich auch nicht. Dafür haben wir uns unendlich viel zu sagen. Dabei ist nicht unsere Vergangenheit das Wichtigste. Was wir darüber wissen müssen, haben wir schon am Telefon geklärt. Michaela ist mehr an der Gegenwart interessiert und vor allem an der Zukunft.

»Was hältst du davon«, fragt sie mich, »wenn du in die Schweiz kommst? Wenn du bei uns mitmachst?«

»Ist das dein Ernst?«

Michaela lächelt. »Ich habe nie etwas ernster gemeint.«

ICH WEISS NICHT, WIE LANGE ICH SCHON HIER BIN. Die Tage kommen und gehen, die Nächte kommen und gehen. Es ist nicht mehr so kalt, und das ist gut so, denn Holz zum Verfeuern ist Mangelware. Alles andere auch, aber ich muss wenigstens keinen Hunger mehr leiden. Ab und zu gibt's Hase oder Huhn, oder Adam G. schleppt ein paar Konserven heran. Schlimm ist, dass ich jedes Mal, wenn er »einkaufen« geht, in den Spalt muss. Kommt er zurück, schauen wir Fernsehen. Morgens sage ich »Guten Morgen«, abends sage ich »Gute Nacht«. Adam G. gefällt das. Einmal sagt er, zu ihm habe nie einer »Gute Nacht« gesagt.

Seit der Engel da war, passieren die schlimmen Dinge weniger häufig. Ich weiß nicht, warum, aber irgendwie passt es Adam G. nicht in den Kram, wenn ich ihm vorlüge, die Dinge, die er mit mir anstellt, würden mir gefallen. Einmal gelingt es mir, ihn davon abzuhalten, indem ich es vorher sage. Danach überlege ich mir sogar, ob ich ihn nicht dazu bringen kann, mich gehen zu lassen. Allerdings sagt er auch ständig, wie toll er es findet, dass ich bei ihm bin. Er fragt mich, was ich im Fernsehen anschauen möchte, und eines Tages kommt er mit einem Malblock und Buntstiften.

»Weißt du, wie man einen Dinosaurier malt?«, fragt er.

Ich weiß, wie man einen Dinosaurier malt, aber ich habe etwas gelernt, seit ich hier bin: Erwachsene wollen nicht die Wahrheit hören. Also sage ich: »Nein, keine Ahnung.«

Adam G. ist ganz aus dem Häuschen. »Ich zeig's dir«, sagt er. Er wischt den Tisch ab, der bisher nie abgewischt worden ist, und räumt den Müll darunter zur Seite, damit wir uns setzen können. Er nimmt den Stift und zeichnet einen verwackelten Dinosaurier.

»Es gibt die, die Pflanzen fressen«, erklärt er. »Und die, die Fleisch brauchen. Dann gibt es Dinosaurier, die durch die Luft fliegen, mit Riesenflügeln, größer als Vögel. Im Wasser gibt's welche, aber die sieht man nicht. Das hier ist ein Brontosaurus. Der frisst Pflanzen.«

Er malt einen zweiten und einen dritten Saurier, dann gibt er mir den Stift. Jetzt male ich einen Dinosaurier. Meiner hat ein Riesenmaul mit spitzen Zähnen, und Adam G. gefällt das.

»Ein Tyrannosaurus Rex«, sagt er. »Das sind die gefährlichsten.«

Deshalb male ich ihn. Ich würde gerne ein Tyrannosaurus Rex sein, denn dann könnte ich abhauen. Während ich das denke, klopft es ans Fenster. Adam G. sieht mich erschrocken an. Sein Gesichtsausdruck ändert sich. Die Augen werden eng und stumpf. Er presst eine Hand auf meinen Mund.

»Pst! Keinen Mucks.«

Wieder klopft es ans Fenster. Ein Mann ruft. Ich höre Schritte, und der Mann schlägt von außen gegen die Tür.

»Jemand da?« Und nach einer Weile: »Sag mal, du pennst doch?«

Adam G. weiß nicht, wie er sich verhalten soll. Er springt auf, geht zur Tür, dreht sich zu mir um, legt den Finger auf den Mund. Im nächsten Augenblick ist er draußen.

In meinem Kopf purzeln die Gedanken übereinander. Was soll ich tun? Da draußen ist einer, und wenn ich mich bemerkbar mache ... wenn ich schreie ... aber was passiert, wenn es ein Freund von Adam G. ist? Der dieselben Dinge machen will wie er? Nein, Adam G. hat keinen Freund, das hat er selbst gesagt. Doch ein Fremder ist es nicht. Sonst hätte sich Adam G. gewiss nicht mit einem »Pst« begnügt. Dann wäre das Entweder-oder dran gewesen. Du hältst die Klappe, oder ich mach dich tot.

Ich zittere. Vielleicht sollte ich dem Mann da draußen eine Nachricht zukommen lassen? Das Blatt mit dem Dinosaurier! Ich schreibe meinen Namen darauf und dass ich hier gefangen gehalten werde und meine Eltern mich suchen! Aber die suchen mich ja gar nicht, haben mich schon längst vergessen, nicht mal in den Zeitungen steht was. Ich stehe auf und schleiche zur Tür. Jetzt kann ich die Männer sprechen hören. Aber sie reden so leise, dass ich nichts verstehen kann. Nur einmal wird der Fremde laut, da geht es um »Stütze holen«. Ich weiß nicht, was er damit meint. Auf einmal bewegt sich die Klinke. Mit einem Satz bin ich zurück am Tisch, nehme den Stift und zeichne rasch einen Dinosaurier. Adam G. macht die Tür so schnell hinter sich zu, dass der Mann draußen keinen Blick hineinwerfen kann. Mir ist schlecht vor Angst und Enttäuschung. Als Adam G. sich neben mich setzt, kann ich die Tränen nur mit Mühe zurückhalten.

»Wer war das?«, frage ich und versuche, meiner Stimme nichts anmerken zu lassen.

Adam G. lacht, doch es ist ein böses Lachen. »Geht dich einen Dreck an«, sagt er. Und nach einer Weile: »Das war niemand.«

Die ganze Zeit über starre ich auf den Tyrannosaurus Rex. Er hat ein so großes Maul. Er könnte den ganzen Wohnwagen verschlucken, mitsamt Adam G.

»Willst du noch mehr Dinos malen?«, fragt der Mann, den ich in den Bauch eines Dinos wünsche.

Nein. Ich will nicht mehr malen. Allerdings ist Malen besser, als im Bett zu sein.

Während ich mich sagen höre »Ja, ich will noch malen«, denke ich auf einmal: Es stimmt nicht! Meine Eltern haben

mich nicht vergessen! Meine Eltern suchen mich überall.
Adam G. hat gelogen. Und in diesem Augenblick sage ich:
»Wann darf ich nach Hause?«

Adam G. nimmt einen der Buntstifte. Er lässt ihn um die
Finger kreisen. Einmal, zweimal, dreimal. Plötzlich knackst
es, und der Buntstift zerbricht.

»Nie«, sagt er. »Du bleibst für immer bei mir.«

# 3. Befreiung

Wieder sitze ich einem Menschen gegenüber, der über die Umstände meiner Entführung mehr weiß als ich. Auch dieser Regisseur hat sich durch Archive gewühlt und alte Fernsehaufnahmen gefunden. Er hat Zeugen befragt und mit den Leuten geredet, die mich gesucht haben. Es ist ein seltsames Gefühl, wenn andere Menschen besser über das eigene Leben Bescheid wissen als man selbst.

Der Regisseur meinte, sicher gibt es viel mehr zu sagen, als im letzten Film erzählt wurde. Seit ich meine Aufzeichnungen mache, weiß ich, wie recht er hat. Die Frage ist bloß, ob für meine Erinnerungen Platz in einem Film ist. Deshalb hat mir Michaela gut zugeredet. Sie ist der Meinung, dass es auch Bücher darüber geben sollte, was man uns angetan hat. Seit sie auf ein eigenes Kind aufpasst, kommt es immer wieder vor, dass ihre Ängste die Oberhand gewinnen. Deshalb ist es am besten, sagt Michaela, wenn die Unsicherheit weggeschafft wird. Wenn wir *wissen* anstatt *vermuten*. Deshalb braucht es Filme und Bücher.

Seither denke ich darüber nach, ob aus meinen Erinnerungen eines Tages ein Buch entstehen kann. Dort wäre Platz genug für alles, was ich zu den Ereignissen und ihren Auswirkungen zu sagen habe. Doch jetzt muss ich mich erst einmal auf den Film konzentrieren. Wir sind im Büro des Regisseurs. Die Räumlichkeiten der Filmproduktion befinden sich auf einem der vielen grünen Hügel Wiesbadens. »Unter den

203

Eichen« heißt diese schöne Ecke der Stadt. Hier haben sich zahlreiche Filmproduktionen niedergelassen. Ein paar Häuser weiter, sagt der Regisseur, wird die Krimiserie »Ein Fall für zwei« produziert.

Es ist unser drittes Treffen, und er möchte mit mir über Adam G. sprechen. »Der war ja wie ein Phantom«, meint er: »Keiner wusste was Genaues, aber alle hatten etwas über ihn zu sagen.« Die Nachbarin, die unweit seines Geländes ihre Baumschule betrieb, erzählte der Zeitschrift *Neue Revue*: »Die Kinder hatten alle Angst vor ihm.« In der *Neuen Post* war zu lesen, Adam G. hätte der Polizei erklärt, er sei einsam gewesen, nur deshalb habe er mich entführt. Andere schrieben vom »langhaarigen Triebtäter«, der mich in die »Folterkiste« sperrte. Eine Zeitung wusste, dass Adam G. plante, mich mit verbundenen Augen irgendwo auszusetzen. Andere regten sich darüber auf, weil er als vermindert schuldfähig eingestuft wurde und nach der Verurteilung zu sieben Jahren Freiheitsstrafe durch die 2. Große Strafkammer des Landgerichts Wiesbaden vor den Bundesgerichtshof zog, um das Urteil anzufechten.

Dann gab es Zeitungen, die druckten Fotos ab, von denen ich kaum glauben kann, dass es sich um Adam G. handeln soll: Ohne wirren Bart und mit geschnittenen Haaren sieht er aus wie der Mann von nebenan. Das Extrablatt einer Zeitung berichtete, wie Adam G. zeit seines Lebens im Wohnwagen hauste. Einen Beruf habe er nie erlernt. Wieder eine andere Zeitung titelte, Adam G. griff sich die »falsche« Beute, und berichtete ihren Lesern von seinem »wabbelnden Fettansatz am Bauch«. In einem Magazin war eine elegante altenglische Holztruhe abgedruckt, die als mein Gefängnis bezeichnet wird. Dort lese ich auch, ich sei nie geschlagen worden, hätte aber seelische Schäden davongetragen. Und dass Adam G. mit mir Spaziergänge unternahm und vor Gericht aussagte: »Ich wollt ihn ja auch ablenken, damit er die Situation, in der er war, nicht allzu schwer empfindet.«

Es gibt Hunderte solcher Zeitungsausschnitte. Zusammen mit denen, die ich bereits kenne, komme ich zu dem Schluss, dass ganz Deutschland mein Schicksal verfolgte, aber keiner je die Wahrheit erfuhr. Der Regisseur gibt mir noch einen Zeitungsausschnitt zu lesen. Er stammt aus dem *Wiesbadener Tagblatt* vom 20. Januar 1988. Unter der Überschrift »Kidnapper G. wieder vor Gericht: Im ersten Prozess zu hart bestraft?« steht: »Der Gutachter, Professor Dr. Hans-Jürgen Horn, Landesnervenklinik Andernach, kam gestern zu der klaren Aussage ›vermindert schuldfähig‹. G. sei in hohem Maße unfähig, sich in andere Menschen einzufühlen, habe nicht im Mindesten geahnt, was er dem Kind antue.«

Es fällt mir nicht leicht, weiterzulesen. So einfach ist das also? Wer sich nicht einfühlen kann, darf alles tun?

»Professor Dr. Franz Petersohn, Mainz«, lese ich weiter, »hatte schon im ersten Verfahren Sascha Buzmann zu begutachten. Damals sprach er von Spätschäden, die eintreten könnten, aber nicht eintreten müssten. Ein Unglück, das noch nicht eingetreten sei, könne dem Täter nicht strafschärfend angerechnet werden.«

Ich muss den Satz zweimal lesen, um ihn zu verstehen. Auch dann fällt es mir schwer. Warum dreht sich eigentlich alles darum, Adam G. ein paar Jahre Strafe zu erlassen?

»Nicht genügend geprüft habe die Strafkammer, die im November 1986 das Urteil verkündete, ob es sich nicht um einen minderschweren Fall handele.«

Ich lasse den Ausschnitt auf den Tisch fallen. »Vielleicht sollte ich etwas dazu sagen«, rufe ich mit aufgebrachter Stimme. »Zu diesem minderschweren Fall.«

Diese ganzen Ausdrücke wirbeln mir durch den Kopf: minderschwerer Fall. Vermindert schuldfähig. Zu hohe Strafe. Spätschäden, die eintreten könnten, aber nicht eintreten müssten. Langsam reicht es mir. Ich werde wütend. Das ist ein Gefühl, dem ich mich eigentlich nicht hingebe. Aber vielleicht habe ich eines Tages keine Lust mehr, der gut gelaunte, höfliche, zuvorkommende, aufmerksame und liebenswürdige Sascha Buzmann zu sein? Der vielleicht etwas überempfindlich ist, nicht immer souverän mit Kritik umgehen kann und seine Freundinnen ungern nahe an sich ranlässt – der aber ansonsten ganz normal ist und keinerlei Spätschäden aufweist, da es sich ja nur um einen minderschweren Fall handelte. Und weil kluge Professoren sich darauf verständigten, dass dieser Entführer und Vergewaltiger vermindert schuldfähig war, konnte dieser sich bei nächster Gelegenheit wieder ein Kind greifen. Auf einmal möchte ich SCHREIEN VOR WUT – doch dann beherrsche ich mich. Nicht hier, nicht im Büro der Filmproduktion, nicht vor dem Regisseur.

Doch ich schreie auch nicht, als ich zwei Stunden später zuhause bin. Nur eines weiß ich: Es *muss* ein Buch geben, in dem ich erzählen kann, was in keinem Zeitungsartikel steht und in keinem Film gezeigt werden kann. Es muss ein Buch geben, in dem steht, wie ich es erlebt habe, und nicht, wie Professoren es analysierten. Es muss ein Buch geben, in dem ich schreien kann, wenn mir danach zumute ist.

ADAM G. SAGT: »DER SCHEISSKERL HAT DEN BRATEN GE-
ROCHEN. Wenn er nochmal auftaucht, gibt's was auf die
Nüsse. Du gehörst mir allein. Ich teile dich nicht.«
Ich habe keine Ahnung, von was er spricht, aber die Art
und Weise, wie er es sagt, macht mir Angst. Adam G. ist
aufgeregt. Wie ein gefangenes Tier läuft er im Wohnwagen auf und ab. Ich versuche, ihn zu beruhigen. »Sollen wir
Dinosaurier malen?«, frage ich, aber er reagiert nicht. »Vielleicht kommt etwas im Fernsehen?« Fernsehen funktioniert
eigentlich immer; ich habe das Gefühl, dass Adam G. mittlerweile lieber Fernsehen schaut als ich. Doch er will auch
nicht fernsehen. Er will, was er schon längere Zeit nicht mehr
wollte. Mit einer Hand packt er mich, mit der anderen öffnet
er seine Hose.
»Du gehörst mir«, wiederholt er. »Ich teile dich mit keinem.«
Als es vorbei ist, bin ich ein paar Stunden wie gelähmt. Ich
habe schon daran geglaubt, dass es mir gelungen ist, Adam G.
die schlimmen Dinge vergessen zu lassen. Wenn wir Dinos
malen und fernsehen, wenn er von früher erzählt oder eine
Dose Ravioli aufmacht, habe ich geglaubt, das Schlimmste sei
überstanden. Doch jetzt merke ich, dass ich mich auf nichts
verlassen kann. Im Wohnwagen von Adam G. kann mir jederzeit alles passieren.
Ich fange wieder bei null an. Mir kommen die Tränen, als

ich daran denke, und deshalb schimpft Adam G. Jetzt kann ich sie noch weniger zurückhalten. Er droht mir.

Entweder.

Oder.

Ich heule richtig los, und er schlägt mich.

»Ich hab's dir gesagt!«, schreit er. »Ich hab's dir gesagt!«

Ganz fest beiße ich die Zähne aufeinander, und das hilft, das Schluchzen zu unterdrücken. Ein Gedanke durchzuckt meinen Kopf: Ich will sterben. Ich will nicht mehr weiterleben. Nicht so. Nicht hier. Ich will nicht länger bei Adam G. sein, ich will weit weg von ihm sein, und wenn ich nicht gehen darf, will ich auch nicht mehr leben.

Ich will sterben.

Ich will tot sein.

Lieber heute als morgen.

Wir sind an den Ort des Geschehens zurückgekehrt. Mittlerweile komme ich mir nicht mehr vor wie ein Fremdenführer, dessen Job es ist, einen Fremden über das Gelände zu führen, der ich selbst bin. Ich habe in den letzten Monaten zu viel über mich erfahren.

»Da alles weg ist«, spreche ich in die Kamera und meine damit den verschwundenen Wohnwagen, »denke ich, so sieht es auch in mir aus.« Wahrscheinlich hätte ich besser gesagt: So sah es auch in mir aus. In der Zwischenzeit hat sich etwas geändert. Der Junge, dessen Entführung für einen traurigen Rekord in der deutschen Kriminalgeschichte sorgte, hat seine Erinnerung wiedergefunden. Jetzt muss er nur noch seine Sprache finden. In diesem Film beginne ich damit.

»Was hier passiert ist«, sage ich, »ist schon sehr schlecht gewesen. Wenn man sich überlegt, die ersten Tage hat er mich nur geschlagen und vergewaltigt, der hat mich überhaupt nicht als Menschen wahrgenommen.«

Vor ein paar Wochen hätte ich das nicht sagen können. Später, als der Film fertiggestellt ist, fällt mir auf, dass ich auch zum ersten Mal über meine Angst spreche.

Ich sage: »Der Entführer war sehr introvertiert, sehr crazy. Er hat laute Selbstgespräche geführt oder in die Luft geschlagen. Ich hatte sehr große Angst, Widerworte zu geben oder irgendwas zu machen, was ihm nicht gefällt. Der Ort war verdreckt, es war ihm egal, er war ja auch so ein dreckiger Typ.

Keine Toilette, kein fließendes Wasser. Die sexuellen Misshandlungen waren das Schlimmste. Man verliert sich. Man nimmt das hin, so wie es ist.«

Und noch etwas fällt mir auf: wie ich in die dritte Person wechsle: Man verliert sich. Man nimmt das hin. Dabei war *ich* es, der sich verlor. Ich war es, der alles hinnehmen musste, weil ein neunjähriger Junge gegen einen erwachsenen Mann keine Chance hat. Auch wenn es sich bei diesem Mann anscheinend nur um einen minderschweren Fall handelt.

Immer wieder ärgere ich mich über diese dumme Aussage. Doch die ruhige Arbeit des Regisseurs hilft darüber weg. Deshalb sage ich »Ja«, als er ein Experiment vorschlägt. Weil die Linie 25 abgeschafft wurde, will er einen Omnibus chartern. Der soll die Strecke unter die Räder nehmen, mit mir darin, auf demselben Platz wie damals. Das wird meinen Erinnerungen auf die Sprünge helfen, hofft der Regisseur. Nur er und ein Kameramann werden dabei sein.

Am Abend, als der Bus vorfährt, kann ich meine Nervosität kaum zügeln. Es liegt kein Schnee wie vor 25 Jahren, schließlich ist fast April, und Frühling liegt in der Luft. Trotzdem fühle ich mich wie der neunjährige Junge von damals. Oben am Bus steht »25 Delkenheim Freiburger Str.«.

»Als hätte sich nichts geändert«, sage ich zum Regisseur. Er lächelt. Wir suchen mithilfe des Plans, den die Ermittler vor einem Vierteljahrhundert anfertigten, meinen Platz. Ich setze mich. Der Bus fährt los. Ich schaue zum Fenster hinaus und denke, na ja, einiges ist schon anders: mehr Autos, größere Geschäfte, vor allem ist alles viel heller erleuchtet. Sobald wir die Stadt hinter uns lassen und über Land fahren, kann ich mich des Eindrucks nicht erwehren, dass sich doch nicht allzu viel geändert hat. Die Schatten der Nacht sind immer noch gleich dunkel.

»Wie war das damals im Bus?«, höre ich die Stimme des Regisseurs.

»Na ja«, sage ich. »Die Stimmung war sehr locker. Mit der Freundin meiner Schwester habe ich mich köstlich amüsiert. Das war sehr schön.«

Ich mache eine Pause und überlege. »Der Mann saß schräg gegenüber. Ich erinnere mich, dass er geschaut hat und wir ihn auch angeschaut haben; ich habe das aber nicht weiter registriert. Ich habe nie erfahren, warum Adam G. mit mir in den Bus eingestiegen ist. Ich war wohl wirklich zum falschen Zeitpunkt am falschen Ort.«

Zum falschen Zeitpunkt am falschen Ort. So habe ich das bisher nie ausgedrückt. Ist das die Antwort auf die Frage: Warum ich? Darüber habe ich während der Gefangenschaft nachgegrübelt und später immer wieder. Doch wenn es tatsächlich etwas gab, das mich haben wollte, war ich nicht zum falschen Zeitpunkt am falschen Ort. Doch ist es schwierig, sich nach 25 Jahren über solche Dinge klar zu werden. Einiges von dem, was ich im Film sage, liegt auf der Hand: »Dann wollte Adam G. gleich irgendwelche sexuelle Sachen mit mir machen. Das war für mich ein Schock. Da habe ich mich auch gewehrt, und er hat mich geschlagen.« Bei anderen Aussagen fällt mir hinterher ein, dass es sich vielleicht doch etwas anders zugetragen hat. Im Film sage ich, nach unserer Ankunft im Wohnwagen »hat er mich zuerst ein wenig in Ruhe gelassen, mich aufwärmen lassen, sozusagen«. Mittlerweile weiß ich, diese Zeit gönnte er mir nicht.

Ich bin froh, als das Experiment zu Ende geht. Ich bin sogar froh, dass es die Linie 25 nicht mehr gibt, auch wenn ihr sicher manche Leute nachtrauern. Die Erinnerungen zeigen einem die schwarzen Löcher im Bewusstsein; sie weisen auf Orte, an die man nicht mehr zurückkehren möchte.

Dazu gehört auch der Ort des Geschehens: Nun bin ich drei Mal hier gewesen. Ein viertes Mal brauche ich nicht. Möge er in Frieden ruhen. Oder einfach nur weiter vor sich hin gammeln.

»DIE HABEN VIELLEICHT DEN ARSCH AUF«, schimpft
Adam G., als er mich aus dem Spalt zieht. »Echt meilenweit
haben die den Arsch auf. Jetzt soll man dafür auch noch blechen. Für alles soll man mittlerweile blechen.«
Meine Beine knicken ein, sobald ich nicht mehr zwischen
den Wänden feststecke. Dieses Mal war er so lange weggeblie-
ben wie nie zuvor. Zweimal wurde mir schwarz vor Augen,
weil ich im Spalt nicht wie in der Kiste schlafen kann. Adam G.
stinkt nach Alkohol. Er hört nicht auf zu schimpfen. In mir
verkrampft sich alles, weil ich weiß, was das bedeutet.

»Wie schnell kannst du rennen?«, fragt er auf einmal. Ich
bin so überrascht, dass ich eine Zeit lang brauche, mir die
Antwort zurechtzulegen. Wenn Adam G. am Schimpfen ist,
will er normalerweise nicht von mir wissen, wie schnell ich
rennen kann. Dann will er immer nur eines. Aber jetzt fährt
es mir durch den Kopf: schnell, sehr schnell. Ich habe mein
Leben *rennend* verbracht, du Scheusal. Auch wenn ich nicht
mehr weiß, ob ich noch immer schnell laufen kann. Vor allem
nicht nach den endlosen Stunden im Spalt.

Adam G. kichert plötzlich: »Ich kann schnell rennen«, sagt
er. »So schnell, wie ich rennen kann, konnten die gar nicht
glotzen.«

Er wirft mich aufs Bett. Es ist wieder so weit, denke ich,
aber Adam G. öffnet nicht seine Hose. Er hat eine Flasche in
der Hand und trinkt daraus. Seine Stimme schwankt.

»Ich geh da rein und bestell was«, sagt er. »Und als die blöde Kuh sich wegdreht, bin ich raus wie ein Furz aus dem Arsch. Die glauben wirklich, ich bleche für jeden Dreck. Einen Scheiß tu ich.«

Ich kauere auf dem Bett und schaue ängstlich zu ihm hoch. Da ist Schnaps in der Flasche, das rieche ich. Immer wenn Adam G. Schnaps trinkt, tut er mir noch ärger weh. Aber heute kann er aus irgendeinem Grund nicht aufhören, vor sich hin zu schelten. Eins ums andere Mal geht es darum, dass er was bestellt hat, aber nicht dafür bezahlt. Weil die ihn alle kreuzweise können, die glauben, er bleche für jeden Scheiß.

»Das kannst du für mich machen«, unterbricht er sein Schimpfen. »Junge Beine. Ich sag dir, was ich will, du gehst rein, holst es, und dann ab durch die Mitte.« Er lacht und nimmt einen Schluck. »Kriegst du das hin?«

Ich weiß nicht genau, was er meint. Soll ich mit ihm gehen und in einer Wirtschaft was bestellen? Oder will er mit mir in einen Laden, und ich muss etwas klauen? Ich habe noch nie was geklaut, und ich weiß nicht, ob ich das kann. Auf der anderen Seite: Ich käme hier raus. Vielleicht könnte ich von ihm abhauen? Vielleicht könnte ich jemand auf mich aufmerksam machen?

Adam G. hebt die Flasche an den Mund, doch sie ist leer. Er starrt sie mit Widerwillen an und pfeffert sie in eine Ecke. Da liegt so viel Müll, dass sie nicht kaputtgeht. Er schwankt, als er aufs Bett zusteuert.

»Nee, nee, nee«, sagt er. »Mein lieber Freund und Kupferstecher. Das machen wir anders. Sonst nimmst du das für bare Münze. Das ›ab durch die Mitte‹.«

Er hat Schwierigkeiten, sich aufs Bett zu hocken. Seine Finger nesteln am Hosenschlitz.

»Du hast auch längere Beine, Adi«, sage ich schnell. »Du kannst viel schneller laufen.«

Wieder lacht er. »Und wie ich das kann. Wie ein Furz aus dem Arsch, so schnell.«

Auf einmal kippt er zur Seite und kommt neben mir zu liegen. Ich wage mich nicht zu bewegen. Du stinkst, du stinkst, denke ich, aber ich werde mich hüten, einen Mucks von mir zu geben. Einen Scheiß tu ich.

Adam G. öffnet den Mund und beginnt zu schnarchen. Als ich sicher bin, dass er tief und fest schläft, rücke ich so weit wie möglich von ihm ab. Ich kauere mich im hintersten Winkel des Bettes zusammen und lasse ihn nicht aus den Augen. Wenn ich Glück habe, wacht er auf und kann sich nicht daran erinnern, was er tun wollte. Wenn ich Pech habe, wacht er vorher auf.

Ich bin peinlich berührt, als der Regisseur fragt, mit welcher meiner Exfreundinnen er reden könnte. Soll ich dir etwa eine Liste machen, denke ich, denn an diesem Morgen bin ich nicht gut gelaunt. Ich habe wieder schlecht geschlafen, stand um drei Uhr in der Nacht auf, um die Zeit bis zur Dämmerung auf Facebook totzuschlagen. Dann reiße ich mich zusammen. Jasmin kommt mir in den Sinn. Sie hat sicher einiges zu sagen, doch will ich davon in einem Film hören? Kirstin fällt mir ein, die den Morgenmuffel so schön um den Finger wickelte, als er noch daran glaubte, dass sein Narbengesicht ihm jede Aussicht auf eine Freundin vereiteln würde. Nein, ich will auch nicht, dass Kirstin von mir erzählt. Dann fällt mir Nicole ein. Sie war eine wichtige Bezugsperson für mich seit Kindheitstagen – so wird es später im Film heißen –, doch dass ich mit ihr meine erste ernsthafte Liebesbeziehung hatte, trifft nicht zu. Jedenfalls weiß Nicole viel von mir, da sie ein paar Häuser entfernt von meinem Elternhaus aufwuchs.

Der Regisseur bittet mich, sie anzurufen. Zum Glück hat sich ihre Nummer nicht geändert. Als ich mich melde, scheint sie gar nicht überrascht zu sein. Sie sagt, sie habe fast erwartet, dass ich mich melde, nachdem ich mich entschlossen habe, an die Öffentlichkeit zu gehen.

Manchmal bin ich etwas schwer von Begriff. Nicole lacht fröhlich und sagt: »Na, so schwer ist das doch nicht. Ich habe den Artikel gelesen. Und den Film gesehen.«

Jetzt lache ich auch. Obwohl wir uns seit zwei Jahren nicht gesehen haben, kommt es mir vor, als hätten wir uns erst gestern gesprochen. Nicole gehört zu den wenigen Menschen, mit denen ich sofort neu anknüpfen kann, als sei gar keine Zeit verstrichen. Vielleicht liegt es daran, dass sie sich als Pflegerin mit Menschen auskennt. Vielleicht liegt es auch daran, dass wir uns immer noch mögen. Jedenfalls plaudern wir vergnügt miteinander und lassen alte Zeiten aufleben.

»Weißt du noch?«, fragt Nicole. »Deine Schwester Jenny hat mit ihrer Freundin Gummihüpfen gespielt. Du warst auch dabei, aber noch zu klein dazu. Und ich ebenfalls. Da haben wir uns ein eigenes Spiel ausgedacht, und Jenny sagte zu ihrer Freundin: »Jetzt hat der Sascha eine Freundin.« Aber dann bist du vor mir eingeschult worden, und wir haben uns nicht mehr so häufig getroffen.«

Erst in der vierten Klasse wieder. Da wurde ein neunjähriger Junge entführt, geschunden und misshandelt und musste deshalb das Jahr wiederholen. Und wer saß in der neuen Klasse? Nicole.

Für einen Augenblick schweigt sie betroffen, als das aus mir rausplatzt. Doch sie fängt sich wieder.

»Dabei hat man dir nichts angemerkt, aber auch rein gar nichts. Ich weiß noch, wie es war, als die Lehrerin verkündete, wir kriegen einen neuen Schüler, und der heißt Sascha Buzmann. Da sind alle Kinder aufgesprungen und haben sich gefreut. Welcher Sascha? Ja, der Sascha! Ich habe gerufen, den kenn ich, den kenn ich, der wohnt neben mir!«

Nicoles Erinnerungen wecken welche bei mir. »Ich fand's furchtbar«, sage ich. »Ich habe das gemerkt, die Blicke und ›das ist er‹, und ›kuck mal, wer da kommt‹ und habe mich furchtbar geschämt. Ich habe immer geglaubt, die wissen *davon*. Wie kann es sein, habe ich mich gefragt, ich habe doch *davon* nichts erzählt? Stand das in der Zeitung? Was passiert, wenn sie mich *fragen*?«

»Es hat aber keiner gefragt, oder?«

»Ich glaube nicht. Kann mich jedenfalls nicht erinnern. Dafür weiß ich noch, dass ich mich gerne neben dich gesetzt hätte, weil ich dich kannte. Die Lehrerin meinte aber, ich sei vorne am besten aufgehoben.«

»Wo dich jeder sehen konnte.«

»Wo mich jeder sehen konnte. Tja, und dann haben wir uns trotzdem angefreundet.«

Wieder lacht Nicole. »Kann man wohl sagen. Das erste Küsschen gab's hinter den Mülltonnen bei eurem Haus.«

»Und dann ...«, sage ich, aber ich spreche nicht weiter. Weil passierte, was immer passiert: Ein paar Jahre später gingen wir miteinander und verbrachten eine schöne Zeit. Dann wollte sie mehr, aber ich konnte das nicht. Danach wurde es kompliziert: Mal waren wir zusammen, mal auseinander. Am Ende stand die Trennung.

»Es soll noch einen Film geben«, sage ich. »Könntest du dir vorstellen, darin aufzutreten?«

»Hm. Kommt ein bisschen plötzlich. Da muss ich drüber nachdenken. Wäre es dir denn wichtig?«

Ja, es ist mir wichtig. Wenn schon eine ehemalige Freundin von mir im Film zu Wort kommen soll, dann Nicole. Das sage ich ihr.

»Wieso?«, will sie wissen. »Wieso ich?«

»Weil du dabei warst. Als ich nach Hause kam.«

Nicole lacht. »Oh ja. Das werde ich nie vergessen. Was für ein Chaos. Dieser Tumult! Die ganzen Pressefritzen, die rumrannten! Ich wollte zu dir, aber meine Eltern sagten, jetzt warte mal, bis sich die Sache beruhigt hat. Alle Leute standen vor eurem Haus, und dich hat man auf den Balkon gestellt. Wie ein Ausstellungsstück. Auf einmal trafen sich unsere Blicke, und ich habe gesehen, was du durchmachen musstest.«

Plötzlich habe ich einen Kloß im Hals. Ich erinnere mich

an den Balkon, weil ich nicht raus wollte. Ich wollte mich nicht zeigen. Ich wollte in der Wohnung bleiben.

»Also«, druckse ich herum, »bist du dabei?«

»Ja«, antwortet Nicole, »bin ich.«

Und so geschieht es auch. Ein paar Tage später wandeln wir Arm in Arm vor der Kamera herum, und für einen Moment kommt es uns vor, als hätten wir uns nie getrennt. Dann wird Nicole im Film erzählen, wie es war, als Sascha Buzmann in ihre Klasse kam. Wie ich auf dem Balkon stand und sie zu mir wollte. Wie aus unserer Freundschaft Liebe wurde. Doch sie wird etwas hinzufügen, was sie mir am Telefon verschwiegen hat. Vielleicht fiel es ihr auch erst ein, als die Kamera lief. Ich kenne das. Sobald die Kamera läuft, kehrt manche Erinnerung zurück.

»Ich bin unwahrscheinlich stolz auf ihn, dass er weiterleben kann«, sagt Nicole im Film. »Ich bin aber auch manchmal wütend, dass er aus seinem Leben so wenig gemacht hat. Er hatte so viele Möglichkeiten. Er hat viele Pläne, nach wie vor. Ich hoffe, dass er die umsetzt.«

Als der Film ein halbes Jahr später ausgestrahlt wird, bin ich erschüttert, weil es Nicole spielend leicht gelingt, in wenigen Worten mein ganzes Dilemma zusammenzufassen: Ja, ich habe tatsächlich viele Möglichkeiten. Ja, ich habe ständig neue Pläne. Und ja, bisher habe ich keinen davon umgesetzt. Ich habe keine Familie gegründet. Ich habe kein eigenes Bistro.

Nur kann Nicole eines nicht wissen: Ich habe begonnen, meine Erinnerungen zu sammeln. Ich arbeite an einem Buch. Ich bin nicht länger schockgefroren. Ich taue gerade auf.

DRAUSSEN ZWITSCHERN VÖGEL, UND ICH FRAGE MICH, ob
es Frühling geworden ist. Wissen kann ich es nicht, denn es
ist lange her, seit Adam G. mich das letzte Mal aus dem
Wohnwagen ließ. Seit vielen Tagen ist er wieder seltsam
drauf. Entweder er läuft aufgeregt brabbelnd hin und her oder
hockt stundenlang auf einem Stuhl und starrt schweigend die
Wand an. Sage ich »Guten Morgen«, sage ich »Gute Nacht«,
sage ich »Wollen wir Fernsehen schauen, Adi?« oder »Ich
hätte Lust zum Dino-Malen«, beruhigt er sich manchmal. Bin
ich nett und höflich wie zu einem Nachbarn, lässt er meistens
die Finger von mir. Vergisst er das aber, sage ich schnell: »Es
gefällt mir, Adi.« Dann stehen die Chancen gut, dass er seine
Lust an den schlimmen Dingen verliert. Das alles habe ich he-
rausgefunden, und deshalb bin ich nett und höflich. Dabei
will ich das eigentlich *nicht*. Eigentlich will ich jeden Tag nur
weinen. Eigentlich will ich ihn jeden Tag anschreien: ICH
MÖCHTE NACH HAUSE! ICH MÖCHTE NACH HAUSE!
Aber ich weiß, das darf ich nicht. So spiele ich ihm etwas vor,
wie ich das kenne vom Kasperletheater. Ich setze mir die Kas-
perle-Maske auf, die mit dem lachenden Mund, weil ich weiß,
dass Adi den lachenden Mund mag. Den weinenden mag er
nicht. Also habe ich den abgelegt. Den weinenden Mund gibt
es nicht mehr. Ich glaube, ich bin erwachsen geworden.

Doch jetzt höre ich Vögel, und die Sehnsucht nach Mama
und Papa wird so groß, dass sie mein Herz sprengt. Es tut

richtig weh, mein Herz. Ich schiele verstohlen zu Adam G. hinüber. Er sitzt auf dem Stuhl, dreht mir den Rücken zu, glotzt an die Wand. Nach dem Aufwachen hat er auf mein »Guten Morgen« nicht reagiert. Er wollte auch nicht malen. Und kein Fernsehen sehen. Mir ist unglaublich langweilig, aber ich darf nicht quengeln. Quengeln ist wie ein weinender Mund, das mag er nicht. Also muss ich nett bleiben. Und höflich. Damit ich nett und höflich bleiben kann, beginne ich, die Dinge im Wohnwagen umzubenennen. Es ist ein Spiel, das ich selbst erfunden habe: Ich schaue mir alles genau an, dann gebe ich dem Ding einen neuen Namen. Einen netten Namen. Der Müll auf dem Boden zum Beispiel. Ich schaue mir den Müll an und nenne ihn Ball. Hui, da liegt aber ein großer Ball auf dem Boden! Oder der verdreckte, klapprige Schrank, auf dem die wackelige Elektroplatte steht. Den nenne ich Schiff. Und die Platte Kamin. Wow, ist das ein tolles Schiff mit seinem schiefen Kamin! Das Spiel macht Spaß. Das Spiel sorgt dafür, dass die Maske auf meinem Gesicht lacht. Manchmal lacht sie so sehr, dass Adam G. sagt: »Du bist so ein höflicher Junge. Das haben dir deine Eltern beigebracht, oder? Meine haben mir nichts beigebracht.«

Eine Zeit lang erzählt er von seinen Eltern. Es ist immer das Gleiche: nichts zu Essen gekriegt. Nie Besuch bekommen. Komische Klamotten gehabt, deshalb wurde er in der Schule gehänselt. Mit seinem Papa hat er immer nur gestritten. Einmal habe er seinen Papa mit Stricken gefesselt. Ich weiß nicht, ob das stimmt. Ich mag nicht drüber nachdenken. Jemand, der so etwas mit seinem Papa tut, mit dem stimmt was nicht. Mit Adam G., das ist mir klar, stimmt gar nichts.

Und jetzt ist Frühling. Draußen ist Frühling, nicht hier drin. Draußen machen die Vögel einen Riesenradau, vor allem am Morgen. Adam G. kriegt das nicht mit. Er trinkt abends Schnaps und schläft sehr lange. Ich liege wach, und irgendwann fangen die Vögel an zu singen. Erst fängt einer an, dann folgen andere. Irgendwann sind alle mit dabei, es ist wie ein Konzert. Manche singen dieselbe Melodie. Andere wechseln sich ab. Ich liege im Bett und habe die Augen auf. Neben mir schnarcht Adam G. Wie immer rücke ich so weit wie möglich ab. Viel ist nicht drin bei der schmalen Pritsche. Er stinkt schrecklich, vor allem wenn er trinkt. Ich stinke auch. Ich weiß nicht, wann ich mich das letzte Mal gewaschen habe. Ich ekle mich vor mir. Früher war es mir egal, wenn ich schmutzig vom Spielen nach Hause kam, jetzt ist es anders. Jetzt ist alles anders. Der Schmutz, der auf mir ist, bleibt nicht auf der Haut. Er wächst in mich hinein. Wenn ich über die Haut am Arm streiche, bleiben überall kleine schwarze Punkte kleben. Wie Popel. Wenn ich weiterreibe, pappen sie zusammen. Das geht nie wieder weg, denke ich. Das wird von nun an immer an dir dran sein. Das hat dich, und es wird dich mit einer Schicht überziehen, die dicker und fester wird. Eines Tages wird sie dich einhüllen wie ein Taucheranzug. Sie wird so fest sein, dass du nicht mehr atmen kannst. Das passiert mir jetzt schon. Dass ich vergesse zu atmen. Dass ich die Luft anhalte. Ich habe es zum ersten Mal gemacht, als Adam G. seinen Pimmel in meinen Po steckte. Es tat so schrecklich weh, dass ich schrie und gleichzeitig die Luft anhielt. Dann vergaß ich, dass man weiteratmen muss. Irgendwann tat ich es automatisch, und das war, als würde ich den Schrei nach innen ziehen. Ich glaube, das habe ich auch getan: Ich habe einen Schrei in meinen Körper gezogen, und er ist immer noch drin. Er hat sich eingenistet, er wohnt dort, er kommt nicht raus. Der Schrei hat mich.

Der Müll, ein Ball. Der Schrank, ein Schiff. Die Elektroplatte, ein Kamin. Das Bett, ein … Das Bett, ein … Das Bett beendet das Spiel. Das Bett beendet immer das Spiel. Ich schaffe es nicht, für das Bett ein anderes Wort zu finden. Ein nettes Wort. Ich hasse das Bett. Ich hasse alles, was darauf passiert, und das hindert mich daran, ein nettes Wort zu finden. Immer wenn ich alles im Wohnwagen neu benannt habe, endet das Spiel hier. Das Bett ist das Bett. Da kann ich nichts machen.

Adam G. bewegt sich auf seinem Stuhl. Ich dachte schon, er sei dort angewachsen. Ich dachte schon, er hat vergessen zu atmen. Aber er ist nicht angewachsen. Er atmet weiter. Er nimmt die Flasche vom Tisch und trinkt. Er trinkt mehr als früher. Jetzt steht er auf und kommt zu mir. Immer wenn er sich nähert, weitet sich der verschluckte Schrei in mir aus. Wird so groß, dass ich wieder den Atem anhalte. Was wird er jetzt tun, der Adi? Will er nach mir greifen? Oder macht er den Fernseher an? Jetzt ist es wichtig, dass mein Gesicht lacht. Jetzt ist es wichtig, nett und höflich zu sein.

»Sicher kommt was Tolles im Fernsehen«, sage ich rasch. »Vielleicht eine Ratesendung.«

Adi mag Ratesendungen. Er rät mit, auch wenn er meistens falschliegt. Er will, dass ich auch mitrate, also tue ich das. Wir raten gemeinsam, wenn er es will.

Er stiert mich an, Augen wie Schlitze, rot unterlaufen. In seinem Bart klebt was. Ein Geruch wie Essig. Nein, nicht wie Essig. Wie Kotze.

»Hmhm«, knurrt er. Wenn Adi viel trinkt, kann er nicht mehr so gut reden. Ich gebe mir noch mehr Mühe, dass mein Gesicht lacht und ich fröhlich klinge. Es fällt mir schwer, weil ich gleichzeitig daran denke, dass mir für das Bett kein anderer Name einfällt. Ums Verrecken fällt mir kein anderer Name ein. Ums Verrecken ist ein Ausdruck, den Adi oft benutzt. Ums Verrecken ist auch ein Ausdruck, der stärker ist als mein Lachen. Ums Verrecken und Lachen sind keine Freunde. Aber ich bin ja erwachsen. Deshalb weiß ich, dass ich stärker sein muss als ums Verrecken. Ich muss lachen. Ich hopse auf dem Bett herum wie ein Gummiball. Das bringt Adi manchmal zum Lachen. Und falls er jetzt nicht lacht, erreiche ich dadurch wenigstens den Fernsehapparat. Dann kann ich den Knopf drücken, und der Apparat geht an.

Wenn der Apparat angeht, vergisst der Adi vielleicht, was er vorhatte.

Hopsassa, und drück!

Auf dem Bildschirm erscheint eine Frau und verliest Nachrichten. Adi stellt sofort ein anderes Programm ein. Keine Nachrichten! Dich sucht keiner. Deine Eltern haben dich vergessen. Du bleibst für immer hier. Ich lache. Ich bin nett. Und fröhlich. Im andern Programm schießt ein Mann mit einer Pistole. Dann kommt ein Fußballspiel. Dann eine Ratesendung.

Adi setzt sich neben mich aufs Bett. Ich hocke im Schneidersitz, er wie auf dem Stuhl, die Beine auf dem Boden, den Oberkörper verdreht. Mein Lachen ist so breit, dass meine Backen schon wehtun. Au ja, raten, Adi! Wir raten zusammen! Adi steht auf und macht den Ton lauter. Langsam beruhige ich mich. Langsam zieht sich der verschluckte Schrei zusammen. Ich glaube, wir werden heute nur Fernsehen gucken. Vielleicht gibt es sogar was zu essen. Vielleicht macht Adi eine Dose auf. Vielleicht findet er noch eine Flasche und trinkt was. Vielleicht schläft er dann ein. Vielleicht kann ich dann auch ein wenig schlafen, bis die Vögel erwachen. Vielleicht, vielleicht.

Adam G. steht auf, und sofort regt sich der verschluckte Schrei in mir. Nein, Entwarnung. Er macht bloß den Ton des Fernsehers lauter. Bei Ratesendungen will er alles gut verstehen. Der Ton ist jetzt so laut, dass ich das Pochen an der Tür fast nicht höre.

Aber nur fast. Ich zucke zusammen.

Da ist es wieder.

Jemand haut gegen die Tür.

Eine Männerstimme ertönt, und es ist nicht die Stimme des letzten Besuchers.

Jetzt hört es auch Adam G. Er zuckt zusammen, als habe er in die Steckdose gelangt. Er wird bleich. Seine Hände bewegen sich auf mich zu. Die Lachmaske fällt mir vom Gesicht. »Adam G.?«, ruft der Mann vor der Tür. »Adam G.? Hier ist die Polizei. Machen Sie auf!«

Die Dreharbeiten gehen zügig voran. Das müssen sie auch, denn der Film soll noch in diesem Jahr ausgestrahlt werden. Wieder wollen mich die Filmemacher in meinem Arbeitsumfeld zeigen, aber dieses Mal kann ich keinen Arbeitgeber vorweisen. Der Regisseur ist erfinderisch und ruft ein bekanntes Hotel im Rhein-Main-Gebiet an. Dort helfe ich einen Tag aus, während mir die Kamera zusieht. Dieser Tag hat gleich zwei Auswirkungen: Zum einen ist eine wichtige Filmszene im Kasten. Zum anderen merke ich, dass ich keine Lust mehr habe, diesen Beruf länger auszuüben. Ich glaube, es hat etwas mit dem Wort »bedienen« zu tun. Während ich die Gäste bediene – gewandt und höflich wie immer –, denke ich darüber nach, ob ich das in Zukunft tun will. Davon bekommt die Kamera zum Glück nichts mit. Denn auch in diesem Film werde ich davon sprechen, dass ich ein eigenes Restaurant besitzen möchte. Aber ich schränke die Sache gehörig ein.

»Ich muss schauen, ob ich das überhaupt realisieren kann«, sage ich, um hinzuzufügen: »Realisieren will ich das auf jeden Fall, nur den genauen Zeitpunkt, ob es fünf oder zehn Jahre dauert, kann ich nicht sagen.« Das ist ein typischer Satz für mich. Ein Schritt nach vorne, ein Schritt zurück, ein Schritt zur Seite. Nicole würde vielleicht sagen: Typisch Sascha. Viele Pläne und dann doch wenig aus dem Leben gemacht.

Als Nächstes möchte der Regisseur Aufnahmen mit meinen Geschwistern und meinen Eltern machen. Sie sollen erzählen, an was sie sich erinnern. Vor allem Jenny interessiert ihn. Sie hat mich an jenem Tag in den Bus gesetzt. Wie war es, als sie nach Hause kam, und kein Sascha war da, will der Regisseur von ihr wissen. Jenny muss nicht lange überlegen. Wenn es einen Augenblick gibt in ihrem Leben, den sie nie vergessen wird, dann diesen.

»Ich kam ungefähr um zehn, halb elf nach Hause«, erzählt sie. Natürlich glaubt sie, ich liege schon im Bett. Sie kann nicht ahnen, dass mich um diese Zeit ein wildfremder Mann über die verschneiten Felder von Hochheim zerrt. Ein Mann, der mich küsst. Und noch ganz andere Sachen mit mir tun möchte. Ein Mann, der mich hat und nicht wieder hergeben will. Als sie die Treppe hochkommt, läuft ihr Papa entgegen.

Für einen Moment kann Jenny vor der Kamera die Tränen nicht zurückhalten. Sie sagt: »Ich habe ja meinen Bruder so lieb gehabt, auch wenn er mich manchmal genervt hat. Ich dachte, er ist so ein goldiger Junge. Vielleicht hat jemand, der kein Kind hat, ihn mitgenommen, damit er ein eigenes Kind hat. So waren meine Gedanken. Vielleicht hat er dann irgendwann keine Lust mehr auf meinen Bruder, weil er mal wieder nervt, und dann lässt er ihn wieder frei.«

Hätte ich genervt, denke ich, läge ich jetzt verscharrt auf dem Gelände. Heute lägen nur noch meine Knochen am Ort des Geschehens.

Und Jenny sagt: »Wahrscheinlich tobt ein Orkan in ihm. So kommt er mir auch manchmal vor.«

Die Kamera ist auf sie gerichtet. »Wir konnten alle nicht so gut damit umgehen in der Familie«, erzählt sie. »Wir haben vielleicht alle etwas falsch gemacht, indem wir nach Saschas Rückkehr versucht haben, so weiterzuleben, als ob nichts passiert wäre. Wir hätten das nicht tun sollen. Wir hätten darüber reden sollen. Alle miteinander reden.«

Die Kamera blinzelt nicht. Die Kamera kennt keine Tränen. Und Jenny sagt: »Er hat ständig neue Ziele. Er will mal dies, dann will er das. Er wechselt oft die Arbeitsstelle und hält es an einem Ort nie lange aus. Er ist mit sich selbst nicht so im Reinen.«

Die Kamera ist eine Maschine. Ich bin es nicht. Ich kenne Tränen. Als der Film ausgestrahlt wird und ich alleine in meiner Wohnung vor dem Fernseher hocke, höre ich Jenny sagen: »Er fühlt sich wohl ein wenig verloren manchmal.«

Ich kenne Tränen, aber ich lasse sie nicht raus. Ich kenne den Schrei in meiner Brust, aber der bleibt drin.

Jenny sagt: »Ich kann nicht sagen, wie er sich entwickelt hätte, wäre ihm das nicht passiert. Ich weiß nur, er hat sich ein Stück weit entwickelt, dass er nach außen hin immer ein bisschen hart ist.«

»ADAM G.? POLIZEI! ÖFFNEN SIE DIE TÜR!«

Bumm, bumm, bumm.

Der Mann draußen meint es ernst. Er will rein. Adam G. weiß nicht, was er tun soll.

Er murmelt: »Der Zaun. Das Tor. Das ist doch zu!«

»Sie haben Licht brennen da drin! Machen Sie die Tür auf!«

So wie Adam G. mich anstarrt, müsste ich schnell die Lachmaske aufziehen. Nett sein, nett sein, nett sein! Sonst passiert was! Ich habe noch nie einen so wilden Blick bei Adam G. gesehen. Aber ich ziehe die Lachmaske nicht auf. Ich bin viel zu erschrocken. Und da ist noch etwas anderes. Etwas, das sich schon lange verkrochen hat. Da ist auf einmal Hoffnung.

»Sicher sind die drübergeklettert«, sage ich. Die Worte sind draußen, bevor ich mir die Hand über den Mund legen kann. Das ist nicht nett, das ist nicht höflich, das ist frech. Adam G. kann es nicht ausstehen, wenn ich frech bin. Er springt auf, und ich bin mit einem Satz im hintersten Winkel vom Bett. Aber er langt nicht nach mir. Er rennt zur Tür, er rennt zurück. Er rennt zum Fenster. Vor ein paar Tagen ist eines der Bretter weggefallen, seither kann man durch einen Spalt sehen. Während er sich bückt und durch die Scheibe starrt, denke ich: Vielleicht hat der Mann reingeschaut. Vielleicht hat er mich gesehen! Vielleicht erinnert er sich daran, dass ein kleiner Junge verschwunden ist. Auch wenn die Zeitungen nichts davon schreiben, auch wenn mich meine Eltern vergessen haben, was ich nicht mehr glaube. Adam G. lügt! Er lügt schon, wenn er bloß den Mund aufmacht! Zwar sagt er, er hasst Lügen, aber selbst lügt er ständig! Meine Eltern haben mich nicht vergessen, nein, nein, nein, sie denken jeden Tag, jede Stunde, jede Minute, jede Sekunde an mich! Mein Papa hat jedem Polizisten in Delkenheim gesagt, dass ich weg bin und wie ich aussehe und dass ich Sascha heiße, und das weiß der Polizist da draußen, und deshalb will er rein.

Er will rein und mich holen!

Diese Worte stürzen wie Wellen über mich, in meinem Kopf dreht sich alles. Er will mich holen.

Der Polizist will rein und dann nichts wie hinaus mit mir! Adam G. läuft durch den Wohnwagen und wirft mit Sachen um sich. Als ob er etwas sucht. Als ob er was braucht. Unterm Müll kommt eine Ratte vor und flüchtet unters Bett. Ihr Anblick sorgt bei mir für klare Gedanken: Du musst dich wie ein großer Junge benehmen, Sascha. Du musst erwachsen sein!

Adam G. stürmt zur Tür. Hat er etwas in der Hand? Was hat er in der Hand? Er drückt sein Ohr an die Tür, sein Körper schiebt sich zur Seite.

Bumm, bumm, bumm.

Vor der Tür rührt sich ein zweite Stimme, dunkler als die erste: »Sie machen jetzt sofort die Tür auf!«

Und Adam G. duckt sich. Wie ein Tier vor dem Sprung.

»Ich komme mit, wenn Sie meine Eltern interviewen«, sage ich. Der Regisseur sieht mich an. Ich weiß nicht, ob es ihm recht ist, aber das ist mir egal. Meine Mama ist seit Langem nicht mehr so recht auf dem Damm, und mein Papa ist auch nicht jünger geworden. Ich schaue alle paar Tage nach ihnen und sehe nicht ein, dass ausgerechnet jetzt die Dinge anders sein sollen. Beim letzten Besuch fragte Papa, ob ich nächstes Mal Werkzeug mitbringen kann, um ein Bild aufzuhängen.

»Das könnte ich doch machen«, sage ich zum Regisseur. Ich habe gelernt, dass die Filmemacher immer was zum Drehen brauchen. Filme sind bewegte Bilder, und wenn sich nichts bewegt in einem Film, dann taugt er auch nichts. Das habe ich gelernt. Deshalb denken sich die Filmemacher ständig was aus, was ich tun könnte. Sollen sie mich doch filmen, wie ich mit Papa ein Bild aufhänge. Jedenfalls will ich dabei sein. Vielleicht auch nur, um zu hören, was Mama sagen wird. Wir haben zuhause so gut wie nie über meine Entführung gesprochen, aber wie ich Mama kenne, hat sie eine Meinung dazu. Meine Mama hat immer eine Meinung. Ich habe auch eine Meinung. Eigentlich interessiert uns die Meinung des anderen. Nur wenn es sich um meine Entführung dreht, werden wir seltsam schweigsam. Oder ich werde seltsam schweigsam, und dann sind es die anderen auch.

Doch jetzt ist ein Filmteam dabei. Man kann keinen Film drehen, wenn alle schweigen.

Der Regisseur bittet meine Eltern, es sich auf dem Sofa bequem zu machen. Ich reiße ein paar Späße, weil ich will, dass mein Papa kein so ernstes Gesicht macht. Weil ich will, dass Mama lacht. Es gefällt mir, wenn Mama lacht. Ich will, dass es ihr gut geht und sie sich keine Sorgen machen muss.

Sprechen vor einer Kamera ist nicht einfach. Nie fühle ich mich schärfer beobachtet als in dem Moment, wenn das Objektiv auf mich gerichtet ist. Meine Mama scheint das nicht zu stören. Es ist, als habe sie nur darauf gewartet, dass ein Regisseur ins Haus schneit und sagt: »Kamera läuft.«

»Ich habe ja nachts gearbeitet«, erzählt sie, »und bin erst morgens um fünf Uhr heimgekommen. Da hat mein Mann gesagt, der Sascha ist nicht da.«

Zu der Zeit glaubt mein Papa noch, ich sei bei Freunden. Vielleicht will er das einfach glauben. Doch meiner Mama ist klar: Das kann nicht sein. Ich bin nie bei Freunden, einfach so, ohne anzurufen, ohne dass wir es vorher vereinbaren. Ich bin auch nicht weggelaufen, obwohl das die Ermittler später tausendundeinmal fragen werden.

»Wir sind zur Polizei«, erzählt meine Mama der Kamera. »Wir haben das gemeldet, dass der Sascha weg ist. Und die haben alles aufgenommen, und dann sind wir nach Hause. Und ich habe gewusst: Der ist weg. Den hat jemand mitgenommen.«

Es tut mir weh, meine Mama und meinen Papa auf dem Sofa sitzen zu sehen. Sie sehen so zerbrechlich aus. Mama macht das jetzt alles nochmals durch. Es ist, wie Nicole es so treffend im Film ausdrücken wird: Dieser Mann hat so vieles kaputtgemacht. Zerstört in uns. Und in Sascha sowieso.

Doch darüber will Sascha ja nicht reden. Meine Mama hat das nicht vergessen: »Er hat gesagt, er will nicht darüber reden. Wir hätten gerne darüber gesprochen, das hätte auch ihn erleichtert, wenn man darüber reden kann, aber das wollte er nicht.«

Es ist seltsam, sie zu hören. Statt zu mir, sagt sie es der Kamera. Ihr geht es wie mir. Manchmal ist es dann doch einfacher, in diese Maschine reinzusprechen. Und ich weiß ja, dass es stimmt. Mama und Papa sagten zu mir, wir machen uns viele Gedanken, und ich antwortete: »Ich werde darüber reden, aber irgendwann, wenn ich es will. Wenn ich darüber reden will, können wir darüber reden.« Dabei wusste ich schon damals, dieser Zeitpunkt wird nie kommen. Ich sagte: »Eure ständigen Fragereien, geht's dir gut, die will ich nicht. Natürlich geht's mir gut. Ich bin zuhause. Reicht das nicht?«

Möglicherweise hätte es meiner Mama und meinem Papa auch gereicht. Anderen aber nicht. Die brachten den Mann mit den Klecksen ins Spiel. Der sich bei Papa beschweren musste, weil ich unkooperativ sei. Weil der neunjährige Junge nichts mit Tintenklecksen anfangen konnte. Und der deshalb wusste, dass meine Zukunft negativ sein wird. Kein Wunder, wollte ich danach erst recht kein Wort mehr darüber verlieren.

»Er wollte nur noch seine Ruhe, seine Freunde, die Familie, fertig«, sagt meine Mama.

Keiner fragte damals, was meine Eltern durchgemacht hatten. Keiner ahnte, dass auch sie nicht mehr konnten.

»Wir waren ja so fertig«, sagt Mama. »Wenn das weitergegangen wäre, ich hätte mich vom Balkon runtergestürzt.«

Die Ermittler sind auch keine Hilfe. Meine Mama schüttelt es noch heute, als sie sich erinnert: »Die Polizei wollte mir ständig weismachen, dass er tot ist. Aber ich habe gesagt, Sie können mir erzählen, was Sie wollen. Mein Sohn ist nicht tot!«

Und ich? Ich wollte nie, dass meine Mama sich Sorgen machen muss! Ich wollte, dass sie sich freut. Ich wollte, dass sie lacht! Deshalb war ich immer nett und fröhlich und zog meine Lachmaske auf.

Und Mama sagt zum Regisseur: »Da muss man sich doch

wundern, dass der Sascha dann diese Fröhlichkeit hat, trotz allem Kummer, den er hat. Da habe ich noch zu meinem Mann gesagt, der Junge ist einmalig. Der lässt niemanden merken, dass er Sorgen hat und Kummer. Uns sowieso nicht, das will er nicht, dass wir uns noch Gedanken machen um ihn, aber ich mache mir trotzdem Gedanken, ich weiß ja, wie es ihm geht. Ich weiß es ja.«

Und mein Papa, der bis jetzt geschwiegen hat, sagt: »Ich weiß auch nicht, wie er das alles verkraftet hat.«

ADAM G. SPRINGT AUF, und ich sehe, dass er einen Lumpen in der Hand hat. Was will er denn damit? Er läuft auf mich zu, und ich denke, der Lumpen, der Lumpen ... Da steht er schon vor mir. Adam G. ist groß, viel größer als ich; er ist stark, viel stärker als ich; er ist gemein und hinterhältig und widerwärtig und ekelhaft, aber jetzt scheint er plötzlich zu schrumpfen.

»Nichts sagen, nichts sagen«, bettelt er.

Dann geht er zurück zur Tür. Er dreht den Schlüssel um, und im nächsten Augenblick wird sie aufgestoßen. Zwei Männer treten ein. Ich sehe sofort, dass sie *keine* Uniformen tragen. Ich sehe sofort, dass sie *keine* Polizisten sind. Es ist, als ob eine Welle der Enttäuschung über mir zusammenbricht.

Adam G. ist trotzdem völlig von der Rolle. »Hab Besuch«, nuschelt er, »kann grad nicht.«

Einer der Männer stellt sich neben ihn. Der andere tritt zu mir ans Bett. Sein Gesicht sieht angewidert aus.

»Wer bist du denn?«, fragt er.

Ich schaue ängstlich drein. Wenn das ein Freund von Adam G. ist, wenn das zwei Freunde von Adam G. sind, dann ...

Dann ...

Aber irgendwie sieht der Mann anders aus, obwohl er keine Uniform trägt.

»Sascha«, antworte ich leise.

Vom vorderen Teil des Wohnwagens ertönt ein Geräusch. Der zweite Mann sagt: »Langsam, Freundchen«, während Adam G. ruft: »Er heißt Sascha Geist.«

Das bringt mich zu mir. Warum soll ich Sascha Geist heißen? Ich bin nicht Sascha Geist. Ich bin Sascha Buzmann. Und das sage ich auch.

»Ich bin Sascha Buzmann«, sage ich.

Einen Augenblick lang sieht mich der Mann genauso starr an, wie Adam G. das sonst tut. Dann schlägt er sich die Hand vor die Stirn. »Das gibt's doch nicht«, stammelt er.

Plötzlich kommt Leben in ihn. Mit einem Satz ist er bei Adam G. Ich kann sehen, wie er zupackt. Ich höre Adam G. aufschreien, und schon liegt er auf dem Boden.

Er liegt auf dem Boden, wie ich auf dem Boden lag.

Der zweite Mann kniet auf ihm. Er kniet auf ihm, wie Adam G. auf mir kniete. Aber er holt nicht seinen Pimmel aus der Hose. Er zieht Handschellen hervor. Er biegt den Arm von Adam G. auf den Rücken, dass der aufschreit.

Adam G. schreit, wie ich geschrien habe.

Der erste Mann kommt wieder zu mir herüber. Er ist ganz aufgeregt.

»Was ist passiert?«, fragt er.

Ich weiß nicht, was er meint. Es ist viel passiert. Was soll ich sagen?

»Er hat mich mitgenommen«, sage ich. »Ich wollte das nicht, aber er hat es trotzdem getan.«

Da hinten liegt Adam G. auf dem Boden. Ich glaube, er kann nicht aufstehen. Ich glaube, er kann nicht rüberkommen und mir etwas tun. Ich glaube, die beiden Männer sind stärker als er. Aber es sind keine Polizisten. Ich weiß nicht, was sie von mir wollen.

»Hat er dir wehgetan?«, fragt der Mann. »Hat er dir zwischen die Beine gelangt?«

In diesem Augenblick geschieht etwas. Irgendwo in mir

entsteht ein Riss, und etwas zerbricht. Auf einmal ist mein Gesicht furchtbar nass, und ich habe eine Scheißangst und schäme mich so, und ich hasse hasse hasse diesen Mann auf dem Boden, und ich will nach Hause, ich will wieder nach Hause, ich will endlich nach Hause!

Ich weiß nicht, ob der Mann mich verstehen kann unter all dem Geschluchze.

»Ich will nach Hause. Ich will nach Hause. Bitte. Bitte. Lassen Sie mich nach Hause!«

Die Kamera ist eingepackt, der Film ist abgedreht, jetzt beginnt die Postproduktion. So nennen das die Filmemacher, wenn sie ins Studio gehen und aus den vielen Schnipseln einen Film basteln. Mich braucht man dazu nicht. Ich habe meine Schuldigkeit getan. Auf einmal habe ich viel Zeit. Eigentlich könnte ich jetzt weiter nach einem Job suchen. Doch ich erinnere mich an den Drehtag im Hotel, als ich dachte: Ich will nicht länger bedienen. Ich suche nicht. Ich schlafe länger als sonst. Ich verbringe viel Zeit vor dem Fernseher. Ich gehe aus. Ab und zu schreibe ich ein paar Erinnerungen auf. Auch das wird weniger.

Und dann klingelt das Telefon. Dieses Mal ist es eine Frau, und sie hat von mir gehört. Sie hat von mir gelesen. Sie hat mich im Fernsehen gesehen. Sie fragt, ob ich daran gedacht habe, ein Buch zu veröffentlichen.

Irgendwo da oben muss es jemand geben, der eine schützende Hand über mich hält.

Ich sage: »Das habe ich in der Tat. Aber ich bin Kellner und kein Schriftsteller.«

»Könnten Sie sich vorstellen, mit jemandem zusammenzuarbeiten?«

Mittlerweile kann ich mir eine Menge vorstellen. Ich sage: »Klar, vielleicht sollten wir uns vorher treffen.« Ich muss grinsen, weil ich das Gleiche sage wie die Journalisten. Ich habe allerhand gelernt in den letzten Monaten.

Und so sitze ich ein paar Wochen später wieder im Starbucks am Wiesbadener Hauptbahnhof. »An einem Buch zu arbeiten«, erklärt der Schriftsteller, »ist anders als die Arbeit an einem Film. Die Kamera nimmt Sie auf. Beim Buch sind Sie die Kamera. Sie müssen sich alles genau anschauen. Denn es ist Ihr Buch. Nicht der Film von jemand anders.«

Auf einmal spüre ich, dass es dann wirklich ernst wird. Ohne den Artikel, ohne die Filme würde ich nicht hier sitzen. Aber das waren tatsächlich Arbeiten anderer über mich. Nun muss ich Farbe bekennen. Jetzt wird es eine Arbeit von mir über mich.

»Und Sie helfen mir dabei?«, frage ich.

»Mit aller Kraft.«

Ich bin nicht an diesen Punkt gekommen, um einen Rückzieher zu machen. »Dann will ich es probieren«, sage ich.

Ein paar Wochen später sind wir bei mir zuhause. Der Schriftsteller hat einen Computer dabei, ein Aufnahmegerät, mehr braucht er nicht. Ich merke bald, wie recht er hat. Wie anders die Arbeit an einem Buch ist. Ich merke es nicht nur daran, weil bisher alle mit mir an den Ort des Geschehens wollten, um ihn zu fotografieren oder zu filmen. Der Schriftsteller will das nicht. Er sagt: »Ihre Erinnerungen an diesen Ort sind wichtig. Nicht die Bilder von heute, sondern die in Ihrem Kopf.« Dann stellt er Fragen. Er stellt ganz andere Fragen.

Er fragt: »Was sagen Sie Adam G., wenn Sie ihn treffen würden?«

IN MIR IST EIN WASSERFALL. EIN TRÄNENFALL. Der speit
aus meinen Augen, aus der Nase, ich glaube, es kommen Tränen aus meinem Mund, aus den Ohren. Der Mann vor mir ist
hilflos. Der Mann vor mir ist überfordert. Dauernd will er etwas von mir wissen, aber ich verstehe ihn nicht. Seine
Stimme dringt nicht zu mir durch.

Dann, endlich, höre ich ihn durch das Rauschen des Trä-
nenfalls.

»Hast du Schuhe?«, fragt er.

Ich schaue hinab auf meine Füße. Nein, da sind keine
Schuhe. Habe ich Schuhe? Ich hatte schon ewig keine Schuhe
mehr an. Hatte ich Schuhe, als Adam G. mich mitnahm?

»Ich glaub schon«, schluchze ich. »Aber ich weiß nicht, wo
die sind.«

»Das macht nichts«, sagt der Mann. »Ich trage dich ins
Auto.«

Er beugt sich zu mir herab und will mich hochnehmen.
Erst zucke ich zurück, dann lasse ich es geschehen. Alles ist
besser, als hier zu sein. Der Mann nimmt mich hoch. Als wir
an Adam G. vorbeikommen, kniet der andere noch immer auf
ihm. Ich drehe den Kopf weg. Ich will Adam G. nicht mehr
sehen.

Auf einmal sind wir draußen. Ich kann es nicht glauben!
Aber es stimmt! Wir sind tatsächlich draußen. Wo die Vögel
sind. Und die gute Luft. Und die Welt. Und meine Mama und

mein Papa. Auf einmal versiegt mein Tränenstrom, als hätte jemand einen Wasserhahn zugedreht. Denn da ist eine Sache, die ich unbedingt erfahren muss. Weil ich schließlich erwachsen bin. Ich frage: »Bist du ein richtiger Polizist?«

Der Mann lacht. Dann sagt er: »Mein Kollege und ich sind Zivilfahnder.« Und weil er in mir nur den kleinen Jungen sieht und keinen Erwachsenen, fügt er hinzu: »So eine Art Polizei ohne Uniform. Das ist jetzt ein echter Zufall, ich kann's nicht anders sagen. Eigentlich sind wir nur da, weil dieser Mann einem Wirt ein paar Mark schuldet.«

Ich weiß von Adam G., dass Polizisten Scheißdreckskerle sind, ob mit oder ohne Uniform. Doch Adam G. liegt gefesselt im Wohnwagen, und seine Meinung zählt nicht mehr. Der Polizist, der mich von ihm wegbringt, ist jedenfalls kein Scheißdreckskerl! Er könnte mein Freund sein. Das sage ich ihm auch. Und dann sage ich: »Es tut mir leid, dass ich so schmutzig bin.«

»Das macht nichts, das macht gar nichts«, sagt der Polizist. »Hauptsache, du bist …«

Aber er sagt nicht, was die Hauptsache ist. Stattdessen sagt er: »Ich bringe dich ins Auto, dann kommen bald viele Leute. Du musst keine Angst haben. Das sind Kollegen. Das sind alles Polizisten.«

»Haben die eine Uniform?«, frage ich.

»Die haben auch eine Uniform. Die kommen nur wegen dir.«

Wir gehen über das Grundstück, wir gehen durch das Tor. Es steht sperrangelweit auf, es ist nicht zu, die beiden Männer mussten nicht über den Zaun klettern.

»Ich musste drüberklettern«, sage ich zu dem Polizisten, aber ich weiß nicht, ob er versteht, was ich meine.

Vor dem Tor steht ein Auto, und es ist kein Polizeiauto. Noch einmal werde ich misstrauisch. Aber der Polizist hat verstanden. Er sagt: »Wenn wir kommen, sollen die Leute nicht gleich sehen, dass wir Polizisten sind. Sonst hauen die ab.«

Adam G. wäre sicher auch abgehauen. Vielleicht hätte er vorher noch gedacht: Und was ist, wenn der Sascha redet? Was ist, wenn der alles verrät? Vielleicht hätte er dann mit der Pfanne oder dem Hammer oder dem Messer ...

»Ist er drin, kommt er ganz bestimmt nicht raus?«, frage ich.

»Der Geist? Der geht nirgendwo mehr hin. Außer ins Kittchen.«

Der Geist. Der Geist. Der Geist geht nirgendwo mehr hin. Der Geist hat mich nicht mehr.

Der Geist hat Handschellen an.

Plötzlich ist in mir ein riesengroßes Glücksgefühl. Nie zuvor und nie danach habe ich so etwas verspürt. Das Glück ist überall: in meinen Haarspitzen und in den Zehen. In meinen Händen und den Knien. Im Bauch, im Kopf, auf dem Gesicht und in den Beinen. Es ist nicht in meinem Po. Da kann es nicht sein. Ansonsten ist das Glück überall.

Der Polizist macht das Auto auf. Er setzt mich auf den Rücksitz und sagt: »Ich muss nochmals rein und meinem Kollegen helfen. Keine Angst, ich komme wieder. Ich schließe das Auto zu. Ist das in Ordnung?«

Ja, es ist in Ordnung. Das Glücksgefühl hat mich. Ich sehe dem Polizisten nach, wie er das Grundstück betritt. Wie er durchs Tor geht, als sei es das Einfachste der Welt. Wahrscheinlich ist es auch einfach, wenn man Polizist ist. Dann verschwindet er im Wohnwagen. Auf einmal fällt mir ein, wem ich meine Befreiung zu verdanken habe. Wieder kommen mir Tränen. Nicht dem Zufall, sondern der nicht bezahlten Zeche.

»Lieber, lieber Gott«, sage ich. »Danke, dass ich nicht mehr da drin sein muss!«

Wir sitzen am Tisch und sprechen. Wir gehen mittagessen und sprechen. Wir sitzen erneut am Tisch und sprechen. Wir gehen abendessen und sprechen. Ich werde bald Sprechmuskelkater haben, wenn das so weitergeht. Und es geht so weiter. Ich lerne, dass man eine Menge *sprechen* muss, bevor man ein Buch *schreiben* kann.

Dann fährt der Schriftsteller nach Hause, und ich bin wieder alleine. In ein paar Wochen werden wir uns wieder treffen. Im Gegensatz zum Film geschieht die Arbeit an einem Buch in einem langsameren Tempo.

»Das alles braucht seine Zeit«, sagt der Schriftsteller. »Ein ganzes Leben in ein Buch zu packen ist eine Herausforderung.«

Ich habe fast alle Fragen beantwortet, bis auf eine: Was sage ich zu Adam G., sollte ich ihn treffen?

»Ich werde ihn nicht treffen, er sitzt hinter schwedischen Gardinen. Beziehungsweise in einer geschlossenen Anstalt. Ich weiß nicht mal, in welcher«, war meine erste Reaktion gewesen.

»Das ist keine Antwort«, sagt der Schriftsteller. Er kann manchmal ganz schön streng sein. War es so, oder war es so, will er wissen. Oder war es anders? Wie hast du dich dabei gefühlt? Immer fragt er nach meinen Gefühlen. Und dann will er auf einmal wissen, was ich auf eine einsame Insel mitnehme. »Was nimmst denn du mit?«, kontere ich.

»Sag ich dir gerne. Aber nach dir.«

So geht das Tag für Tag. Es war einfacher, vor der Kamera zu stehen. Aber ich will dieses Buch. Ich will es unbedingt. Denn es gibt so viel zu klären. Zum Beispiel diesen Artikel einer renommierten Journalistin:

1994 erschien ihr Text über Adam G., als er sich wegen der zweiten Entführung eines kleinen Jungen vor dem Landgericht Mainz verantworten musste. Darin vergleicht sie Adam G. mit einem Nichtschwimmer auf hoher See, dem die Passagiere eines Luxusliners einen Strohhalm anstatt eines Rettungsrings zugeworfen haben. Jetzt wundern sie sich darüber, warum er ihn nicht ergreift. Damit will sie ausdrücken, dass die Passagiere des Luxusliners Verantwortung für Adam G. haben. Diese Passagiere des Luxusliners, das ist die Gesellschaft. Die Journalistin will damit ausdrücken, wir alle tragen die Verantwortung an den Verbrechen von Adam G., also auch ich. Die Journalistin schreibt, »selten ist eine Wiederholungstat so perfekt organisiert worden«, ganz so, als hätten wir Adam G. zum Kinderschänder gemacht. Sie beschreibt die »katastrophalen Verhältnisse«, unter denen er aufwachsen musste. Obwohl sein Vater nach der Kriegsgefangenschaft bei der Hessischen Polizeischule Arbeit fand, sei die Familie im Wohnwagen geblieben, zwischen Müll, Kot und Unrat. Die Notdurft sei im Garten verrichtet, das Trinkwasser aus einem unsauberen Bach geschöpft worden. Das Kind Adam G. sei in fast völliger Reizabgeschiedenheit gehalten worden. Sie vergleicht ihn mit Kaspar Hauser – diesem geheimnisvollen jungen Mann, der am 26. Mai 1828 in Nürnberg auftauchte und von sich behauptete, dass er zeit seines Lebens bei Wasser und Brot in einem dunklen Raum gefangen gehalten worden sei. Das erregte viel Aufsehen, und man verstieg sich zur heute widerlegten Theorie, Hauser sei der Erbprinz von Baden gewesen.

HIC JACET CASPARUS HAUSER AENIGMA SUI

TEMPORIS – hier liegt Kaspar Hauser, Rätsel seiner Zeit – steht auf seinem Grabstein in Ansbach.

Nein. Adam G. ist kein Kaspar Hauser. Er ist auch kein Rätsel seiner Zeit. Die Journalistin erlag einer Faszination für den Kinderschänder: Dass er den Hauptschulabschluss schafft, schrieb sie, könne nur an seiner höheren Intelligenz liegen. Von Werten und Normen der Menschen hätte er nichts erfahren. 1967 kam er einmal in die Universitätsklinik Mainz, wo man eine Schizophrenie feststellte. Drei Jahre später ließ er sich ins Psychiatrische Krankenhaus Eichberg in Eltville einweisen, und wieder wurde Schizophrenie festgestellt. Die Journalistin schrieb, nach heutiger Einsicht stimmt das alles nicht. Nach Eltville kam Adam G. in eine Reha-Einrichtung für psychisch Kranke, aus der er sich nach einem Vierteljahr selbst abmeldet. Damals wussten einige Leute, wie und wo er lebt. Zum Beispiel habe das Gesundheitsamt nie an »den Überlebensstrategien des Herrn Geist« gezweifelt. Die Journalistin schreibt, wie er nach meiner Entführung versucht hat, »dem Jungen hin und wieder auch intim näherzukommen«. Das sei nach einhelliger Meinung nicht der Hauptgrund meiner Entführung gewesen. Vor allem wollte Adam G. einen »kleinen Kameraden« um sich haben. Sie schreibt, er bemühte sich, »gut zu dem Kind« zu sein. Deshalb, schreibt sie, nannte sein Anwalt die Tat einen Hilferuf.

Die Journalistin schreibt, wäre ihm an jenem Tag ein herrenloser Hund über den Weg gelaufen, hätte er vielleicht ihn mitgenommen.

Doch Adam G. lief kein herrenloser Hund über den Weg. Adam G. lief Sascha Buzmann über den Weg. Und Sascha Buzmann war nicht herrenlos. Sascha Buzmann wollte auch nicht der kleine Kamerad von Adam G. werden. Vor allem hätte es sich Sascha Buzmann gerne selbst ausgesucht, mit wem er irgendwann, wenn die Zeit dazu reif ist, intim werden möchte.

Der Schriftsteller und ich sprechen über diesen unsäglichen Artikel. »Warum um alles in der Welt wurde so viel über Adam G. geschrieben?«, frage ich. »Und warum glaubt die Frau, dass andere Leute schuld an seinen Taten sind?«

»Für manche Leute ist die Psychologie der Täter interessanter als die Nöte der Opfer«, antwortet der Schriftsteller. »Das kann daran liegen, weil sie auf eine fette Schlagzeile hoffen. Oder sie erliegen dem Charme des Kriminellen. Oder sie hegen tatsächlich die Hoffnung, dadurch Taten vermeiden zu können. Das ist allerdings ein gefährlicher Boden, auf dem sie sich bewegen. Trügerisch wie Treibsand.«

»Weil die Betonung auf ›vielleicht‹ liegt«, sage ich.

»So ist es. Eine Garantie gibt es nicht.«

Wir reden über alles: Warum es in der Fußballbundesliga keine schwulen Spieler gibt, weil sich keiner das Outing traut, da es in der von der Journalistin beschriebenen Gesellschaft immer noch Zonen absoluter Tabus gibt. Wir reden über Kuchen und Schokolade und Desserts und Tiramisu, mit denen man mich heute noch kriegen kann. Wir reden über Partnerschaft und wie es kommt, dass man sich manchmal totliebt. Wir reden über Charaktereigenschaften und ob man nur ist, was man tut, oder auch das, was man sagt. Ich erzähle endlich, was ich auf die einsame Insel mitnehme: ein 5-Sterne-Hotel. Eine konstante Internetverbindung. Und immer genug zu essen. Das gefällt dem Schriftsteller: »Mehr Platz als in der Kiste«, sagt er, »Kontakt in die Welt, und das Dritte braucht keine Interpretation.«

Dann kommt das Thema wieder auf Adam G. Auf das, was ich ihm sagen würde. Ich weiß es immer noch nicht. Eilt nicht, meint der Schriftsteller. Bücherschreiben ist keine Sprinterdisziplin. Sondern ein Marathon.

DER POLIZIST OHNE UNIFORM hat nicht zu viel versprochen. Auf einmal wimmelt es vor Menschen. Sie sind alle wegen mir da. Eine Frau klopft ans Autofenster und will herein, aber es ist abgeschlossen. Ich glaube, sie hätte gerne, dass ich von innen öffne, aber das lasse ich sein. Der Polizist hat gesagt, ich komme zurück, und darauf warte ich. Dann kommt er zurück, macht das Auto auf, streckt seinen Kopf herein. Die Frau sei eine Psychologin. Es ist das erste Mal, dass ich dieses Wort höre, und noch weiß ich nicht, was es bedeutet. Er fragt, ob sie sich einen Augenblick zu mir ins Auto setzen darf.

Bevor ich antworten kann, ist sie schon drin. Sie sagt mir ihren Namen, aber ich kann ihn mir nicht merken. Dann will sie wissen, wie es mir geht.

»Gut«, sage ich. Dieses Wort werde ich auch später häufig aussprechen, wenn diese Frage gestellt wird. Doch das weiß ich jetzt noch nicht.

»Was ist passiert, Sascha?«, fragt sie.

Ich schaue mir die Frau an. Sie sieht freundlich aus. »Ich will das nicht sagen«, antworte ich vorsichtig. Aber die Frau wird nicht böse. Zumindest lässt sie sich nichts anmerken. Vielleicht will sie auch nur nett sein. Vielleicht hat sie eine Lachmaske auf.

»Das musst du auch nicht«, sagt sie. »Kein Problem.«

Schon wieder klopft es ans Fenster. Ein anderer Mann steht draußen. Er hat eine Uniform an. Auch er nennt einen

Namen, den ich wieder vergesse. Aber er sagt, er sei Kommissar. Das kann ich mir merken. Er ist Kommissar, ein echter Polizist.

Ein echter Polizist weiß, was zu tun ist. Er sagt zu mir: »Du musst noch mal rein in den Wohnwagen, Sascha. Wir müssen ein Foto machen.«

Der Hauptbahnhof von Wiesbaden ist der Hauptbahnhof einer Landeshauptstadt, aber das sieht man ihm nicht an. Alle paar Stunden fährt ein Fernzug ein oder ab. Ansonsten gibt es nur einige Nahverkehrszüge oder S-Bahnen in Richtung Frankfurt und Mainz. Ich mag ihn, den Wiesbadener Hauptbahnhof. Steige ich nach einem Job hier aus, gibt er mir das Gefühl, nach Hause zu kommen. Wenn ich von ihm wegfahre, beginnt die große Welt gleich dahinter.

Jetzt stehe ich an einem der wenigen Gleise, um wegzufahren. Ein Blick auf meine Fahrkarte bestätigt, dass ich dabei bin, den großen Schritt zu wagen: Wiesbaden – Frankfurt – Mannheim – Karlsruhe – Freiburg – Basel Badischer Bahnhof – Basel Schweizer Bahnhof – Zürich heißt meine Route.

Michaela hat angerufen. Michaela hat mehrmals angerufen. »Komm, probier es«, sagte sie. »Warst du nicht mal selbstständig? Also gut, Subunternehmer eines Subunternehmers, aber trotzdem, selbstständig. Bei uns kannst du selbstständig arbeiten. Und hast du nicht gesagt, du willst nicht länger bedienen? Was kann schon schiefgehen? Falls es dir nicht gefällt – die Hotelbranche läuft dir nicht davon. Es gibt immer Menschen, die essen wollen. Es gibt immer Menschen, die was zu trinken brauchen. Also, gib deinem Herzen einen Stoß.«

Sie hat alle guten Argumente auf ihrer Seite. Ich habe bloß eines, das eher lahm daherkommt: meine gemütliche kleine

Wohnung, mein rettender Hafen, wo Ketten vor Fenstern und Türen für vermeintliche Sicherheit sorgen. »Papperlapapp«, sagte Michaela. »Rettende Häfen gibt's hier auch. Keiner weiß das besser als ich.«

Sie hat mich fast schon weichgekocht. Verdammt nochmal, ich will ja was Neues. Vor allem will ich etwas, das mir Spaß macht und sich auszahlt. Klammheimlich hege ich einen Traum, den ich keinem erzählt habe. Ich kenne die Schweiz. Ich habe dort schon gearbeitet. Das Land gefällt mir. Es würde mir sehr gefallen, eines Tages meine Mama und meinen Papa nachzuholen.

Aber da ist noch etwas. Ich arbeite an einem Buch. Ist es nicht besser, eines nach dem anderen zu tun? Jetzt das Buch und dann, vielleicht, irgendwann, die Schweiz?

Ich rufe den Schriftsteller an. Der fragt: »Schweiz? Zürich? Da bin ich so schnell wie in Wiesbaden.«

Er ist keine Hilfe, der Schriftsteller, wenn es darum geht, Dinge aufzuschieben.

Also wechsle ich das Thema. Ich frage ihn, was er von Weissagungen hält. Von Handlesen und solchen Dingen.

»Tja«, sagt er, »in Indien sind sie Teil der astrologischen Wissenschaften.« Dann erzählt er, seit er sich im indischen Varanasi aus der Hand lesen ließ, trage er einen Saturnstein am Finger. »Beantwortet das deine Frage? Ich halte einiges davon. Aber warum willst du das wissen?«

»Glaube es oder nicht«, antworte ich, »vor zwei Jahren hatte ich einen Job in Speyer. Eines Tages spricht mich eine Zigeunerin an. Zumindest denke ich, es war eine. Dunkle Haut, die Haare in ein Kopftuch gebunden, drei Röcke übereinander. Sie will mir aus der Hand lesen. Ich frage, wie viel, und sie antwortet: ›Zehn Euro.‹ Die habe ich in der Tasche, weil ein Gast spendabel gewesen ist. Also sage ich: ›Na gut.‹ Sie nimmt meine Hand, und ich denke, jetzt kommt das Übliche, Lebenslinie, Kopflinie, Herzlinie und all der Kram.

Stattdessen sagt sie: ›Du wirst in drei Jahren in der Schweiz leben. An einem See. Du verdienst gut. Du hast eine Frau dabei. Und deinen Vater.‹ Dann lässt sie meine Hand los, schnappt das Geld, und weg ist sie. Und ich? Ich bin enttäuscht! Ich bin mega enttäuscht, weil ich gedacht habe, sie erzählt mir was Brauchbares. Damit kann ich doch nichts anfangen. Doch auf einmal schießt mir ein Gedanke durch den Kopf. Ich rufe hinter ihr her: ›Moment mal! Was ist mit meiner Mama?‹ Da ist sie schon in der Menge verschwunden.«

Der Schriftsteller am anderen Ende der Leitung schweigt. Irgendwann fragt er: »Und was ist mit deiner Mama?«

Jetzt muss es raus, ob ich will oder nicht. Das ist der wahre Grund, weshalb Zürich so weit weg liegt. Es hat nichts mit meiner Wohnung zu tun. Und auch nichts mit dem Buch.

»Sie ist krank«, sage ich. »Die Ärzte sagen, es geht ihr sehr schlecht.«

»ICH WILL DA NICHT REIN«, sage ich zum Kommissar.

»Ist nur für einen Augenblick. Für das Foto. Keine Angst, ich bin bei dir.«

Schon hat er mich aus dem Auto geholt und auf seine Arme genommen. Jetzt geht es den ganzen Weg zurück. Eben hat mich ein Polizist in Zivil rausgetragen, jetzt trägt mich einer in Uniform wieder rein. Durch das Tor. Über das Grundstück. Dann liegt das dunkle Loch vor uns, aus dem der Gestank von Fäulnis und Moder dringt.

Nein! Ich will nicht rein! Ich will da nie wieder rein!

Aber der Kommissar überschreitet die Schwelle, als sei es nichts. Als sei es nichts, trägt er mich zum Bett. Dort sitzt Adam G., die Hände auf dem Rücken gefesselt. Er hebt den Kopf. Sein Gesicht verzieht sich; ich weiß nicht, ob es ein Lachen ist oder ob er losheulen wird. Ich habe diesen Ausdruck noch nie an ihm gesehen.

»Sascha«, sagt er. »Ich will dir sagen …«

Einer der Zivilpolizisten tritt ans Bett. Den habe ich gar nicht wahrgenommen, ich hatte nur Augen für Adam G. Warum muss ich zurück zu ihm? Warum?

»Halt's Maul«, sagt der Zivilpolizist. »Du kannst nur noch Punkte sammeln, wenn du's Maul hältst.«

Adam G. hält das Maul und ich auch. Wir halten beide das Maul, als der Kommissar mich aufs Bett setzt.

»War es so?«, fragt er den Zivilbeamten.

»Der Junge saß im Schneidersitz. G. hatte die Füße auf dem Boden, den Oberkörper zum Fernseher. Vom Fenster aus konnte ich nicht sehen, was lief.«

»Kannst du dich in den Schneidersitz setzen?«, fragt mich der Kommissar.

Dann machen sie Fotos. Adam G. und ich sitzen auf dem Bett, wie wir immer auf dem Bett gesessen sind. Und halten das Maul. Ich bin nicht nett und höflich und habe auch keine Lachmaske auf. Adam G. nestelt nicht am Hosenschlitz und sagt nicht, dass ich ihn in den Mund nehmen soll. Ansonsten ist es, wie es immer war, nur dass wir jetzt Zuschauer haben. Und drei Polizisten – ein echter Kommissar und zwei in Zivil – können nicht verhindern, wie mich erneut die *Scheißangst* überfällt. Selbst die Handschellen um Adam G.'s Handgelenke können das nicht verhindern. Allein die *Nähe* von Adam G. reicht. Sie reicht, dass mich die Scheißangst zittern lässt.

Währenddessen klickt der Fotoapparat. Klick, klick, klick. Und noch ein Foto und noch eines, weil es hier drinnen so dunkel ist.

Klick, klick.

Dann sagt der Kommissar: »So. Das hätten wir. Ihr nehmt G., ich den Jungen. Du freust dich doch sicher auf deine Eltern?«

Die Zivilbeamten zerren G. vom Bett hoch. Er dreht das Gesicht zu mir, aber ich schließe rasch die Augen. Als ich sie wieder öffne, ist er weg.

Adam G. ist weg.

Wie ein Geist. Einfach weg.

Es war das letzte Mal, dass ich ihn gesehen habe.

Seit ein paar Tagen bin ich in der Schweiz, und doch muss ich ständig an zuhause denken: zum Beispiel, wie mich einmal in der Woche mein Papa zum Einkaufen abholt. Ich helfe ihm, die schweren Sachen zu schleppen. Er ist zwar noch rüstig, aber es muss nicht sein, dass er sich damit abmüht. Außerdem will ich ja bei Mama vorbei. Sie hat in den letzten Jahren viel von ihrer Mobilität eingebüßt. Ihr Blutzuckerspiegel ist zu niedrig, immer häufiger wird ihr schwindelig, und sie muss sich hinlegen. Nach dem Verräumen der Einkäufe bleibe ich zum Essen. Fühlt sich Mama nicht gut genug, schwinge ich den Kochlöffel. Auch am nächsten Tag schaue ich vorbei und an allen anderen Tagen. So weit, so gut. Doch kaum bin ich zuhause, läutet das Telefon. Mama ist dran und erzählt mir, was sie gerade vergessen hat zu erzählen. Meistens ist es nichts, was den Lauf der Welt stoppen wird. Meistens hat sie es mir ohnehin schon gesagt. Bin ich gut drauf, lache ich darüber. Ich sage, Mama, ist das wahr? Unglaublich! Das ist passiert? Wenn ich gut drauf bin, bin ich der höfliche, zuvorkommende Sascha, der mit der Lachmaske. Aber ich bin nicht immer gut drauf. Manchmal erwache ich nachts aus Alpträumen und verbringe die Zeit bis zum Morgen halbdösend vor dem Computer. Wenn dann das Telefon klingelt, und Mama ist dran, funktioniert es nicht mit der Lachmaske. Dabei wünsche ich mir nichts mehr, als dass meine Mama fröhlich ist, und will nichts weniger, als dass sie sich Sorgen macht. Hatte sie von denen nicht genug in ihrem Leben? Also versuche ich es mit einer Strategie: Taucht das Wort »Mama« im Display meines Telefons auf und ich fühle mich nicht so gut, gehe ich nicht mehr hin. Danach fühle ich mich keineswegs besser. Im Gegenteil, ich fühle mich mies. Was habe ich getan? Ich habe Mama verleugnet. Dabei wünscht sie sich doch nur, dass ihr Sascha fröhlich ist, ich mir nie mehr Sorgen machen muss. Hatte ich von denen nicht genug im Leben? Also versucht auch sie es mit einer Strategie: Sie versucht es einfach noch mal. Das Telefon klingelt und klingelt und klingelt, und »Mama« steht im Display. Ich gehe nicht ran.

Doch jetzt ist Mama krank. Die Ärzte sagen, es geht ihr nicht gut, sie muss in die Klinik. Bisher rief sie jeden Tag auf dem Handy an, und ich ging auch immer ran. Schließlich kann ich nicht mehr jeden Tag bei ihr vorbeischauen. Ich kann nicht einmal mehr meinem Papa bei den Einkäufen helfen.

Das Handy klingelt, ich gehe ran, und Mama sagt: »Ich muss für ein paar Tage in die Klinik. Mach dir keine Sorgen, das wird schon.«

Sie hat noch nicht einmal ausgesprochen, da mache ich mir schon Sorgen. Noch mehr Sorgen, die sich zu all den anderen Sorgen addieren.

»Ich komme zurück«, sage ich. »Bin schon unterwegs.«

»Das musst du nicht. Wirklich, Sascha, denk an deinen neuen Job.«

Der neue Job ist mir egal. Mama ist krank, und Mama braucht mich. Ich spreche mit Michaela, und sie sagt: »Kein Problem.«

Kurze Zeit später sitze ich im Zug. Es geht die Strecke zurück, die ich vor ein paar Tagen gekommen bin: Zürich – Basel – Frankfurt. In ein paar Stunden werde ich am Wiesbadener Hauptbahnhof aussteigen mit dem Gefühl, nach Hause zu kommen.

MEIN LEBEN NACH 86 TAGEN GEFANGENSCHAFT beginnt mit einem markerschütternden Schrei. Es ist Mama. Sie steht in der Tür der Polizeistation und schreit.

Warum schreit sie so, denke ich, warum nimmt sie mich nicht in den Arm? Noch sind sie nicht weg, die bösen Gedanken: Deine Eltern suchen dich nicht. Deine Eltern haben dich längst vergessen. Sie sitzen zuhause auf dem Sofa und erzählen sich Witze.

Dann kommt Mama auf mich zugerannt, und nichts kann sie mehr halten. Sie drückt mich und küsst mich und herzt mich und liebkost mich, sie umschlingt mich und bindet mich für immer an sich. Das tut sie in einem einzigen Augenblick. Auf einmal ist bei mir alle Aufregung, alle Vorfreude weg.

Ich sage: »Beruhige dich, Mama.«

Aber Mama kann sich nicht beruhigen. Sie weint, sie schreit, sie küsst mich nochmals und nochmals und nochmals. Alles geht so schnell, ich kann nicht einmal die Lachmaske aufsetzen.

Zum Glück kommt ein Polizist und sagt: »Der Junge muss ins Krankenhaus.«

Kurze Zeit später sitze ich bei meinen Eltern im Auto, und wir fahren in eine Klinik. Meine Mama ist völlig aus dem Häuschen. Später wird Papa im Film sagen, du hast gebetet und gezittert wie verrückt. Ich musste ruhig bleiben und Auto fahren.

Im Krankenhaus muss ich mich ausziehen und auf einen Tisch setzen. Darauf liegt ein weißes Tuch. Sofort ist das Tuch nicht mehr weiß, sondern starrt vor Schmutz.

Ich sage: »Es tut mir leid.«

Vor mir steht ein Arzt. Er antwortet: »Du musst dich für nichts entschuldigen.«

Während der ganzen Zeit redet Mama wie ein Wasserfall. Der Wasserfall spült alle Erinnerungen an die Untersuchung weg. Ich weiß nicht mehr, was der Arzt noch alles gesagt hat. Ich weiß nicht, ob er gesehen hat, was mit mir passiert ist. Ich weiß nur: Ich fühle mich schmutzig. So schmutzig schmutzig schmutzig schmutzig schmutzig.

Diesen Schmutz spült der Mama-Wasserfall nicht weg.

Dann sitzen wir wieder im Auto. Mein Papa vorne, meine Mama hinten bei mir. Sie streichelt mich. Sie küsst mich. Sie sagt: »Du musst nicht darüber reden. Erst wenn du möchtest.«

Ich will schon über etwas reden. Etwas, das mich die ganze Zeit beschäftigt: »Wie lange war ich weg?«

Mama beginnt erneut zu weinen. Oder hat sie gar nicht damit aufgehört? »Drei Monate. Über drei Monate!«

»So lange? Dann kriege ich noch Taschengeld, oder? Das kriege ich doch?«

Vorne am Steuer lacht Papa, und es freut mich, ihn lachen zu hören. Neben mir lacht Mama unter Tränen. Das freut mich noch mehr.

»Drei Monate war er weg, und jetzt macht er sich Gedanken ums Taschengeld«, schluchzt sie. »Das ist ein Kerl. Das ist doch ein Kerl, oder?«

Ja, das will ich sein. Ich war ein Kind und wurde erwachsen, und jetzt bin ich ein Kerl. Ein Kerl, der seine Mama und seinen Papa zum Lachen bringen kann. Sie sollen von dem Schmutz nichts wissen. Den werde ich einfach in der Badewanne abwaschen. Ich bin mir ganz sicher: Mit dem Badewasser wird der Schmutz im Abfluss verschwinden.

Ich steige am Wiesbadener Hauptbahnhof aus, aber es fühlt sich nicht an, als käme ich nach Hause. Vielleicht liegt es an meiner Nervosität. Vielleicht liegt es an etwas anderem. Normalerweise fahre ich Bus, jetzt nehme ich ein Taxi. Ich habe das Gefühl, keine Zeit verlieren zu dürfen. Zwanzig Minuten später öffne ich bei mir die Haustür. Seltsam: Als ich sie verschloss, glaubte ich, erst in ein paar Wochen oder Monaten wiederzukommen. Ist es bei mir nicht immer dasselbe? Ich mache Pläne. Ich ändere Pläne. So ist mein Leben. Manchmal fühle ich mich wie die Kugel auf dem Billardtisch, deren seltsamer Lauf über viele Banden nur einer kennt: der Meister mit dem Queue in der Hand. Die Kugel selbst weiß nichts von ihrem Schicksal. In welcher der Taschen des Tisches wird sie enden? Zum Glück weiß sie es nicht. Sie würde womöglich versuchen, den Lauf der Dinge zu ändern. Ich versuche mal wieder, den Lauf der Dinge zu ändern. Kaum bin ich zuhause, bin ich schon wieder weg. Ich fahre ins Krankenhaus zu Mama. Dort sehe ich auf einen Blick, wie recht die Ärzte hatten. Mama sagt, das ist nichts, das wird schon, in ein paar Tagen bin ich wieder auf dem Damm. Ich setze mich zu ihr ans Bett.

»Und jetzt erzähl mal«, sagt Mama. »Wie ist es in der Schweiz?«

Viel sagen kann ich nicht. Aber die Lachmaske sitzt fest auf meinem Gesicht, und so schwärme ich meiner Mama von Zürich vor: Was für eine tolle Stadt! Der Limmat mit seinen

Strandbädern! Der See mit seinen Schiffen! Im Hintergrund die Berner Alpen, schneebedeckte Spitzen, die den Himmel küssen. Die Menschen sind freundlich, meine Arbeit eine Wucht, die Bezahlung super. Was hältst du davon, wenn du mich mit Papa besuchen kommst? Sobald du wieder gesund bist? Dann schaut ihr euch alles an, und wer weiß, vielleicht gefällt es euch so gut, dass ihr bleiben wollt. Kommt doch in die Schweiz, und wir fahren am Wochenende in den Jura! In die Alpen! An den Vierwaldstättersee!

Ich höre mich an wie ein Verkäufer. Und ich bin ein guter Verkäufer, das weiß ich. Ich will meiner Mama etwas verkaufen: einen unbeschwerten, sorgenfreien Lebensabend in meiner Nähe. Wie ich sie so hilflos vor mir im Bett liegen sehe, ist es mir dann auch egal, wenn sie jeden Tag bei mir anruft. Von mir aus kann sie das tun, so oft sie will.

Weil ich dich liebe, Mama.

Weil ich dich unendlich liebe.

Weil nichts und niemand diese Liebe zerstören kann: kein Adam G. und keine Entführung und keine Schändung und auch nicht, dass wir nie über den Schmutz reden konnten, der von keinem Badewasser der Welt abzuwaschen war.

Und glaube mir, Mama: Ich habe es versucht. Vom ersten Tag an habe ich es versucht.

MEINE MAMA LÄSST BADEWASSER EIN. In meinen Ohren gellt noch der zweite Schrei des Abends. Der kam von Jenny. Als wir die Treppe hochkommen, schreit sie so laut und lang wie Mama. Neben ihr stehen mein Bruder und seine Freundin. Doris ist da. Alle sind da. Sie drücken und herzen und knutschen mich, dass ich kaum Luft bekomme. Sie haben tausend Sachen zu sagen, aber es ist immer wieder das Gleiche: Ich bin so froh, dass du zurück bist! Wie froh ich bin, dass du zurück bist. Ja, ich bin zurück, und das macht alle froh.

Ich bin auch froh! Aber ich würde trotzdem gerne vom Arm herunter. Es sind Arme, die fest zudrücken können. Ich habe Angst vor Armen, die fest zudrücken können. Der Mensch, dem die Arme gehören, ist nicht Adam G., aber ich habe trotzdem Angst. Jemand sagt: »Heute ist dein Tag, Sascha, dein Tag! Alles, was du willst, wird gemacht. Was willst du?«

Was will ich? Ich wollte nach Hause, jetzt bin ich hier, was bleibt noch übrig? Ich weiß, was ich nicht will: Ich will nicht an Adam G. denken, der mit Urgewalt durch meinen Kopf rauscht und ihn *komplett* ausfüllt: Ist das deine Dankbarkeit?, schreit er in meinem Kopf herum. Habe ich dir nicht zu essen und zu trinken gegeben? Einen Fernseher habe ich gebracht und dir gezeigt, wie man Dinosaurier malt? War ich nicht ein guter *Freund*?

Um mich herum herrscht ausgelassener Trubel. Aber ich

spüre Blicke. Diese Blicke fragen, was ist mit ihm passiert? Was hat der böse Mann mit ihm gemacht?

»Gibt es etwas, was du möchtest?«

Ja, es gibt was. Etwas, das ich wirklich will. Drei Monate war ich weg, im Schmutz, im Müll, bei den Ratten. Das weiße Tuch im Krankenhaus war schnell nicht mehr weiß. Ich bin unendlich schmutzig. Innen und außen bin ich schmutzig. Mein Plan ist, das ein für alle Mal zu ändern.

Der Schmutz muss weg. Und zwar sofort.

»Baden würde ich gerne!«

So was lässt sich Mama nicht zweimal sagen. Schaum kommt zum Badewasser dazu. Dann der Sascha. Das Wasser ist warm. Ich weiß schon gar nicht mehr, wie warmes Wasser sich anfühlt. Gut fühlt es sich an. Tolle Sache, so ein Wasserhahn. Man dreht ihn auf, und warmes Wasser kommt raus. Jeder sollte so einen Wasserhahn haben. Auch Adam G. sollte so einen haben.

Aber der braucht ihn nicht mehr, Sascha! Adam G. ist weg. Mit Handschellen abgeführt. Verschwunden wie ein Geist. Vergiss ihn. Vergiss Adi. Wer war nochmal Adi?

Die Badezimmertür geht auf, und Jennys Kopf lugt rein. Sie hat eine Tränenmaske auf, die kenne ich nur zu gut. Die Tränenmaske ist wie die Lachmaske, nur ehrlicher. Man setzt sie sich nicht selbst auf, sie kommt von allein. Jenny schnieft und schluchzt und weint. Worte fallen aus der Tränenmaske: Es tut ihr leid, das hat sie nicht gewollt, wenn sie nur gewusst hätte, ach was, geahnt, hätte sie mich niemals in den Bus gesetzt. Es ist alles ihre Schuld!

Jenny!

Jenny!!

Wenn jemand keine Schuld hat, dann du. Ich war zur falschen Zeit am falschen Ort; das ist alles. Bitte weine nicht, Jenny. Hör auf! Aber Jenny kann nicht aufhören. Und ich kann nicht sagen, was ich ihr gerne sagen möchte. Ich sitze im warmen Wasser und schweige und überlege, ob Jennys Tränen die Wanne zum Überlaufen bringen.

Das ist, was ich mir überlege.

Dann bin ich wieder alleine und ziehe den Stöpsel. Badewasser, Jennytränen und der ganze Schmutz sollen jetzt ablaufen. Vor allem der Schmutz. Das ist der Plan. Einmal baden, dann bin ich ihn los. Dann kann ich mich mit den anderen freuen.

Ich sehe zu, wie das Wasser in kleinen Wirbeln abläuft. Es gurgelt. Da, wo der Wasserrand war, ist jetzt ein Schmutzrand. Ein unglaublich schwarzer Schmutzrand. Das war so nicht ausgemacht. Der Schmutz soll nicht an der Wanne kleben. Der Schmutz soll mit dem Wasser ablaufen. Der soll verschwinden. Ich will ihn nicht sehen, den Schmutz. Wenn der Schmutz an der Wanne klebt, wer kann dann sagen, dass er nicht auch noch an mir klebt?

Die Tür geht auf, und Mama kommt rein. Sie lacht. Es ist ein ungläubiges Lachen, es ist ein erschrockenes Lachen, es ist ein ängstliches Lachen. »Nun seht euch mal das an«, sagt sie. »Ich glaube, du hast dich schon lange nicht mehr gewaschen.«

Nein, Mama. Schon lange nicht mehr. Schon so lange nicht mehr, dass der Schmutz in mich hineinwuchs. Er ist da drin und füllt mich gänzlich aus. Ich bin nicht schmutzig, Mama. *Ich bin der Schmutz.*

Aber ich darf nicht aufgeben. Mein Plan war, den Schmutz mit dem Badewasser abzuwaschen. Wenn es beim ersten Mal nicht klappt, dann vielleicht beim zweiten Mal?

»Mama«, frage ich, »darf ich gleich nochmal baden?«

»Ihre Mutter braucht eine Kur«, sagt der Arzt. Kur klingt gut, Kur klingt nach Genesung. Der einzige Nachteil ist: Das Krankenhaus ist in der Nähe, die Kurklinik fünfzig Kilometer entfernt. Manchmal fahre ich mit Papa hin, manchmal mit dem Bus. Das ist dann fast schon eine Tagesreise. Ich könnte mich in den Hintern beißen vor Ärger, dass ich den Führerschein verdaddelt habe. Ich könnte mich in den Hintern beißen, dass ich Angst vor dem Idiotentest habe. So nennen ihn meine Kumpels. Sie sagen, die erste Aufgabe ist, zwei Kugeln aufeinanderzustapeln. Wer das schafft, kriegt die Pappe wieder. Wer nicht, glotzt in die Röhre.

Sie lachen.

Ich lache mit.

Dabei ist mir zum Heulen. Ich sollte die Pappe schon ewig wieder in der Tasche haben. Es ist verdammt lange her, seit ich den Führerschein im Verkehrskreisel von Bingen verloren habe. Doch ich habe Angst vor der Prüfung. Ich habe eine *Scheißangst* vor dem Idiotentest. Nicht, weil ich vielleicht Kugeln stapeln müsste. Wenn es sein muss, staple ich die meterhoch. Ich habe Angst davor, weil der Idiotentest kein Idiotentest ist. Sondern eine strenge Prüfung, ob man rein und clean genug ist, um wieder am Straßenverkehr teilzunehmen.

Ich bin nicht rein. Ich bin nicht clean. Ich bin schmutzig. Und weil ich schmutzig bin, greife ich immer wieder zu dem, was mich die Pappe kostete. Jetzt, wo Mama krank ist, sogar noch häufiger.

So muss ich mit Papa fahren. Oder die Tagesreise im Omnibus hinter mich bringen. Aber ich mache das. Ich mache das jeden Tag, weil die Kur Mamas Gesundheit nicht zurückbringt. Jedes Mal, wenn ich komme, geht es ihr schlechter. Sie sagt dann, ich solle mir mal keine Sorgen machen. Als ob das so einfach wäre. Doch wenn es ihr gefällt, tue ich, als ob ich mir keine Sorgen mache. Ich setze mir die Sorglosmaske auf und schwärme ihr von der Schweiz vor. Was für ein herrliches Leben wir dort haben werden, Papa, du und ich! Der See, die Berge, die Ausflüge. Du musst nur noch auf den Damm kommen.

Aber Mama kommt nicht auf den Damm. Ihr Blutzuckerspiegel ist im Keller und irgendwann nicht einmal mehr dort. Ich versuche, ihr Cola einzuträufeln, in kleinen Schlucken, aber sie wehrt sich. Ich probiere es mit Traubenzucker. Auch das will nicht klappen.

»Mama«, sage ich, »das musst du nehmen. Es tut dir gut!«

Ich probiere Cola. Ich probiere Traubenzucker. Traubenzucker. Cola. Es funktioniert nicht. Mama will nicht. Oder kann nicht.

»Ich fahre nach Hause«, drohe ich. »Wenn du das nicht nimmst, fahre ich nach Hause.«

Auf einmal kommt Farbe in ihr Gesicht. Ihr Mund öffnet sich, und ich denke, na bitte, jetzt den Traubenzucker rein und dann noch ein wenig Cola! Doch Mama öffnet den Mund, um mich anzuschreien: »Fahr doch! Fahr, und lass mich allein! Das ist es, was du willst! Du willst mich allein lassen!«

Sie sagt nicht: Wie du mich schon mal allein gelassen hast. Als du mit dem Entführer gegangen bist. Aber ich höre es trotzdem.

Nein, Mama. Ich bin nicht *mitgegangen*. Er hat mich *mitge-nommen*. Macht das für dich keinen Unterschied?

Jetzt weint Mama, und ich weine mit ihr. »Es tut mir leid, so leid«, sage ich. »Ich gehe nicht weg. Ich gehe niemals von dir weg.«

Ich würde Jenny gerne sagen: Selbst nach dem zweiten Baden war der Schmutz noch da. Aber sobald ich nur den Mund aufmache, bricht sie in Tränen aus. Weil ich nicht alleine in meinem Zimmer bleiben will, bin ich in ihr Bett geklettert. Jetzt will ich ihr etwas sagen. Aber sie weint. Sie weint die ganze Zeit, und ich denke: Vielleicht sollte ich den Mund halten.

Ich halte den Mund, und Jenny schläft ein. Ich bin die ganze Nacht wach. Ständig wandern meine Gedanken aus Jennys Zimmer weg zum Wohnwagen. Aus Jennys Bett zum Bett von Adam G. Jedes Mal schimpfe ich mich: nein, nein, nein! Vergiss es! Du bist ein Kerl! Ein Kerl kann vergessen! Dann lausche ich Jennys Atemzügen, sie gehen nicht regelmäßig. Es sind die Atemzüge wie von einem, der über ein schneebedecktes Feld gezerrt wird …

Hör auf damit! Schlaf jetzt! Schlaf sofort ein!

Aber es klappt nicht. Nicht in dieser Nacht und nicht in vielen Nächten, die folgen werden. In mir ist eine Angst, dass ich einschlafe, aufwache und im Wohnwagen bin. In mir ist eine Angst, dass ich einschlafe, aufwache und in der Kiste stecke. In mir ist eine Angst, dass ich einschlafe, aufwache und in den Spalt gestopft werde. Deshalb darf ich nicht einschlafen.

Vielleicht kann ich mich aus diesem Grund nicht daran erinnern, was in den nächsten Tagen geschah. Nur ein paar Bilder wie Blitze in der Nacht: Verwandtschaft. Nachbarn. Freunde. Zeitungsleute. Sascha auf dem Balkon. Sascha winkt. Sascha wird geküsst. Und geknuddelt. Und liebkost. Und wieder geküsst, von oben bis unten.

Danach wird Sascha ausgefragt. Ein paar Tage sind vergangen, als Mama sagt: »Willst du nicht mal was erzählen?«

Ich bin neun Jahre alt. Im Wohnwagen wurde ich erwachsen. Jetzt bin ich ein Kerl. Ich bin ein Kerl und habe nachgedacht: Ich war drei Monate weg, bin wieder da, und die Reaktion der Menschen ist *extrem*.

Ich weiß nicht, wo ich dieses Wort aufgeschnappt habe und woher ich seine Bedeutung kenne. Es ist ein neues Wort, aber es passt zu allem, was um mich herum passiert: extrem.

Es gefällt mir nicht, dass alles um mich herum extrem ist. Ich will das Wort extrem nicht. Ich will das Gegenteil davon.

Deshalb sage ich zu Mama: »Ich habe beschlossen, nichts zu sagen.«

Mama sieht mich mit einem Gesichtsausdruck an, der ist auch extrem. Ich *hasse* »extrem«.

Mama sagt: »Du *entscheidest* das?«

»Ja«, antworte ich. »Es ist besser für euch.«

Drei Monate war er weg, und jetzt macht er sich Gedanken darum, was besser für uns ist. Das ist ein Kerl. Das ist doch ein Kerl, oder?

Mama sagt: »Es ist besser für *uns*?«

»Ja«, antworte ich.

Da fängt sie an zu weinen. Aus dem Stand, aus dem Nichts. Ganz furchtbar fängt sie an zu weinen. Aus ihrem Weinen wird Heulen, aus dem Heulen ein Schluchzen, das alles ist sehr, sehr extrem.

Und von da an weiß ich, wie richtig meine Entscheidung ist. Wie extrem wird es erst werden, wenn ich *davon* erzähle. Nein, *davon* darf ich niemals erzählen. Ich muss es für mich behalten, für immer und ewig.

Da ich nicht gehen kann, geht Mama. Zuerst versagen ihre Nieren, dann die restlichen Organe. Ich bin bei ihr, und ich halte ihre Hand. Ein Arzt hat Papa informiert, aber er schafft es nicht rechtzeitig. Als er kommt, ist Mama schon tot.

Es ist kurz vor Weihnachten, und Mama ist tot.

Die nächsten Tage erlebe ich, als hätte jemand einen Deckel über mich gestülpt. Alles dringt nur noch gedämpft zu mir durch. Das Licht. Die Geräusche. Meine Gedanken. Die Welt ist dumpf und stickig geworden. Ich verbringe die Zeit vor dem Fernseher. Irgendwas läuft immer, mir ist egal, was. Die Spielkonsole ist angestöpselt, Schattenfiguren huschen über den Schirm. Manchmal klingelt das Telefon. Ich gehe nicht ran. Es klingelt an der Tür. Ich mache nicht auf. Die Zigaretten gehen aus. Das ist schmerzlich, sie werden gebraucht. Aber raus zum nächsten Automaten, das geht nicht. Rausgehen ist eine unmögliche Sache geworden. Ich habe nichts zum Essen im Haus, was soll's, ich habe ohnehin keinen Appetit. Ich habe auch nichts zum Trinken im Haus, aber wozu gibt es einen Wasserhahn?

Tolle Sache, so ein Wasserhahn. Man dreht ihn auf, und Wasser kommt raus.

Wieder das Telefon. Es nervt. Ich sollte den Stecker ziehen. Doch wozu die Mühe? Ich frage mich, ob wir in unserer Familie mehr miteinander hätten reden sollen. Ich frage mich, warum man das immer erst dann weiß, wenn es zu spät ist.

Ich schalte den Fernseher ab. Ich mache mir nicht die Mühe, ins Bett zu gehen, ich bleibe auf dem Sofa liegen. Es klingelt an der Tür. Ich schließe die Augen. Ich bin wieder im Krankenhaus und halte Mamas Hand. Ganz am Ende haben wir nicht mehr geweint. Ganz am Ende haben wir nicht mehr geredet. Ganz am Ende haben wir nur noch Liebe gespürt.

Wenn man das Ende erreicht, genügt das.

In der zweiten Nacht liege ich bei Mama und Papa im Bett. Sobald sie einschlafen, sage ich: »Ihr dürft nicht schlafen. Ihr dürft nicht schlafen.« Irgendwann wird es hell, und sie haben nicht geschlafen. Ich habe auch nicht geschlafen, die zweite Nacht in Folge. Wir stehen auf, ich bekomme Frühstück. Mmmh, Cornflakes. Die hatte ich schon lange nicht mehr! Lecker! Mama und Papa reden mit mir, doch in meinem Kopf redet Adam G. Er bettelt jetzt. Er sagt, er hätte mir gerne Cornflakes gegeben, aber woher nehmen, wenn nicht stehlen.

»Gestohlen hast du auch so«, sage ich.

»Wie war das, Schatz?«, fragt Mama.

Ich schenke ihr ein Lachen und denke, Kerl, reiß dich zusammen. Du verplapperst dich.

Am Nachmittag kommen Polizisten. Sie stellen Fragen, ermahnen mich *eindringlich* zur Wahrheit. Wie kann ich alles für mich behalten, für immer und ewig, wenn ich eindringlich zur Wahrheit ermahnt werde?, überlege ich. Werde ich ins Gefängnis gesteckt, wenn ich eine vorsätzlich oder fahrlässig falsche und unvollständige eidliche Aussage mache? Oder muss ich zurück zu Adam G.?

Also erzähle ich: »Von dem Mann habe ich erst etwas gemerkt, als er mich unten an dem Gebüsch an unserer Hausecke mit dem Arm um den Hals gefasst hat. Vor Schreck habe ich nicht gerufen. Das mit dem Arschficken ist ungefähr jede Woche einmal vorgekommen.«

Ja, ich habe es gesagt, schließlich wurde ich eindringlich zur Wahrheit ermahnt. Gleichzeitig bin ich auch ein Kerl, und ich weiß, niemand war dabei. Da kann doch »ungefähr jede Woche einmal« genügen, oder? »Ungefähr jede Woche einmal« klingt viel besser als »wann immer er wollte«.

Es tut mir leid, Mama und Papa. Spätestens jetzt wisst ihr mehr, als ich wollte. Spätestens jetzt wird es extrem. Aber ich musste es sagen. Nicht dass sie mich ins Gefängnis schicken. Oder zurück zu Adam G.

*Selbst gelesen, genehmigt und unterschrieben. Sascha Buzmann.*

Zum Glück habe ich Geschwister, die zupacken können. Die organisieren können. Die wissen, was für ein Begräbnis zu tun ist. Meine Geschwister haben alles in die Wege geleitet, und ich bin ihnen dankbar dafür. Am Tag von Mamas Beerdigung weht ein frischer Wind über die Höhen des Taunus. Er tut mir gut. Wir stehen am Grab, und der Pfarrer spricht davon, dass Mama jetzt in einer besseren Welt ist. Ja, denke ich, weil unsere Welt gefährlich ist. Ich kann davon ein Liedchen singen.

Danach bleibt die Familie zusammen. Ich freue mich immer, wenn ich unter meinen Geschwistern bin. Es ist schöner, als alleine zuhause zu sitzen. Aber irgendwann sitze ich doch wieder alleine zuhause. Was soll ich tun? Zurück in die Schweiz fahren? Dort beginnt der Weihnachtsurlaub, der sich ins neue Jahr hinzieht. Das lohnt sich nicht mehr. Doch herumhocken ist das Letzte, was ich brauchen kann. Also erst mal aufräumen. Saubermachen, alles putzen. Der Frühling ist zwar noch weit weg, aber ich mache Frühlingsputz. Das bringt mich auf andere Gedanken. Andere Gedanken sind willkommen. Ich könnte wieder nach meinen Aufzeichnungen sehen, überlege ich mir, während ich mit Hingabe den Herd reinige. Ich habe schon lange nichts mehr aufgeschrieben, denke ich, während ich den Müll hinaustrage. Jetzt ist die beste Gelegenheit dazu, sage ich mir, während ich den Boden nass aufwische.

So ein Frühlingsputz ist eine gute Sache, auch wenn er im Winter stattfindet. Als ich fertig bin, setze ich mich an den Schreibtisch. Ich fühle mich gefestigt genug, den Sprung in die Vergangenheit zu wagen. Diese Vergangenheit, die gar nicht vergangen ist. Die wird jetzt aufgeschrieben. Ich fahre den Computer hoch und lege los.

Ich bin seit zwei Wochen zuhause und habe noch keinen Schritt vor die Tür gesetzt, als die Einladung kommt: »Wir Kinder von der Hainerberg-Schule laden dich, lieber Sascha, zu uns in die Schule ein. Wir würden uns freuen, wenn du uns besuchst«, steht da. Darunter, in vielen bunten Farben, eine Menge Unterschriften.

»Was meinst du, Sascha?«, sagt Papa. »Sollen wir hinfahren? Die Amerikaner haben geholfen, dich zu suchen.«

Ich schaue Papa an. Wir haben bisher nicht »über die Sache« gesprochen. Wir tun so, als wäre ich nie weg gewesen. Doch wäre ich nicht weg gewesen, würden mich nicht die Kinder der Hainerberg-Schule einladen. Es ist eine amerikanische Schule, und Papa hat gesagt, die Amerikaner haben geholfen, mich zu suchen. Er fügt hinzu, sie haben in ihren Zeitungen über mich geschrieben, und die Kinder haben für mich gebetet. Deshalb würden sie mich gerne kennenlernen.

»Können die Kinder nicht herkommen?«, frage ich.

Papa lacht. »Es sind ein paar Hundert«, sagt er. »Die passen nicht alle in die Wohnung.«

Das sehe ich ein. Ich würde die amerikanischen Kinder gerne kennenlernen. Dazu muss ich aber das Haus verlassen. Aber vielleicht ist es gar nicht so schlimm? Mama ist dabei, und Papa ist dabei, da kann es gar nicht schlimm werden. Wenn Adam G. kommt, wird Papa mit ihm fertig. Ja, ich habe plötzlich große Lust, aus dem Haus zu gehen.

Papa freut sich, als ich »Ja« sage. Schon am nächsten Nachmittag sitzen wir im Auto. Vor der Kaserne müssen wir anhalten, dürfen aber gleich weiterfahren. Ein Soldat sagt Papa, wohin er fahren muss. Als wir vor der Schule halten, kommen ein paar Lehrer heraus. Sie sind alle sehr nett zu mir, und einer fragt, ob ich Lust habe, in seine Klasse zu kommen. Er unterrichtet Naturwissenschaft, und sie machen Experimente, das könnte mir gefallen. Das tut es auch. Wir probieren aus, wie viele Büroklammern an einem Magnet hängen, ohne herabzufallen. Jeder von uns darf den Magneten halten. Die Kinder sind fröhlich und machen kein großes Aufhebens um mich. So wohl habe ich mich schon lange nicht mehr gefühlt. Am Ende der Stunde schenken sie mir ein Ringbuch, in das alle reingeschrieben haben. Der Lehrer sagt, draußen gibt es Kaffee und Kuchen. Er bringt mir meine ersten englischen Worte bei: Kaffee heißt coffee. Kuchen heißt cake. Ich möchte einen Kuchen heißt: I want a cake.

»I want a cake, I want a cake«, sage ich, und alle lachen.

Gleich nebenan ist eine Wiese. Dort toben andere Kinder herum. Sie spielen mit einem Ball, der aussieht wie ein Ei. Ein Junge kommt rübergelaufen und fragt, ob ich mitmachen will. Das Spiel heißt Football, und er möchte mir zeigen, wie es gespielt wird. Ich gehe mit, einfach so, und schon bald rennen wir kreuz und quer über die Wiese und hauen gegen den Ball. Das macht Spaß! Ich will gar nicht mehr aufhören, ich habe ja ganz vergessen, wie schön Spaß ist! Wie viel Freude *rennen* macht! Ich renne so schnell wie möglich über die Wiese, vor und zurück und zurück und vor und nach links und rechts und im Kreis herum. Wenn der Football vor mir liegt, haue ich ihn weg!

Irgendwann geht der Nachmittag zu Ende. Alle Schüler kommen zusammen. Sie haben ein Geschenk für mich: einen nagelneuen Football. Als wir im Auto sitzen, winke ich ihnen zu, und sie winken zurück. Ich habe das Album, ich habe den Football, und ich weiß wieder, was Spaß bedeutet. Ich habe viel gelacht.

Was kann schöner sein?

Weihnachten kommt und geht, Silvester kommt und geht. Ich sitze bei meinen Aufzeichnungen. Die türmen sich vor mir, hier ein Stapel, dort ein Stapel, dazwischen Zeitungsberichte und Filmkassetten, denn inzwischen wurde der neue Film ausgestrahlt. An manche Ereignisse erinnere ich mich mittlerweile gut, an andere nur schemenhaft. Ich rede mit dem Schriftsteller darüber. Er gibt mir Tipps. Probiere das mal aus. Und das. Und denk daran: Es ist eine Sache, Erinnerungen wachzurufen. Und eine andere, sie auszuhalten. Der Schriftsteller sagt, dafür hilft das Schreiben. Was einmal geschrieben ist, kriegt dich nicht mehr.

Also schreibe ich. Draußen steigen Raketen in die Höhe, und die Menschen feiern das neue Jahr. Ich schreibe: *Seltsam eigentlich. Die Stelle vor dem Haus, wo mich Geist erwischte – da hatte ich keine Angst davor.*

Bei den amerikanischen Kindern habe ich Freiheit geschnuppert, jetzt will ich mehr. Ich will meinen Kinderhimmel wiederhaben, draußen spielen und rennen und sorglos sein. Ich will vor die Tür, aber Mama sagt: »Das geht nicht.«

Warum geht das nicht?

Weil, weil, weil. Sie hat tausend Argumente, weshalb ich das Haus nicht verlassen soll. Und wenn, nur in Begleitung. Mit ihr. Oder Papa. Oder Jenny. Aber Jenny ist nicht da, und Papa arbeitet. Mama hat anderes zu tun. Ich hocke in der Wohnung herum, und das ist kaum anders, als im Wohnwagen rumzuhocken. Dabei wollen meine Beine laufen! Meine Füße möchten gegen einen Ball treten!

»Nein«, sagt Mama. »Hab noch ein wenig Geduld.«

Stattdessen muss ich nach Wiesbaden zum Mann mit den Farbklecksen. Ich habe keine Lust dazu. Ich bin bockig. Ich verstehe nicht, was er von mir will. Lass mich in Ruhe mit deinen Klecksen! Auf der Heimfahrt meint Papa, ich solle wenigstens versuchen, die Fragen des Psychiaters zu beantworten. Das würde mir ganz sicher guttun. Aber ich verstehe ihn nicht, Papa! Ich will lieber raus und Fußball spielen.

Mama sagt, nein, das geht nicht. Auf keinen Fall geht das.

Mama ist ängstlich. Mama ist ein richtiger Angsthase! Ich darf nicht raus, dafür bekomme ich Geschenke. Ich freue mich über die Geschenke, aber dann stehe ich doch wieder am

Fenster und schaue sehnsuchtsvoll durch die Scheibe. Draußen scheint die Sonne. Draußen spielen meine Freunde. Meine Freunde von früher. Ich will zu ihnen.

»Warte noch«, bittet Mama, »bis ein bisschen Zeit ins Land gezogen ist.«

Ich will nicht warten. Ich werde zornig. »Soll ich ein Leben lang in der Wohnung hocken?«, schreie ich.

Mein Bruder kommt und redet mit Mama. Meine Schwestern reden mit Mama. »So geht das nicht«, sagen sie. »Irgendwann muss Sascha auch wieder raus.«

Da gibt Mama nach. Es fällt ihr schwer, wer kann es ihr verdenken? Aber sie weiß, dass die anderen recht haben. Ich darf hinaus, und plötzlich frage ich mich, will ich das wirklich? Was ist, wenn meine Freunde mich *fragen*? Wenn sie *wissen wollen*? Um Himmels willen, daran habe ich gar nicht gedacht! Wieder schäme ich mich für alles, was passiert ist, als ob meine Freunde *schon jetzt davon wissen*.

»Was ist los, Sascha?«, fragt Mama. »Willst du doch nicht raus?«

Doch, ich will raus. Nein, ich will nicht! Will doch! Will nicht! Ich kann mich nicht entscheiden, aber am Ende siegen meine Beine. Die haben ein Recht auf Geschwindigkeit. Ich mache alleine die Wohnungstür hinter mir zu. Ich gehe alleine durchs Treppenhaus. Ich trete alleine vor die Haustür. Das alles habe ich schon einhunderttausendmillionenmal getan, aber heute ist trotzdem das erste Mal. Ich trete vor die Tür und blicke am Haus hoch. Mama steht auf dem Balkon. Ich mache ein paar Schritte und noch ein paar Schritte und noch ein paar Schritte. Ich komme an die Stelle, wo mich Adam G. erwischte – und denke an nichts. Ich habe keine Angst. Ich gehe daran vorbei, denn da vorne sehe ich Thorsten. Der sieht mich ebenfalls, schreit »Hey, Sascha«, kommt rübergerannt, schwitzt und lacht und sagt: »Wir machen grade Tipp-Topp. Zwei Mannschaften, Spiel auf ein Tor. Los, komm, du fehlst!«

Meine Beine laufen schon. Sie laufen so schnell wie nie zuvor. Schneller, als Mama die Hand vor den Mund bringen kann, weil ich aus ihrem Blickfeld verschwinde.

Meine Freunde sind anders als Mama und Papa. Sie sind direkt. Sie sagen: »Na los, du Knalltüte, erzähl mal.« Aber ich kann nicht. Ich schäme mich. Irgendwann merken sie, dass nichts kommt. Wie langweilig. Komm, spielen wir Fußball. Spielen wir Cowboy und Indianer. Gehen wir runter zum Wickerbach. Aber Vorsicht! Die letzten Tage strich die Bande aus Wallau dort rum.

Dann kommt Martin und kräht: »Meine Mama hat gesagt, ich darf nicht mit dir spielen. Meine Mama hat gesagt, du bist beschädigt.«

Alle schauen mich an, was ich jetzt tue. Ich weiß nicht, was beschädigt bedeutet, aber ich kann es mir denken. Nichts Gutes. Ich würde zu gerne wissen, woher die Mama von Martin das weiß, schließlich habe ich nichts erzählt. Hat sie es von den Polizisten? Aus dem Protokoll? Selbst gelesen, genehmigt und unterschrieben von Sascha Buzmann? Die Gedanken rasen durch meinen Kopf. Sicher haben die Polizisten der Mama von Martin das Protokoll gegeben. Ganz sicher kriegen es auch andere. So sehr fährt mir der Schreck in die Glieder, dass ich nichts tun kann, obwohl mich alle anstarren. Da macht Thorsten einen Schritt nach vorne. »Du bist ja so was von einem blöden Stinksack«, sagt er zu Martin. Alle lachen, weil Thorsten die besten Ausdrücke kennt. Er nimmt Martin in den Schwitzkasten und wirft ihn zu Boden. Alle feuern Thorsten an und rufen: »Stinksack, Stinksack!«

Nur ich nicht. Ich stehe abseits und gehöre nicht dazu, obwohl sich alles um mich dreht. Vielleicht hat die Mama von Martin das gemeint mit »beschädigt«.

Zwar spiele ich wie die anderen. Zwar renne ich wie die anderen. Zwar schreie ich herum wie die anderen. Trotzdem merke ich, dass ich anders bin. Ich denke zu viel. Dauernd denke ich voraus. Ich versuche, um die Ecke zu denken. Was passiert, wenn ... oder wenn nicht ... oder vielleicht doch ...

Das wird noch schlimmer, als ich wieder in die Schule muss. Ich gehe in eine neue Klasse, um das Schuljahr zu wiederholen. Dort sind andere Kinder. Was werden sie fragen? Was werden sie wissen wollen? Haben ihre Mamas das Protokoll auch schon gelesen? Sagen ihre Mamas, spiel nicht mit dem, der ist beschädigt? Weil ich so viel denken muss, kann ich noch weniger reden.

»Er ist so still«, sagt Mama zu Papa. Dann weint sie, und mir wird klar: Ich sollte mehr sprechen. Wenn ich nicht spreche, wird sie traurig. Also strenge ich mich an, aber es will mir nicht gelingen.

Dann kommt der große Tag. Das Schuljahr steht vor der Tür, sagen alle. In der neuen Klasse ist das Geschrei riesengroß. Nicole ist dort, aber der Platz neben ihr besetzt. Die Lehrerin winkt mich nach vorne. Da soll ich sitzen. Wie gerne wäre ich unsichtbar. Ich habe die Blicke der Kinder im Rücken. Ein Junge schreit plötzlich: »Das ist doch der, der entführt wurde.« Ich fühle mich schmutzig. Ich fühle mich ausgelacht. Ich fühle mich extrem.

Obwohl ich die Klasse wiederhole, zähle ich noch immer zu den Kleinsten. Ein Pimpf bin ich. Aber ich kann so was von schnell rennen! Ich kann so was von weit springen! Nach einem Monat sind Bundesjugendspiele, und wir müssen die fünfzig Meter laufen. Ich bin schnell. Ich bin sauschnell. Ich bin schneller als mein Schatten. Ich bin der Schnellste der Schule, und am nächsten Tag hängt das Ergebnis am Schwarzen Brett.

Platz 1: Sascha Buzmann.

Ich stehe davor und kann es nicht glauben. Ich bin der Beste? Keiner war schneller als ich? Um mich herum stehen meine neuen Klassenkameraden. Sie hauen mir auf die Schulter. Sie johlen. Sie sind stolz darauf, dass ich in ihrer Klasse bin.

Ich bin angekommen.

Ich beginne mit Judo und spiele Tischtennis und Fußball. Zuhause ist alles, wie es *davor* war. Ich vergesse immer häufiger, dass es ein Davor und Danach gibt. Zwar kriege ich immer noch viele Geschenke, und im Kühlschrank steht Pudding, der nur für mich ist. Doch langsam wird alles wieder normal. Ich kann schlafen. Ich denke immer seltener an den Wohnwagen. Oder an Adam G. Und was er mit mir gemacht hat.

Die Jahre vergehen. Ich bin immer noch schnell auf den Beinen. Ich bin ein Sport-Ass. Ich gewinne Preise im Tischtennis. Dann ändern sich die Dinge. Sie ändern sich langsam, fast unmerklich. Erst wird die Welt jeden Tag ein wenig grauer. Und kälter. Auf einmal habe ich eine Zigarette zwischen den Lippen. Da bereite ich mich gerade auf meine Konfirmation vor. Wir haben Unterricht und sollen einen Leitspruch aussuchen. Ich lese seit einiger Zeit in der Bibel und habe meinen schon gefunden: den Psalm vom guten Hirten. In der Kirche sind unsere Eltern aufgeregter als wir. Ich bin der Letzte in der Reihe, als es ums Vortragen geht:

»Und ob ich schon wanderte im finstern Tal, fürchte ich kein Unglück«, lese ich. »Denn du bist bei mir, dein Stecken und Stab trösten mich.«

Die Leute glotzen mich an. Auch der Pfarrer sieht herüber. Zweimal hat er mich gefragt, ob ich wirklich diesen Psalm will. Ich habe zweimal mit »Ja« geantwortet. Den und nur den. Und ob ich schon wanderte im finstern Tal … Seit geraumer Zeit habe ich das Gefühl, wieder dort unterwegs zu sein.

Dann werde ich fünfzehn, habe neue Kumpels, lerne das Niemandsland zwischen Frankfurt, Mainz und Wiesbaden kennen, das so unglaublich öde ist. Meine Beine rennen nicht mehr, weil ich jetzt häufig auf grauen Mauern hocke, zwischen ewig langen grauen Betonwänden, grauen Treppenfluchten, grauen Böden aus Waschbeton. Mein Leben kommt mir vor, als warte ich auf einen Bus, der niemals kommt.

Da sage ich zu meinem Kumpel Björn: »Grau und kalt ist die Welt. Das ist doch echt Scheiße.«

Der Rest ist Geschichte.

Der 9. Januar 2012 ist kein Wintertag. Draußen wehen milde Winde, und es gibt keinen Schneesturm. Es gibt keine Spuren, die verwischen, und keine nie gebauten Schneemänner. Stattdessen scheint die Sonne. Es ist kein Tag, um einen Jungen zu entführen, aber es ist ein Tag, um Erinnerungen abzuschließen. Heute beende ich meine Aufzeichnungen. 25 und ein Jahr nach meiner Entführung kann jetzt daraus ein Buch entstehen. Mein letzter Eintrag lautet: »Eine Frage ist noch offen: Was sage ich zu Adam G., wenn ich ihn treffen würde? Vielleicht nichts? Nein, ich glaube, ich *könnte* mit ihm sprechen. Ich hätte einige Fragen an ihn: Warum hast du nie an mich gedacht und daran, was du mir antust? Warum hast du gar nichts gelernt und dich gleich wieder an einem Jungen vergriffen? Doch sicher hätte Adam G. keine Antworten«, schreibe ich. »Wahrscheinlich würde er heulen. Wie damals, als ich ihn nach seinen Sorgen fragte.«

Dieses Treffen wird es nie geben. Ich weiß nicht, in welcher geschlossenen Anstalt Adam G. sitzt, und es interessiert mich auch nicht. Etwas anderes wird mir klar: Heute ist der 9. Januar 2012, und ich bin aufgetaut.

Ein paar Stunden später sitze ich im Zug. Draußen vor dem Fenster fliegt eine zauberhafte Landschaft vorbei: nahe der Eisenbahnlinie Weinberge, dahinter der Schwarzwald. Darüber hat jemand weiße Ballenwolken an den blauen Himmel geklebt. Jetzt schiebt sich ein Gesicht über diese Idylle: Es

ist ein trauriges, müdes, verwirrtes, unschuldiges Kinderge-
sicht. Sein Mund öffnet sich, als möchte es fragen: Ist es recht
so? Ich will nichts falsch machen. Da, wo ich herkomme,
kann ein Fehler das Leben kosten. Aber der Junge sagt etwas
anderes. Er sagt: Hallo, Sascha. Ich weiß, du hast wegen mir
Dinge getan, die du nie tun wolltest. Ich weiß, du wolltest
mich deshalb vergessen. Ich bin froh, dass du dich jetzt doch
noch an mich erinnert hast. Und mir nicht krummnimmst,
dass ich damals so schmutzig war. Aber ich glaube, wir haben
alles richtig gemacht. Weil wir überleben mussten. Erst die
86 Tage. Dann die 25 Jahre danach. Jetzt können wir in Frieden leben. Und du musst wissen, ich bin dein Freund. Ich war
dein Freund und werde es immer bleiben.

Das Gesicht des Jungen sieht noch immer traurig, müde,
verwirrt und unschuldig aus, doch auf einmal spielt ein kleines Lächeln um seine Lippen.

Da sage ich: »Ich bin auch dein Freund.«

Das sage ich zu den Weinbergen, das sage ich zum
Schwarzwald, das sage ich zu den weißen Ballenwolken am
blauen Himmel, und das sage ich zu dem Gesicht, das nur ich
sehen kann: »Ich bin dein Freund!«

Dann fährt der Zug über den Rhein. Er fährt über die
Grenze. Ich bin in der Schweiz angekommen, und vor mir
liegt ein neues Leben.

*Drei Jahre war sie ihren Peinigern ausge-*
*liefert – dann fasste sie den Mut, ein*
*ganzes Dorf anzuzeigen*

Anna Maria Scarfò
SOMMER DES
SCHWEIGENS
Ich war in der Gewalt
dreier Männer. Und ein
ganzes Dorf sah zu
Aus dem Italienischen
von Barbara Neeb,
Katharina Schmidt
208 Seiten
ISBN 978-3-404-60686-3

Sie ist dreizehn und noch ein Kind. Ihre Welt besteht aus der
Familie, Freunden und der Schule. Es ist Frühling in San Martino
di Tauranova in Kalabrien, als Anna Maria sich zum ersten Mal
verliebt, in einen älteren Jungen. Sie nimmt die Einladung des
Jungen zu einem Ausflug in seinem Wagen an. Sie träumt von
der großen Liebe. Aber dieser Ausflug endet in einem Albtraum,
der drei Jahre andauern sollte. Bis Anna den Mut findet, aufzube-
gehren: gegen die Gewalt, gegen das Gesetz des Schweigens und
gegen das ganze Dorf.

*„Eine Geschichte, die unter die Haut geht."* SECOLO D'ITALIA

Bastei Lübbe Taschenbuch